国家社会科学基金西部项目"西部地区耕地保护的经济补偿机制……为主体的视角"（10XJY021）

四川省高校科研创新团队建设计划项目"区域人文资源开发利用……

四川省农村发展研究中心重点项目"成都都市圈农村宅基地退出……

四川省第三批高等学校省级课程思政示范项目"地理科学"（2022-2025年）

四川哲学社会科学重点实验室专项"农村土地利用监测与评价重点实验室"……

立足饭碗
藏粮于地

——基于中国人均耕地警戒值的耕地保护视角

CHINESE RICE BOWL

FOOD CROP PRODUCTION STRATEGY BASED ON FARMLAND MANAGEMENT

—FROM THE VIEW OF FARMLAND ALERT VALUE AND PROTECTION IN CHINA

冉清红　岳云华◎著

经济管理出版社

ECONOMY & MANAGEMENT PUBLISHING HOUSE

图书在版编目（CIP）数据

　　立足饭碗　藏粮于地：基于中国人均耕地警戒值的耕地保护视角/冉清红，岳云华著．
—北京：经济管理出版社，2023.9
　　ISBN 978-7-5096-9234-9

　　Ⅰ.①立… Ⅱ.①冉… ②岳… Ⅲ.①耕地保护—研究—中国 Ⅳ.①F323.211

　　中国国家版本馆 CIP 数据核字（2023）第 173175 号

组稿编辑：郭丽娟
责任编辑：魏晨红
责任印制：许　艳
责任校对：蔡晓臻

出版发行：经济管理出版社
　　　　　（北京市海淀区北蜂窝 8 号中雅大厦 A 座 11 层　100038）
网　　　址：www.E-mp.com.cn
电　　　话：（010）51915602
印　　　刷：唐山昊达印刷有限公司
经　　　销：新华书店
开　　　本：720mm×1000mm/16
印　　　张：16
字　　　数：312 千字
版　　　次：2023 年 11 月第 1 版　　2023 年 11 月第 1 次印刷
书　　　号：ISBN 978-7-5096-9234-9
定　　　价：98.00 元

前　言

习近平总书记指出，"中国人的饭碗任何时候都要牢牢端在自己手上""保障国家粮食安全的根本在耕地，耕地是粮食生产的命根子""保护耕地要像保护文物那样来做，甚至要像保护大熊猫那样来做"。尽管国家主要领导人高度重视耕地保护，尽管国家实施了最严格的耕地保护制度，但 1996 年以来的三次全国国土资源调查结果表明，耕地总面积和人均耕地面积均在减少。当人均耕地面积减少到一定限度（底线）时，将会影响城乡居民的饭碗及国家粮食安全，影响农业经济发展安全。习近平总书记强调，"必须站在历史和全局的高度，毫不动摇地坚持最严格的耕地保护制度和节约用地制度，坚决守住耕地保护红线和粮食安全底线。确保实有耕地数量基本稳定"。那么，区域人均耕地面积的底线是多少？本书围绕满足吃饭、满足食物总需求、满足种植农业经济发展三种情况，讨论这个底线并提出了耕地保护策略。全书共六章。

第一章绪论。对区域人均耕地警戒线、区域人均耕地警戒值、区域最小人均耕地面积、区域人均耕地阈值与人均耕地资源安全底线等基本概念和计算模型进行了系统梳理和评述；构建了本书的概念体系和研究模型，介绍了本书广泛使用的灰色数列 GM（1，1）方法，说明了数据来源及处理过程；分析了区域人均耕地警戒值研究在"新时代"国家粮食安全战略、大国战略竞争中的现实意义。

第二章食物消费需求研究。概述了温饱型、小康型和质量型消费量与结构等的研究进展；分析了我国城乡居民人均日消费热量，并与我国的饮食文化、消费习惯相近的韩国和日本进行了简要对比；分析了 1961～2019 年三大类粮食作物（含生产肉蛋奶鱼的饲料耗粮）、食用植物油、食糖和蔬菜类作物消费需求总量和人均量随时间变化的特点，并预测了 2023～2049 年需求量。

第三章食物生产能力研究。一是梳理了植物性食品生产能力研究现状；二是围绕三大类粮食作物、食用植物油、食糖及蔬菜类作物的生产能力，分析了总产量、单位面积产量的发展与现状特点，预测了 2023～2049 年的需求量；三是围绕影响生产能力的播耕强度和灾害系数进行了分析。

第四章食物自给率研究。一是从食物自给率的计算方法、粮食自给率的内涵与分类、粮食自给率的作用、粮食自给率的影响因素、粮食自给率的目标、肉类产品自给率及饲料粮自给率等方面梳理了研究进展；二是基于国内供给确定进口和基于可供进口的国际粮食贸易盈余量确定供给两种情况，分别讨论了三大类粮食作物自给率的变化特点并预测了 2023～2049 年的自给率；三是研究了食用植物油、食糖、蔬菜的自给率。

第五章耕地警戒值及耕地压力指数。一是围绕满足吃饭、满足食物总需求、满足种植农业经济发展三种视角，依据第二章至第四章的研究结果和分析，利用 2023～2049 年预测数据和第一章构建的耕地警戒值研究方法，计算了国家最小人均耕地面积并确定了国家人均耕地警戒值。二是基于国家人均耕地警戒值，设计了食品作物单产、播耕强度指数和人均食物消费需求的区域系数算法，研究区域最小人均耕地面积和各省级行政区人均耕地警戒值。三是基于实际耕地面积不再减少，按照满足吃饭、满足食物总需求、满足种植农业经济发展三种情形，讨论了 2023～2049 年的国家耕地压力和 31 个省份的耕地压力以及区域差异。

第六章保护耕地疏解压力的策略。依据耕地压力指数模型指出疏解耕地压力的两个基本方向并提出了对策，一方面是保护实际人均耕地数量，不减小乃至增大"耕地压力指数模型的分母"以减小耕地压力指数，实现耕地压力疏解目标的方法；另一方面是保护耕地质量，提升耕地单产水平，不增大乃至减小"耕地压力指数模型的分子"以减小耕地压力指数，实现耕地压力疏解目标的方法。基于"绿水青山就是金山银山"理论提出以耕地生态外部性价值为载体，构建生态补偿机制激励微观行为主体保护耕地，实现耕地压力疏解目标的方法。

本书"文字+图+表"相结合、"定性分析+定量研究"相结合、"自然学科研究方法+社会学科研究方法"相结合，数据、图表和模型丰富、信息量大、可读性强，适合国土资源、农业经济、城乡建设等领域相关部门的管理者以及经济地理、农业经济、土地资源管理与国土空间规划、城乡建设规划等相关领域学者和大学生阅读。本书参阅了大量的研究成果，并在文中进行了标识，在此向文献作者表示谢意！由于笔者学术水平有限，书中难免有疏漏之处，期盼读者批评指正。

笔者

2022 年 8 月于成都师范学院

目　录

第一章 绪 论

耕地是人类赖以生存和发展的基础，是农业生产最基本的，不可替代的，兼具生态、环境、景观、间隔、保障等多功能的生产资料，是生产粮食、蔬菜、油料、糖料和纤维作物等植物性农产品的立地场所。随着社会经济发展，城市化率提升、人口数量和非农建设用地数量增加，大量优质耕地被占用，区域人均耕地数量减小对粮食/食物的总生产能力和总供给能力形成了安全压力。要持续保障粮食/食物安全，疏解安全压力，需追本溯源。本章围绕区域人均耕地警戒值的基本概念、模型与方法的演变过程，以及在新时代粮食安全战略中的意义展开，为本书后续章节研究奠定基础。

第一节 概念演进与评述

一、区域人均耕地警戒线

警戒线与农业结合初现于 20 世纪 80 年代早期的粮食减产控制方面。翁永曦（1980）认为，粮食减产 10%对于人口众多、民需的基本农产品必须自给的我国是一条危险警戒线。警戒线与耕地结合始于 20 世纪 80 年代初，王新银（1981）依据武汉市菜地面积因土地征收而缩减影响到居民吃菜，提出菜地面积缩减到了警戒线，缓解居民"吃菜难"问题需要停止菜地征收。"警戒线"具体到须保护的区域人均耕地面积，有以下几种观点：

（一）人均耕地 0.96 亩（0.0640 公顷）警戒线

董钻（1987）认为，为保证我国人均占有粮食 400 千克，须划出一条人均占有耕地 1.2 亩（0.0800 公顷），其中 80%用于种粮食的最低警戒线，即用于种粮食的人均耕地为 0.96 亩（0.0640 公顷），这是通过中国知网（CNKI）数据库进行文献追踪发现的国内保障粮食需求的最早人均耕地警戒线。张慧霞（1992）认为，受人口增长与建设占用等多因素影响，山西省耕地面积已锐减到了警戒线。

彭珂珊（1993）认为，我国耕地承载力减少到了"警戒线"的严峻局面，需要建立惜土如金的全新观念。

（二）人均耕地1亩（0.0667公顷）警戒线

人均耕地1亩（0.0667公顷）警戒线见于20世纪80年代末和90年代前半期的个别成果，在应用层面得到了政府支持。程鸿（1989）根据我国耕地承载力的具体情况，认为人均耕地1亩（0.0667公顷）为人均耕地警戒线。王先进（1994）认为，2040年人口高峰时必须保证人均耕地1亩（0.0667公顷）是不能后退的警戒线。据有关部门预测，我国土地的减少已临近警戒线，耕地承载力已达到临界状态，土地问题的警钟已经敲响（曾激波等，1991）。1990年，中共山东省委、省政府作出了《关于加强土地管理的决定》，提出了稳定耕地面积的目标，把人均耕地1亩（0.0667公顷）作为土地管理工作的警戒线，在严格控制非农业建设用地的同时加强农村土地整理（山东省土地管理局，1997）。

（三）人均耕地0.8亩（0.0533公顷）警戒线

早在20世纪90年代初，杨灿智（1992）依据土地承载力测算得到四川人均耕地警戒线为0.8亩（0.0533公顷），此为国内学者最早提出以0.8亩（0.0533公顷）为人均耕地警戒线。

从1995年开始，以联合国粮食及农业组织（FAO）的人均耕地警戒线为依据的区域实证、比较研究见之于众多学术文章。1988～1993年，四川省耕地平均以1.5万公顷/年的速度减少、人口以100万人/年的速度增加，人均耕地仅为0.06公顷，接近FAO规定的人均耕地0.8亩（0.0533公顷）的警戒线（张素兰等，1995）。福建省人多地少，人均耕地仅为0.58亩（0.0387公顷），不及全国人均耕地的一半，大大低于FAO规定的人均耕地0.8亩（0.0533公顷）的警戒线（庄绍东，1996）。四川省南部县人均耕地为0.73亩（0.0487公顷），低于FAO规定的人均耕地0.8亩（0.0533公顷）的警戒线（彭唐，1996）。1995年，浙江省人均耕地仅为0.55亩（0.0367公顷），低于FAO规定的人均耕地0.8亩（0.0533公顷）的警戒线（高尚武等，1996）。1995年，巫溪县施家村人均耕地降为0.75亩（0.0500公顷），在FAO规定的人均耕地警戒线以下（杜发明，1996）。1993年，贵州省人均耕地为0.78亩（0.0520公顷），基本农田人均为0.26亩（0.0173公顷），大大低于FAO规定的人均耕地0.8亩（0.0533公顷）警戒线（周忠海，1997）；其中安顺市1996年人均耕地为0.75亩（0.0500公顷），低于全国人均耕地1.19亩（0.0793公顷）和全省人均耕地0.83亩（0.0553公顷）的警戒线，也低于FAO确定的人均耕地0.795亩（0.0533公顷）警戒线（何飞雪，1997）。1995年广东省人均耕地为0.034公顷，远低于FAO规定的人均耕地 0.8 亩（0.0533 公顷）的警戒线（廖金凤，1998）。张春林（1998）对我国南方某省市人均耕地面积与 FAO 规定的人均耕地警戒线进行了对比分析后认为，该地区的一些部门在耕地管理问题上以实用主义行为对待中央或上级机关的行政理念，导致耕地大量减少。江阴市耕地非农化趋势日益加快，耕地面积从 1978 年的 5.31 万公顷，减少到 2000 年的 5.15 万公顷，土地利用结构中耕地所占百分比从 1978 年的 53.73% 下降到 2000 年的 52.08%，人均耕地从 1978 年的 0.054 公顷下降到 2000 年的 0.045 公顷，低于 FAO 人均耕地警戒线（陈江龙等，2003）。2006 年，哈尔滨人均耕地为 0.00184 公顷，低于 FAO 规定的人均耕地警戒线（孙丽娜等，2006）。按照 FAO 确定的人均耕地 0.795 亩（0.053 公顷）警戒线，我国有 23.7% 的县级行政区划单位（含县级市）低于这条警戒线（龚子同等，2007）。随着经济的不断发展，中山市非农建设用地大量扩张，人均耕地面积已低于联合国人均耕地警戒线（吴家浩等，2011）。福建省农业用地特别是耕地比重小，仅占土地总面积的 10.64%，人均耕地面积不到全国人均水平的一半，仅为全国人均数的 1/3，低于联合国人均耕地 0.053 公顷警戒线（黄秀声等，2011）；其中青浦区的耕地面积占土地总面积的比例高于中国平均水平（12.80%），但根据 2012 年青浦区人口统计数据计算，常住人口人均耕地仅为 0.27 亩，远远低于联合国人均耕地 0.80 亩（0.0533 公顷）警戒线（付永虎，2016）。长沙市人均耕地面积仅为 1.04 亩（0.0693 公顷），跟全国人均耕地平均值比起来少了 0.37 亩（0.0247 公顷），也就是少了 35.58%，比 FAO 规定的人均耕地警戒线也只高 0.245 亩（0.0163 公顷），耕地资源不容乐观（曾理，2016）。2014 年，江苏人均耕地接近警戒线，粮食安全面临考验（施振斌等，2017）。广西人均耕地面积约为 0.0570 公顷，低于全国平均水平 0.08 公顷，接近 FAO 规定的人均耕地警戒线 0.0530 公顷，且耕地质量总体不高（李萍，2017；韦宁卫等，2019）。2018 年末福建省耕地面积 133.65 万公顷，耕地以水田为主，约占耕地总面积的 80%；人均耕地面积 0.034 公顷，明显低于联合国粮农组织规定的人均耕地警戒线 0.0533 公顷，形势严峻（黄曦，2021）。我国人均耕地只有 1.4 亩，仅占世界人均耕地面积的 1/3，全国 664 个市、县人均耕地面积低于 FAO 确定的人均耕地警戒线，已经触及粮食安全底线（李中伟等，2022）。王万茂（2001）分析了 FAO 人均耕地 0.8 亩（0.0533 公顷）警戒线的由来认为，粮食自给标准为 1 个人一昼夜享用 2300 大卡热量的食物消费，借助热量折算系数将自给食物消费水平折算为粮食实物量为 1 人一年占有粮食 225 千克，取世界粮食单产平均值为 320 千克，人均耕地拥有量为 0.8 亩（0.0533 公顷），即 0.8 亩（0.0533 公顷）是在人均昼夜食物消费水平为 2300 大卡热量、作物单产为 320 千克的条件下，养活 1 个人所需的最低耕地面积。显然，国内学者在实证研究中引用的 FAO 人均耕地警戒线有的为 0.8 亩，有的为 0.79 亩，有的为 0.795 亩，有的为 0.0533 公顷，有的为 0.053 公顷，其数值有微小差异，面积单位也存在亩或公顷两种情况。尽管如此，但以亩为单位的值保留一位小数，则为 0.8 亩；采用国际制单位则为 0.0533 公顷。

（四）其他观点

杜中朝（2003）根据国务院颁布的《中国营养改善计划（1997）》提出了消费标准，结合 1949~2000 年陕西人均粮食占有量的曲线，估计确定陕西 2010 年小康标准的人均粮食需求，分析估算陕西省的人均耕地警戒线为 0.087 公顷，然后综合考虑退耕保护生态、建设、吃饭和耕地现状，最终确定陕西省的人均耕地警戒线为 0.08 公顷；人均耕地警戒线受生产力水平提升等因素的影响，到 21 纪中叶为 0.07 公顷。李宁等（2004）借用蔡运龙提出的最小人均耕地面积模型计算了区域人均耕地警戒线，例如，济南 2010 年人均粮食为 450 千克，结合单产、粮食播种面积占总播种面积之比、复种指数的非线性预测，得出人均耕地警戒线为 0.0593 公顷。方斌等（2021）认为，在理论假设完全理想状态下，仅解决吃饱需要的耕地数量为 $1.18×10^8$ 公顷，实现全面吃好需要的耕地数量为 $1.43×10^8$ 公顷，现有的耕地存量还难以满足该需求；兼顾"吃饱+吃好"双重情境下，新时期耕地保有量区间为 $1.25×10^8$~$1.38×10^8$ 公顷，从粮食质量需求视角来看，到 2030 年我国人口高峰年，耕地需求仍有不足风险。

二、区域人均耕地警戒值

在区域人均耕地警戒线概念的发展过程中，出现了人均耕地警戒值概念。区域人均耕地警戒值研究主要分为以下几种情况：

（一）国际人均耕地警戒值

国际人均耕地警戒值与国际人均耕地警戒线本质上是同一个值，有人称其为国际人均耕地警戒值，有人称其为国际人均耕地警戒线；在区域实证研究中学者引用的国际人均耕地警戒值也存在差异性。FAO 规定，耕地减少危险点是人均占有耕地 0.0533 公顷，但从我国生产力发展水平、居民饮食结构等因素考虑，人均耕地警戒值不能低于 0.0670 公顷（杨重光，1996）。FAO 规定一个区域内人均耕地警戒值为 0.795 亩（赵哲远等，1997），但具体到不同的国家和地区无疑会有所不同（饶应祥等，1999）。在以此为参照的小区域实证研究中，如玉林市人均耕地面积仅为 0.055 公顷，已接近 FAO 规定的人均耕地 0.0533 公顷的警戒值（华瑾，1999）。不盲目套用 FAO 规定的人均耕地 0.0533 公顷这一数值，同时要研究制定科学、规范的土地质量评价标准（陆红生等，1999）。江阴市的人均耕地量呈逐年下降的趋势，1997 年远低于 FAO 规定的人均耕地警戒值（陈志刚等，2001）。2000 年，长沙市人均耕地面积仅为 0.049 公顷，低于 FAO 规定的人均耕地 0.0533 公顷的警戒值（吕辉红等，2001）。在耕地总量动态平衡的监测和预警研究中，没有设定区域人均耕地面积的警戒值，仅针对基准年进行耕地总量动态平衡的预警分析，在此基础上可参照 FAO 确定的人均耕地的警戒指标进一步判定耕地系统状态的偏离程度（葛向东等，2002）。2000 年，湖南省娄底、长沙、湘潭和衡阳 4 市的人均耕地均低于 FAO 划定的人均耕地警戒值 0.0533 公顷（张春花等，2004），2000 年，湖南省邵阳市人均耕地为 0.057 公顷，已接近 FAO 划定的人均耕地 0.0533 公顷的警戒值（莫晓红等，2004）。

（二）基本农田保护门槛面积

区域人均耕地警戒值作为基本农田保护面积的门槛工具进行运用，允许具有区域差异性，同区域允许具有保护方案的差异性，如河南省黄淮海平原地区基本农田保护工作，根据实际情况设立基本农田保护区的下限警戒值、耕地面积确保值和耕地面积力争值三种方案设立各类农田保护区（李庚等，1990）。

（三）构建模型研究符合国情、区情的区域人均耕地警戒值

在研究方法上，结合具体区情构建模型，测算区域人均耕地警戒值，在应用层面得到了政府支持。区域人均耕地警戒值直接取决于农作物单产水平、复种指数和人均农产品消费水平，影响人均耕地警戒值的三个因素既不会固定不变也不会大幅涨落，综合考虑研究区内的人均农产品消费水平、农作物单产水平、耕地复种指数、自然灾害和其他因素的影响，结合耕地标准生产水平，构建人均耕地警戒值模型测算人均耕地警戒值（饶应祥等，1999）。研究制定我国人均耕地警戒值，同时研究制定科学、规范的土地质量评价标准，为土地质量保护管理提供依据（陆红生等，1999）。王月霞（2001）依据 1994~1998 年的相关资料，按照饶应祥等（1999）的方法测算得到河北省人均耕地警戒值，2000~2005 年为 0.0897 公顷；冯晓森等（2005）认为，2005 年后，河北省人均耕地面积降到了预测的人均耕地警戒值水平以下。李晓青等（2003）从湖南省人均耕地现状出发用更新后的人均耕地警戒值和实际人均耕地的比值对湖南耕地压力现状进行了分析，并运用回归模型预测了耕地压力的变化趋势，为缓解耕地压力、合理利用耕地资源提供了依据。刘艳中等（2006）计算得出广西壮族自治区灌阳县的人均耕地警戒值为 0.0533 公顷。刘坤（2007）计算得到，2010 年济宁市人均耕地警戒值为 0.0688 公顷，尚未超出人均耕地预期保有量（0.0715 公顷）；2020 年人均耕地警戒值为 0.0748 公顷，大于人均耕地预期保有量（0.0661 公顷），耕地供

应紧张。冉清红等（2007）认为，2006 年我国人均耕地警戒值为 0.09035 公顷，耕地总量警戒值为 1.18 亿公顷，耕地保护刻不容缓。各省份人均耕地警戒值的空间差异较大，在仅考虑生产力水平和播耕强度指数，不考虑各省份城乡居民食品消费支出影响的前提下，甘肃省的人均耕地警戒值为 0.2327 公顷，是全国平均水平的 2.68 倍；湖南省的人均耕地警戒值为 0.0299 公顷，仅为全国平均水平的 34.41%。在综合考虑各省份的食品作物生产力水平、食品作物播耕强度指数、食品消费支出三个因素的前提下，甘肃省人均耕地警戒值为 0.1713 公顷，是全国平均水平的 1.97 倍；湖南省的人均耕地警戒值为 0.0323 公顷，仅为全国平均水平的 37.17%（冉清红等，2010）。2005 年，陕西省人均耕地为 0.0753 公顷，已低于陕西省人均耕地警戒值 0.08 公顷（强妮等，2008）。2009 年，甘肃省人均耕地警戒值区域差异明显（潘竟虎和胡羚等，2011）。湖北省政府组织有关专家学者对省域耕地保护情况进行认真考察论证后确定，全省人均耕地警戒值为 0.824 亩（0.0549 公顷）（湖北省人民政府办公厅，2001），区域人均耕地警戒值为地方政府科学管理耕地提供了参考，为因地制宜保护耕地资源做出了贡献。

三、其他概念

除国际人均耕地警戒值与区域人均耕地警戒值两个概念，在发展过程中还出现了区域最小人均耕地面积（蔡运龙等，2002）、区域人均耕地阈值（陈百明，2002）、区域人均耕地资源安全底线（陈百明和周小萍，2005）等概念和测算模型。

（一）区域最小人均耕地面积

区域最小人均耕地面积是指在一定区域范围内，在一定食物自给水平和耕地综合生产能力条件下，满足本区域每个人正常生活的食物消费所需的耕地面积。其值为保障一定区域食物安全而需保护的耕地数量底线。区域最小人均耕地面积是食物自给率、食物消费水平、食物综合生产能力等因子的函数（蔡运龙等，2002）。最小人均耕地面积的概念及其算法，一开始就与"耕地压力指数"的概念和算法绑在一起。部分学者为了研究区域耕地压力的变化，直接运用区域最小人均耕地面积概念和算法，计算区域最小人均耕地面积。例如，1990～2005 年，广东省区域最小人均耕地面积由 0.0589 公顷下降为 0.0409 公顷（张建中等，2008）。1997～2020 年，贵州省普安县区域最小人均耕地面积为 0.2008 公顷，2010 年为 0.1410 公顷，2020 年为 0.1182 公顷（王金凤等，2011）。2002～2012 年，河南省区域最小耕地面积在设定的同一消费水平下呈现下降变化，在人均粮食消费水平为 300 千克时，区域最小人均耕地面积由 0.0523 公顷变为 0.0356 公顷；当人均粮食消费水平为 400 千克时，区域最小人均耕地面积由 0.0698 公顷变为 0.0475 公顷；人均粮食消费水平为 500 千克时，区域最小人均耕地面积由 0.0872 公顷变为 0.0594 公顷；人均粮食消费水平为 600 千克时，区域最小人均耕地面积由 0.1046 公顷变为 0.0712 公顷（王瑞芳，2016）。广西壮族自治区贵港市的区域最小人均耕地面积从 2007 年的 0.0873 公顷下降为 2016 年的 0.0830 公顷（褚首华等，2019）。中原经济区的区域最小人均耕地面积从 2009 年的 0.058 公顷下降为 2018 年的 0.055 公顷左右（杨萌萌，2021）。

（二）区域人均耕地阈值与人均耕地资源安全底线

陈百明等（2002）认为，区域人均耕地阈值为在给定时间、空间尺度的条件下，生产给定生活水平或人均消费的粮食数量所需要的耕地面积。陈百明和周小萍（2005）认为，人均耕地资源安全底线为在给定时间、空间尺度和给定自给率条件下，生产给定生活水平或人均消费粮食数量所需要的耕地面积，他们分别讨论了完全自给、95%自给率和90%自给率情况下，人均消费 400 千克和 420 千克的耕地资源安全底线。

四、评述

国内学者在研究区域人均耕地警戒值（线）以来，有人运用耕地警戒线的概念，有人运用耕地警戒值的概念；联合国人均耕地警戒值/线的大小、单位和小数点位数不一致，0.8 亩、0.795 亩、0.053 公顷等皆有出现；在实证研究中，国内学者同时使用亩和公顷，小数点后的位数差异也很明显；先后提出了区域最小人均耕地面积、区域人均耕地阈值、人均耕地资源安全底线和基本农田保护门槛面积等概念。尽管如此，区域人均耕地警戒值（线）的概念一直都有研究和运用。

（一）区域人均耕地警戒线就是区域人均耕地警戒值

本质上，区域人均耕地警戒线与区域人均耕地警戒值二者都在致力于回答满足区域人口基本消费所需的最低耕地数量。从对概念和方法的区域性实证研究来看，存在以下几种情况：①不同研究者关于"人口基本消费"的理解存在差异，有的把基本消费理解为"粮食"，包括谷物、豆类和薯类，在计算耕地警戒值时只考虑人均粮食消费的用地需求；有的理解为口粮、生产肉蛋奶鱼的饲料粮、植物油和蔬菜，这类理解的研究者比较多；有的理解为粮肉油菜及棉花等与生活有关的纤维植物的生产，包括广义的食物和非食物性农产品，如粮食、油料、蔬菜、棉花和其他农产品，在计算人均耕地警戒值时要涵盖人均粮食生产用地、人均棉花生产用地、人均油料生产用地、人均蔬菜生产用地和人均其他农产品生产用地。②不同研究者对"人口基本消费"的供给方式存在差异，有的研究者没有考虑进口率的影响，研究在完全自给情况下的区域人均耕地警戒值（线），有的研究者注意到了进口的作用，研究了在不完全自给情况下的区域人均耕地警戒值（线）。③不同研究者对自然灾害的影响和食品作物在生产、运输、储备与消费过程中的耗损的影响考虑有差异，有的研究者对自然灾害对粮食生产的影响给予了重视，有的没有考虑。④上述认识方面的差异，不影响区域人均耕地警戒值（线）都是满足人口基本消费所需的最低耕地数量的本质问题。事实上，作为一个农业大国，一个在国际市场上具有一定影响力的农业强国，在考虑"人口基本消费"时，不能仅仅停留在粮食方面，还应该考虑"人口基本消费"以及生产这些粮食、蔬菜和其他食品作物等所需耕地有关的诸多方面。本书认为，就国情而言，区域人均耕地警戒值综合考虑"人口—粮食/食物—耕地"可分为三种情况：一是饭碗中的粮、肉、蛋、奶、鱼、油、糖、菜，分为直接食用粮食、生产肉蛋奶鱼的饲料粮、植物油、食糖和新鲜蔬菜必需的耕地；二是直接食用粮食、饲料粮食、生产加工、种子和各环节耗损用粮，植物油、食糖和新鲜蔬菜必需的耕地；三是种植食用植物产品和非食用纤维性农产品必需的耕地。

（二）区域人均耕地警戒值与区域最小人均耕地面积的异同

区域最小人均耕地面积是在一定区域范围内，在一定食物自给水平和耕地综合生产能力条件下，满足本区域每个人正常生活的食物消费所需的人均耕地面积（蔡运龙等，2002）。同一个区域，耕地综合生产能力、食物自给率状况、生活消费水平具有年际变化特点，每年用于生产其食物消费所需的最少耕地数量尽管变化可能不十分显著，但必然不相同，每年都有一个最小人均耕地面积值，也就是说，区域最小人均耕地面积值具有年变化特征。饶应祥等（1999）从人口对农产品消费的视角定义区域人均耕地警戒值/线，认为区域人均耕地警戒值是指为满足人口基本消费所需的最低耕地供给量，反映了一种极限供求平衡关系，该定义得到了较多学者的响应，但对"人口基本消费"的认识出现了分异，一种观点认为，人口基本消费品包括广义的食物和非食物性农产品，如粮食、油料、蔬菜、棉花和其他农产品，在计算人均耕地警戒值时要涵盖人均粮食生产用地、人均棉花生产用地、人均油料生产用地、人均蔬菜生产用地和人均其他农产品生产用地；另一种观点认为，人口基本消费品为粮食，在计算耕地警戒值时只考虑人均粮食消费用地需求。以蔡运龙等（2000）为代表的学者，对联合国人均耕地警戒值（线）指标进行了溯源研究，然后提出了"最小人均耕地面积"的概念，认为最小人均耕地面积是指在一定区域范围内，在一定食物自给水平和耕地综合生产能力条件下，为了满足每个人正常生活的食物消费所需的耕地面积。李晓青等（2003）认为，人均耕地警戒值与最小人均耕地面积具有等价性。一方面，最小人均耕地面积是一个本土概念；另一方面，最小人均耕地面积具有能够表达人均耕地警戒值的内涵、功能和作用，因此在研究耕地保护管理中得到了较为广泛的运用。

第二节　耕地警戒值模型的述评与研究方法

一、耕地警戒值（线）模型的变迁与评价

（一）20世纪的变化与评价

据CNKI查询追溯，国内探索耕地总需求和人均耕地警戒值（线）早期研究方法出现在20世纪90年代初期。杨灿智（1992）将人口、消费水平、单位面积产量、耕地面积四个要素相结合，建构了用数量方法描述四川省粮食供求关系的计算公式，如式（1-1）所示。

耕地面积×单位面积产量＝人口总数×人均占有粮食量

　　　　　（供）　　　　　　　　　　（求）　　　　　　　（1-1）

据此式结合四川省土地承载力测算出的耕地警戒线为人均0.8亩（0.0533公顷），全省实有耕地面积面临的现实严峻，在当时的投入条件下四川省土地已接近其人口承载量的临界点；成都平原区的人均耕地面积为0.77亩（0.0513公顷），低于全省人均值和警戒线水平，保护耕地资源已刻不容缓。式（1-1）的意义在于：①没有盲目运用联合国人均耕地警戒值（线）标准，而是构建计算方法进行探索，尽管式（1-1）较简单，但表达了国内有学者或研究人员已经在建构数学方法探讨耕地警戒值，人均耕地需求数量已经由定性描述走向定量研究；②以四川省为研究对象进行了实证示范，提出了四川省人均耕地警戒值（线），对四川省和成都平原的耕地紧迫情况给出了明确意见，其研究的示范意义重大；③只考虑了粮食生产而没有考虑其他作物的耕地需求问题。

20世纪90年代中期出现了"警度"概念和方法。王明吉（1996）通过统计分析1949~1981年我国耕地面积变化，发现数量减少惊人，耕地锐减趋势在1986年《土地管理法》颁布实施后一度得到控制但进入20世纪90年代后又重新回升，耕地生产能力尽管总体上升但波动明显，为了强化耕地保护意识，构建

了农业土地预警的"警度"测定方法，在一定程度上助推了构建区域人均耕地警戒值（线）数学模型的紧迫感，方法虽好但未进行实证分析，在一定程度上制约了后来者采纳及实证运用。

20 世纪 90 年代末，饶应祥等（1999）基于农业结构分析后提出，人均耕地警戒值直接取决于包括粮食、棉花、油料、蔬菜和其他五类农产品的单产、人均农产品消费量和复种指数三个因素，然后构建了人均耕地警戒值模型〔见式（1-2）〕。其中，G_{min} 为人均耕地警戒值，G_0 为人均耕地常态值，Z 为自然灾害影响系数，R 为其他因素影响系数，G_i 为第 i 种农产品的人均需求量，P_i 为第 i 种农作物标准单产水平，F_i 为耕地标准复种指数，K 为主要农作物占总播种面积的比例，Z_i 为第 i 种农作物受灾影响系数，Q_i 为第 i 种农作物播种面积的权重。

$$G_{min} = \frac{G_0}{(1-Z) \times (1-R)} \tag{1-2}$$

$$G_0 = \sum \frac{G_i}{P_i \times F_i \times K}, \quad Z = \sum Q_i \cdot Z_i$$

然后测算了湖北省 2000～2005 年的粮食、棉花、油料、蔬菜和其他五类农产品生产人均用地最小需求量，湖北省的人均耕地警戒值实证分析结果为 0.796 亩。王月霞（2001）依据 1994～1998 年的资料，运用该模型对 2000～2005 年河北省的人均耕地警戒值进行了实证研究。建立人均耕地警戒值模型的意义在于：①把食品作物和必要的纤维作物作为必要指标构建数学模型，思路清晰、分析清楚，方法的迁移性强。②结合湖北省进行实证研究，引起了国内学者对耕地警戒值的建模与实证研究兴趣。③但是，在该模型中没有考虑食物自给率问题。

（二）21 世纪以来的变化与评价

21 世纪初期，蔡运龙等（2002）率先从保障区域食物安全角度出发，提出了区域最小人均耕地面积的概念，把区域最小人均耕地面积定义为保障区域食物安全的耕地数量底线，构建了区域最小人均耕地面积模型〔见式（1-3）〕。

$$S_{min} = \beta \times \frac{G_r}{P \times q \times k} \tag{1-3}$$

其中，S_{min} 为最小人均耕地面积，β 为粮食自给率，G_r 为假定的人均粮食需求量，P 为粮食单位面积产量，q 为粮食播种面积占总播种面积的百分比，k 为复种指数。

以我国人均粮食需求量为 300 千克和 400 千克两种情形，测算得到我国东部、中部、西部三大经济地带的最小人均耕地面积分别为 0.0561 公顷、0.0802 公顷和 0.1115 公顷，0.0748 公顷、0.1070 公顷和 0.1487 公顷。区域最小人均耕地面积模型的意义在于：①考虑到了自给率因素的作用，体现了基于开放的粮食市场这一理念，建立模型研究人均耕地需求底线的思想是符合实际的，体现了世界经济一体化的要求。②模型中剔除了非食物性指标，将着眼点回归到满足城乡居民的食物需求来研究最小耕地底线，符合"警戒值"的基本意图，但实证研究只考虑了粮食而实际上城乡居民的食物消费需求结构中远远不只有粮食。③最小人均耕地面积模型简洁明了，所需资料仅包括假定的人均粮食需求量、粮食单位面积产量、粮食播种面积占总播种面积的百分比和复种指数四指标，资料容易获取、可操作性强，而且除了人均粮食需求量为假定数据外，其他数据都是客观的，为后续计量研究模型奠定了基础，例如，李晶等（2005）在研究陕西省关中地区的区域粮食安全时，对式（1-3）进行了修正并建立了修正模型。④利用模型测算东部、中部、西部三大经济地带的最小人均耕地面积，实证研究结果较为满意，对建立不同地带城乡居民的耕地保护意识很有帮助。⑤该模型未考虑灾害因子的影响，事实上，我国南北、东西跨度较大，地貌复杂多样，自然灾害每年对我国农业生产的影响非常大。

李晓青等（2003）认为，区域人均耕地警戒值是粮食自给率、粮食消费水平、耕地总面积、粮食总产量和灾害系数等因子的函数，对式（1-3）进行修正得到区域人均耕地警戒值模型［见式（1-4）］。

$$S_{min} = \frac{\beta \times G_r \times M}{Z \times (1-R)} \qquad (1-4)$$

其中，S_{min} 为人均耕地警戒值，β 为食物自给率，G_r 为人均粮食需求量，M 为耕地总面积，Z 为粮食总产量，R 为灾害系数。

如果对该模型作等值变形处理，则有：

$$S_{min} = \beta \times \frac{G_r}{(1-R)} \times \frac{M}{Z}$$

用 P 表示粮食单产，则 $\frac{M}{Z} = \frac{1}{P}$。于是，模型变形为：$S_{min} = \beta \times \frac{G_r}{(1-R) \times P}$。

然后，对 1949~1999 年湖南省的人均耕地警戒值进行了实证研究。该模型的意义在于：①统一了"人均耕地警戒值"的概念和"最小人均耕地面积"的概念，他们认为人均耕地警戒值的研究范畴就是用于生产食物的耕地，使式（1-3）用于研究"最小人均耕地面积"的指标，服务于"人均耕地警戒值"的研究工作；②吸取了已有模型优点，与已有模型有同源性质，是其的一个变形；

③考虑了粮食需求而没有从城乡居民的现实消费量结构中去分析食物需求，模型中的灾害系数被定义为灾害减粮与"实际粮食产量+灾害减粮"的比值，算法虽好但在实证研究时的灾害系数取值（0.9085）缺乏斟酌。王建源（2005）依据1949~2000年山东省数据计算了研究期内人均耕地警戒值的变化，并研究了耕地压力的年际变化。

刘坤和董亮亮（2007）提出，耕地的供给能力取决于粮食作物的单产水平、复种指数、粮播比重及耕地面积，消费需求量取决于消费水平和人口总量。须首先对研究期内的人均粮食消费水平、粮食单产水平、耕地复种指数、粮播比重等指标进行预测，考虑到生态因素的影响须用生态系数进行修正，才能测算出区域人均耕地警戒值。构建了区域人均耕地警戒值模型〔见式（1-5）〕。

$$A = \frac{C}{D \cdot F \cdot R \cdot E} \tag{1-5}$$

其中，A为区域人均耕地警戒值，C为人均粮食消费水平，D为粮食单产水平，F为复种指数，R为粮播比重，E为生态因素对耕地产出量影响的标准生态系数。

然后基于1994~2004年数据，以山东省济南市为例进行了实证研究，预测了2010年和2020年济南市的耕地警戒值。创新点在于引入"标准生态系数"并给出了算法，其值等于第i类用地面积（S_i）与区域土地总面积（S）的比值与该类用地的影响权重（R_i）的乘积，就是第i类用地的生态系数$\left(\frac{S_i}{S} \times R_i \right)$，区域生态系数（e）为各类用地的生态系数之和，$e = \sum_i \frac{S_i}{S} \cdot R_i$，再规定研究期第一年的标准生态系数为1，将其他年份的生态系数（e）与第一年生态系数（e）相比，计算得到各年的标准生态系数（E）。不足之处在于，只考虑了粮食消费，没有考虑粮食自给率。

二、人均耕地警戒值模型构建

上述分析表明，不同的研究者对耕地警戒值（线）模型进行了研究并进行了区域性实证分析，从应用研究角度来看均具有局域性特征，已有模型从不同角度、不同区域的研究中取得了成功但仍然存在一些缺陷。鉴于此，冉清红等（2007，2010）先后构建扩展模型对我国31个省份（不含港澳台地区）2020年前的耕地警戒值进行了系统研究。首先研究了我国耕地警戒值，考虑到31个省份之间的贸易不存在壁垒，食物安全更多地存在于贸易壁垒、贸易限制等因素影响下的国家之间。于是，首先致力于从国家层面构建了我国人均耕地警戒值模型并研究我国人均耕地警戒值，在此基础上研究了区域性人均耕地警戒值。

G_i 为第 i 种食物人均需求量。P_i 为第 i 种食物单产量。β_i 为第 i 种食物自给率（%），其取值区间为 $0 \leq \beta_i \leq 1$，当 $\beta_i \geq 1$ 时取 1，并代表需求的食物能够完全自给；当 $\beta_i < 1$ 时取实际值，并代表食物须进口才能满足需求，i = 1，2，3，…，m，分别表示人均粮食（口粮和用于生产肉蛋奶的饲料用粮）、食用植物油、糖和蔬菜。$S_{耕}$ 为耕地总面积。$S_{耕食播}$ 为耕地上的食品作物（粮食、食用植物油、糖和蔬菜）播种面积。H 为灾害影响系数。t 为年份，t = 1，2，3，…，n-1，n，S_{min}^t 为第 t 年的区域最小人均耕地面积。基于国内计算区域最小人均耕地面积的前期研究、现实的食物消费需求结构与水平确定食物消费需求量、国际粮食贸易视角，以及食用植物油、食糖、蔬菜的生产量和消费量对比研究 4 类食物的自给率，历年各类食物的生产能力和影响因素研究食物产量水平，基于历年播耕强度指数变化，构建区域最小人均耕地面积模型［见式（1-6）］。

$$S_{min}^t = \frac{S_{耕}}{S_{耕食播}} \sum_{i=1}^{m} \frac{\beta_i \times G_i}{P_i} \times (1 + H) \qquad (1 \leq t \leq n) \qquad (1-6)$$

用 S_{min} 表示某区域的区域人均耕地警戒值。区域最小人均耕地面积本质上就是区域人均耕地警戒值（李晓青等，2003），于是有：$S_{min} = S_{min}^t$。结合 1996 ~ 2004 年基础数据研究了 2006 ~ 2020 年我国最小人均耕地面积，结合人均实际耕地面积确定 2006 年我国人均耕地面积进入警戒期。然后设计了区域人均耕地警戒值的算法，基于国家人均耕地警戒值计算了 31 个省份的人均耕地警戒值，在不考虑人均食物消费支出的省份差异时，甘肃省的人均耕地警戒值是湖南省的 7.78 倍；在考虑人均食物消费支出的省份差异时，甘肃省的人均耕地警戒值是湖南省的 5.31 倍，因此耕地警戒值有省份差异。可将全国耕地管理划分为三个激励—约束级：北京、上海、天津和广东 4 个省份为耕地管理的强力约束级，山西、浙江、福建、西藏、陕西、青海和辽宁 7 个省份为一般约束级，其余 20 个省份为政策性激励级，国家应制定差异性的耕地管理激励—约束政策。基于国家人均耕地警戒值计算省级行政区人均耕地警戒值的研究方法被相关研究者在甘肃省分县人均耕地警戒值空间差异分析中对式（1-6）进行了系统运用（潘竟虎和胡羚，2011），为多位学者或研究者在计算耕地压力所需的区域人均耕地警戒值或区域最小耕地面积过程中提供了参考或借鉴。

区域最小人均耕地面积和区域人均耕地警戒值具有年变化属性，而且这种属性对地方政府制定未来一定时期的耕地管理战略是不方便的。本着科学、好用的理念，需要对"区域最小人均耕地面积本质上就是区域人均耕地警戒值"提出改进意见。如果用 S_{min} 表示某区域在某阶段 [1, n] 的区域人均耕地警戒值，则须确保时段 [1, n] 的末年有足够的耕地数量。为此，区域人均耕地警戒值模型为：

$$S_{min} = S_{min}^n \qquad (1-7)$$

即在式（1-6）中，在 t=n 时的区域最小人均耕地面积等于区域人均耕地警戒值。

三、研究方法与数据处理

（一）灰色数列 GM（1，1）模型方法

对于一个给定的原始数据列 $X^{(0)} = \{x^{(0)}(1), x^{(0)}(2), x^{(0)}(3), \cdots, x^{(0)}(n)\}$，如果多数数据具有随机性，数列变化则无规律性，就不能直接用于建模（邓聚龙，2005）。灰色系统理论认为，客观系统无论怎样复杂，它都是关联的、有序的、有整体功能的。一切随机量都是在一定范围内、一定时段上变化的灰色量及灰色过程，对于灰色量的处理，不是去寻求它的统计规律和概率分布，而是从无规律的原始数据中找出规律，即将原始数列经过一次累加生成新数据列，使其成为随机性被弱化了的、较有规律的时间序列数据，就可以用指数函数去逼近，建立模型进行灰色数列预测，就很好地解决了随机变化数列的建模问题。单序列一阶线性动态模型 GM（1，1），计算简单，适用性广，是灰色数列预测常用模型（邓聚龙，2005）。GM（1，1）模型的建模步骤如下：

（1）一个 n 阶、h 个变量的灰色模型，记为 GM（n，h）。不同的 n 与 h 有不同的意义与用途，要求有不同的数据。如果是作为预测模型，一般用 GM（n，1），即只考虑一个变量，而 n 一般在 3 以下。因 n 越大，计算量越大，计算时间越长，且精度不一定高，故通常取 n＝1。从预测的角度构建模型，可以选定 GM（1，1）。GM（1，1）代表一个白化形式的微分方程 $\frac{dx^{(1)}}{dt} + aX^{(1)} = u$，其中，a 和 u 是需要通过建模来求得的参数，是原始数列 $X^{(0)}$ 的累加生成（AG_0）值。

（2）将同一数据列的前 i 项元素累加生成的新数据列的第 i 项元素，就是数据处理，表示为：$X^{(1)}(i) = \sum_{m=1}^{i} X^{(0)}(m)$。不直接采用原始数据 $X^{(0)}$ 建模，而是将原始的、无规律的数据进行加工处理，使之变得较有规律，然后利用生成后的数据列来分析建模，正是灰色系统理论的特点之一。

对数据序列 $X^{(0)} = \{x^{(0)}(1), x^{(0)}(2), x^{(0)}(3), \cdots, x^{(0)}(N)\}$ 作一次累加生成得到 $X^{(1)} = \{x^{(1)}(1), x^{(1)}(2), \cdots, x^{(1)}(N)\}$，其中，$x^{(1)}(t) = \sum_{k=1}^{t} x^{(0)}(k)$。

（3）对 GM（1，1），其数据矩阵（累加矩阵）B 为：

$$B = \begin{bmatrix} -\dfrac{1}{2}(x^{(1)}(1)+x^{(1)}(2)) & 1 \\ -\dfrac{1}{2}(x^{(1)}(2)+x^{(1)}(3)) & 1 \\ \cdots\cdots & \\ -\dfrac{1}{2}(x^{(1)}(N-1)+x^{(1)}(N)) & 1 \end{bmatrix}$$

数阵（常数项）向量 Y_N 为：

$$Y_N = [x^{(0)}(2),\ x^{(0)}(3),\ \cdots,\ x^{(0)}(i)]^T$$

（4）作最小二乘计算，求参数 a 和 u。

$$\hat{a} = \begin{bmatrix} a \\ u \end{bmatrix} = (B^TB)^{-1}B^TY_N$$

（5）建立时间响应函数，求微分方程的解为：

$$\hat{x}^{(1)}(t) = \left(x^{(1)}(0) - \frac{u}{a}\right)e^{-at} + \frac{u}{a}$$

（6）时间响应函数离散化，考虑到时间间隔，即：

$$\underbrace{X^{(0)}(1)\to X^{(0)}}_{1+}\underbrace{(2)\to X^{(0)}}_{1+}\underbrace{(3)\to X^{(0)}}_{1+}\underbrace{(4)\to X^{(0)}(5)}_{1=4}$$

从 $X^{(0)}(1)$ 到 $X^{(0)}(5)$ 有 4 个时间间隔，在不将第 1 个数据 $X^{(0)}(1)$ 改作第 0 个数据的前提下，应经过 4 个时间间隔到达 $X^{(0)}(5)$，即经过 i-1 个时间间隔到达 $X^{(0)}(i)$，为此有 $\hat{x}^{(1)}(i) = \left(x^{(1)}(0) - \dfrac{u}{a}\right)e^{-a(i-1)} + \dfrac{u}{a}$。

显然，经过 i 个时间间隔就到达 $X^{(0)}(i+1)$，则有灰色数列模型：

$$\hat{x}^{(1)}(i+1) = \left(x^{(1)}(0) - \frac{u}{a}\right)e^{-ai} + \frac{u}{a}$$

（7）后验差方法检验模型。当后验比 c<0.35 和小误差概率 p>0.95 时，模型可靠，这时可根据模型对系统行为进行预测。用 s_1 代表观测数据离差，s_2 代表残差。则：

$$c = \frac{s_1}{s_2}，其中，s_1^2 = \sum_{t=1}^{m}(x^{(0)}(t) - \bar{x}^{(0)}(t))^2，s_2^2 = \frac{1}{m-1}\sum_{t=1}^{m-1}(q^{(0)}(t) - \bar{q}^{(0)}(t))^2$$

$$p = \{|q^{(0)}(t) - \bar{q}^{(0)}(t)| < 0.6745s_1\}$$

灰色数列 GM（1，1）模型的评价原则与精度。灰色理论利用后验差检验指标 c 和小误差概率 p 两个参数评价灰色模型。将模型分为"很好""好""一般""不好"四个层次。根据灰色理论的评价原则，c < 0.35，p > 0.95，灰色数列 G（1，1）模型就很好，预测结果的可靠性高。

（二）数据来源与处理

1. 数据来源

根据国家统计数据与 FAO 数据相结合的原则。优先使用面向社会公开的国家统计数据，国家统计数据一是通过国家统计局官网查询；二是通过历年统计年鉴查询；三是通过农业农村部的历年《中国农村统计年鉴》查询。适当采用 FAO 数据，主要是针对一些在居民消费或生产中必然或确已发生，但国内统计缺失或无法查询的情况下，在认真甄别后进行适当运用。

2. 数据处理

采用加权平均法计算人均每年食物消费需求量。人均食品年消费量 = 100 × [（城市居民家庭人均食品年消费量 × 城镇人口占总人口的比例）+（农村居民家庭人均食品年消费量 × 乡村人口占总人口的比例）]。用 Excel 软件进行数据处理，为了尽量减少运算误差，计算结果均保留两位小数。运用 DPS 软件中的灰色数列建立 GM（1，1）模型，预测未来年份的数据，为了确保计算结果的精确性，可以保留四位小数或两位小数。

四、本书的技术路线

技术路线如图 1-1 所示。

（一）研究目标

本书要解决的科学问题包括：

（1）构建基于现实的食物消费结构、生产力水平、食物自给率、灾害系数、播耕强度等因素在内的耕地警戒值的算法模型，基于要素研究计算我国 2023～2049 年最小人均耕地面积，确定国家人均耕地警戒值。

（2）基于现实食物消费结构和生产力水平条件，科学计算各省份的区域耕地警戒值，研究我国耕地警戒值的空间差异。

（3）研究耕地压力，揭示其在最小人均耕地面积与人均耕地警戒值对耕地管理的指示功能，探讨耕地管理的途径与对策。基于不同行为主体的耕地管理响应分析，科学判断土地管理过程中的问题，讨论建设耕地管理激励—约束机制的途径。

（二）资料处理

根据式（1-6）涉及的相关数据，挖掘各自变量背后的相关原始数据资源，再按照下列程序进行收集与整理：

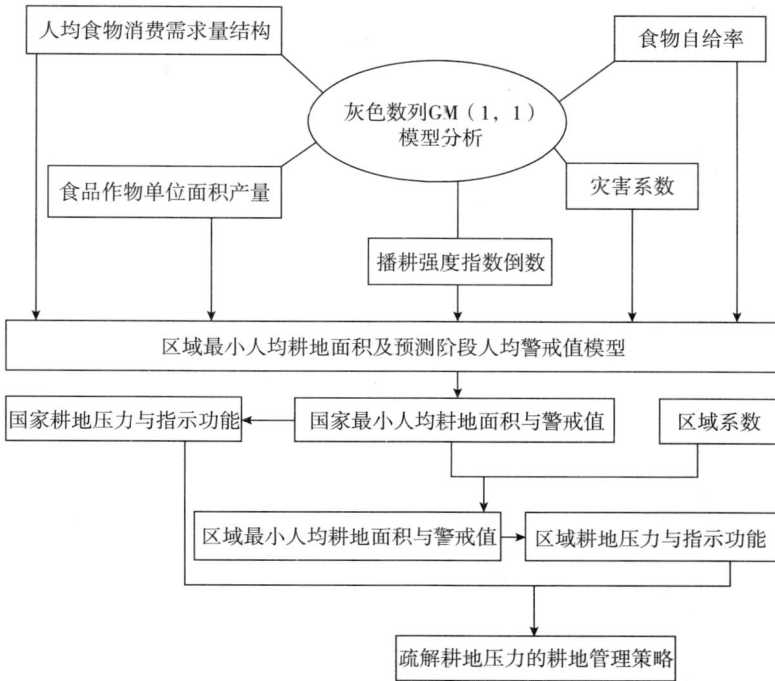

图 1-1　技术路线

1. 资料的收集、登记、编号与造册

收集全国和各省份历年统计数据，具体包括城镇和农村居民的人均肉、蛋、奶消费量，人均口粮消费量，人均蔬菜、植物油、糖消费量；耕地总面积、各省份最新耕地面积、耕地变化面积、各种粮食作物播种面积及蔬菜、油料和糖料播种面积；粮食、蔬菜、植物油和食用糖总产量；粮、油、肉、蛋、奶、糖和菜的进出口量；人口总量、城镇和农村人口比重、各省份人口数量；各省份城镇和农村人均消费支出；有效灌溉面积、化肥施用量、有机肥施用量、年末生猪存栏头数；历年自然灾害对食品作物、农作物产生影响的相关数据等。数据时间要有足够长度且连续。围绕本书的研究主题，收集耕地警戒值、粮食安全与粮食自给率、土地法规管理、耕地管理中的行为分析、耕地质量退化、土地整理、耕地管理理论、能值理论以及数学方法论等方面的相关成果，包括论文、专著和相关的法律法规等。

2. 数据运算试验与整理

微观数据变化模拟研究依托实验室，按照预设的研究方案进行反复试验，获取可以重复的数据。宏观研究与微观研究一样，要按照事先设计的方案对数据进行处理实验，所不同的是宏观研究依托统计软件，在计算机上对数据进行反复运算，并对不同方案的运算结果进行反复比对，直到取得满意的试验结果。如果结果始终不满意，揭示不出研究对象的本质就修改方案并重新上机运算，直到数据模拟过程获得满意的结果。然后记下运算过程及运算过程中生成的中间数据、中间图表和结果，以文件的形式保存下来，再把所需要的数据按照统一要求进行整理和登记。

3. 资料阅读与整理

对大量的文字资料目录进行浏览，获取主要资料目录，然后精读主要研究成果，快速泛读一般成果。整理精读成果的观点、方法和主要结论，对成果的作者、名称、类型、出版单位及时间和页码等基本信息给予相应的记载，对泛读成果给予基本信息登记便于在研究中查阅，确保广泛、全面地掌握研究动态。

（三）研究环节

1. 研究消费需求方案

根据历年的消费资料，基于现实的消费结构，利用合理、科学的方法，研究2023~2049年满足城乡居民人均消费需求的各种食物（口粮、肉蛋奶、食用植物油、食糖和蔬菜）消费量，研究各类食物的需求总量。

2. 植物性食品和动物性食品生产能力研究

首先，利用历史资料信息，筛选粮食、食用植物油、食糖和蔬菜等主要食物单产的影响因素，对影响食物单产量的主要因素进行曲线估计，计算2023~2049年影响因子在相应年份的值。其次，利用历史资料，建立各类食物单产量与影响因素之间的回归方程，计算2023~2049年相应年份的食物单产量。最后，研究食品作物播耕强度指数，食品作物播耕强度指数与复种指数有关，利用耕地面积、农作物播种面积和食品作物播种面积数据，运用数学方法研究2023~2049年食品作物播耕强度指数。

3. 研究食物自给率

基于历年的生产量和消费量数据，运用对比分析法，研究食用植物油、食糖和蔬菜的自给率；从国际粮食贸易视角，研究国际粮食市场允许我国进口的最多粮食数量，在假定这些粮食全部进口的前提下，结合粮食需求总量数据计算粮食自给率。

4. 研究国家最小人均耕地面积并确定人均耕地警戒值、研究区域最小人均耕地面积并确定人均耕地警戒值

首先，基于上述研究结果，计算国家最小人均耕地面积并确定人均耕地警戒值；其次，计算作物单产相对于全国单产的区域系数，各省份食品作物播耕强度

指数相对于全国的区域系数、城乡居民人均食物消费支出相对于全国的区域系数，利用三个区域系数和全国人均耕地警戒值数据，研究 2023～2049 年各省份耕地警戒值的空间差异。

5. 研究耕地压力与保护耕地疏解压力的策略

首先，研究耕地压力指数，利用 2019 年实有人均耕地面积与 2023～2049 年最小人均耕地面积对比，评价 2049 年前各省份的耕地压力。其次，研究耕地警戒值参数对耕地警戒值的重要程度，利用数学方法，评价耕地警戒值参数对耕地警戒值的重要程度。根据重要程度，分析耕地管理的重点。最后，基于各类行为主体研究耕地管理对策，即针对不同行为主体在耕地管理中的地位与行为问题进行分析，从多角度研究耕地管理的激励—约束机制。

第三节　研究耕地警戒值在贯彻落实新时代国家粮食安全战略中的意义

区域人均耕地警戒值的核心是通过研究城乡居民食物消费水平、区域耕地产能、食物自给率、播耕强度、灾害影响情况等要素综合作用下的区域最小人均耕地面积，然后与人均实际耕地面积进行对比，提出耕地数量和耕地质量保护对策。客观上为贯彻落实新时代国家粮食安全战略提供参考依据。

一、贯彻新时代国家粮食安全战略思想的落地策略

（一）新时代国家粮食安全观

习近平总书记指出：“要牢记历史，在吃饭问题上不能得健忘症，不能好了伤疤忘了疼。”“保障国家粮食安全是一个永恒课题，任何时候这根弦都不能松。”“总体看，我国粮食安全基础仍不稳固，粮食安全形势依然严峻，什么时候都不能轻言粮食过关了。”[1] 在中华人民共和国成立初期，因粮食生产能力有限，以及三年困难时期的加持，吃饭问题成为困扰党和政府的头等难事。中华人民共和国成立初期的困难局面记忆犹新，在城市化过程中，我们面临农产品需求的刚性增长与土地、淡水等资源硬的约束趋紧并存，农产品供求处于紧平衡状态与结构性紧缺并存，农资、土地、人工等生产要素价格上涨与农产品比较效益偏低甚至

---

[1]　中共中央文献研究室. 十八大以来重要文献选编（上）[M]. 北京：中央文献出版社，2014：659-661.

下降并存，农村劳动力出现结构性短缺与人均耕地少、家庭小规模经营并存，农业基础设施薄弱与自然灾害频发并存"五个并存"的严峻形势。我国人口多，一旦粮食不能满足城乡居民的需要，必然影响国内稳定与发展，影响实现"两个一百年"奋斗目标和中华民族伟大复兴的进程。稳定和发展的需要表明，粮食安全是压倒一切的国家战略底线。

（二）新时代国家粮食安全战略内涵

习近平总书记面向新时代提出了"以我为主、立足国内、确保产能、适度进口、科技支撑"① 的国家粮食安全战略。

以我为主，用习近平总书记的话说就是"中国人的饭碗任何时候都要牢牢端在自己手上"。② 我国粮食连年增产，单位面积产量已经较高，促进单位面积增产的各种资源要素已绷得很紧，持续地在高起点上保持增长势头的难度越来越大。在资源紧张、粮食需求刚性增长的情况下，把饭碗牢牢端在自己手里，把粮食安全主动权牢牢掌控在自己手中，在很长一段时间内我国粮食供需必将处于紧平衡状态。

立足国内，用习近平总书记的话说就是"一个国家只有立足粮食基本自给，才能掌握粮食安全主动权，进而才能掌控经济社会发展这个大局"。"靠别人解决吃饭问题是靠不住的。如果口粮依赖进口，我们就会被别人牵着鼻子走。""看看世界上真正强大的国家、没有软肋的国家，都有能力解决自己的吃饭问题。美国是世界第一粮食出口国、农业最强国，俄罗斯、加拿大和欧盟的大国也是粮食强国。这些国家之所以强，是同粮食生产能力强联系在一起的。"③ 粮食不能基本自给就会受制于人，粮食基本自给是大国走向强国的根本保障。当然，立足国内并不是所有粮食和农产品完全自给。

确保产能，用习近平总书记的话说就是"要研究和完善粮食安全政策，把产能建设作为根本，实现藏粮于地、藏粮于技"④。核心是保障粮食的生产能力，需要时能够及时生产并满足需求；基础是藏粮于地，保护耕地面积，解决土地污染严重、农业基础设施薄弱、土地碎片化经营等问题以保护和提升耕地质量；要害是藏粮于技，在种子、种植等方面依靠科技进步突破资源与环境约束。

适度进口，用习近平总书记的话说就是"为了减轻国内农业资源环境压力、弥补部分国内农产品供求缺口，适当增加进口和加快农业'走出去'步伐是必要的"。"适当扩大国内紧缺农产品进口和加快农业'走出去'步伐，绝不意味

---

①②③　中共中央文献研究室．十八大以来重要文献选编（上）［M］．北京：中央文献出版社，2014:659—661.

④　人民网．总书记两会新语［EB/OL］．（2016-03-16）［2018-05-21］．http://cpc.people.com.cn.

着立足国内基本解决吃饭问题的大政方针有任何改变，决不能将此误读为可以放松国内粮食生产，那就会误大局、误大事。"① 适度进口，简单地说，就是确保谷物基本自给、口粮绝对安全，饭碗主要装自己粮食的同时，进口不影响国计民生的食物种类和数量，确保粮食自给率在国家可控范围以内。

科技支撑，用习近平总书记的话说就是"农业的出路在现代化，农业现代化关键在科技进步。我们必须比以往任何时候都更加重视和依靠农业科技进步，走内涵式发展道路"②。科技支撑，包括食品作物的种、产、收、运、储和销等环节的生产要素创新，都是科技支撑粮食安全的舞台。

（三）耕地数量、质量和生态保护是落实新时代国家粮食安全战略的重要保障

习近平总书记对耕地保护提出了一系列要求："保障国家粮食安全的根本在耕地，耕地是粮食生产的命根子。"③ "耕地是我国最为宝贵的资源。我国人多地少的基本国情，决定了我们必须把关系十几亿人吃饭大事的耕地保护好，绝不能有闪失。""要采取更有力的措施，加强对耕地占补平衡的监管，坚决防止耕地占补平衡中出现的补充数量不到位、补充质量不到位问题，坚决防止占多补少、占优补劣、占水田补旱地的现象。""特别要防止一些工商资本到农村介入土地流转后搞非农建设、影响耕地保护和粮食生产等问题。""要实行最严格的耕地保护制度，依法依规做好耕地占补平衡，规范有序推进土地流转，像保护大熊猫一样保护土地。""农民可以非农化，但耕地不能非农化。如果耕地都非农化了，我们赖以吃饭的家底就没有了。"④

贯彻落实习近平总书记对耕地保护的明确要求，须实行最严格的耕地保护制度，严防死守耕地红线，构建"农民、政府"等耕地保护的各类行为主体约束—激励机制。①调动和保护农民、主产区地方政府种粮和耕地保护积极性，一方面，要"稳定发展粮食生产，一定要让农民种粮有利可图、让主产区抓粮有积极性"⑤，"调整优化补贴方式，提高补贴的精准性和指向性。要探索形成农业补贴同粮食生产挂钩机制，让多生产粮食者多得补贴，把有限资金真正用在刀刃上"⑥，通过完善农业补贴政策，实现农民增收和粮食增产同步发展。另一方面，"国家要加大对粮食主产区的支持，增强粮食主产区发展经济和增加财政收入能

---

① 中共中央文献研究室．十八大以来重要文献选编（上）［M］．北京：中央文献出版社，2014：666-667．

② 人民论坛编辑部．习近平"三农"思想新观点新论述新要求［J］．人民论坛，2015（30）：14-15．

③ 中共中央文献研究室．十八大以来重要文献选编（上）［M］．北京：中央文献出版社，2014：662．

④ 习近平．依法依规做好耕地占补平衡规范有序推进农村土地流转［N］．人民日报，2015-05-27（1）．

⑤⑥ 中共中央文献研究室．十八大以来重要文献选编（上）［M］．北京：中央文献出版社，2014：664．

力，实现粮食主产区粮食生产发展和经济实力增强有机统一、粮食增产和农民增收齐头并进"①，发挥粮食主产区在国家粮食安全体系中的关键作用。②"共同加强粮食生产能力、储备能力、流通能力建设，切实保护耕地。"② 通过国务院出台"米袋子"省长负责制系列制度及《粮食安全省长责任制》，让地方政府积极行动起来。③"大家立了军令状，必须做到，没有一点点讨价还价的余地。"③ 运用底线思维确立耕地保护的极限边界，提出严防死守 18 亿亩耕地红线，运用底线思维要求各级政府履行保护耕地职责。

二、增强粮食的自身供给能力　避免受国际贸易限制

"看看世界上真正强大的国家、没有软肋的国家，都有能力解决自己的吃饭问题""这些国家之所以强，是同粮食生产能力强联系在一起的"，这是习近平总书记通过对比国际上的强国发展规律对新时代粮食安全重要性做出的重要判断（张正河，2019）。

历史上，美国总统曾对苏联实行过商业性粮食禁运（王前忠，1981），尽管很快因为国内外因素而废除了粮食禁运，形成了粮食禁运更多地伤害自己利益而非对手的共识（卢锋，1998），但对苏联粮食价格及国内稳定性的影响是存在的。通常一国会混合使用多种出口限制措施以达到限制粮食出口的目的。例如，2007~2011 年，俄罗斯多次采取了出口关税、出口禁止等粮食限制措施，印度采取了最低出口价格和国有贸易企业专营等措施，阿根廷、越南、巴基斯坦等国家则采取了出口关税、出口配额、出口禁止等多种限制措施。而且这些国家限制出口范围非常广泛，涉及的粮食产品包括小麦、大米、玉米、大麦和大豆等（尚清和杨辉，2016）。

2020 年以来，先后有越南、俄罗斯和柬埔寨等国家紧急宣布实施粮食出口限制，手段上侧重行政手段而非市场调节，安排上实施步骤非常紧凑急促，品种上主要涉及稻麦口粮等全新的特点（崔奇峰等，2020）。外媒一篇仅 500 字的新闻稿"多国纷纷禁止粮食出口"，拉开了全球粮食市场恐慌的序幕，随后有十几个国家惶恐跟进，采取粮食出口限制措施（程国强，2020）。

2018 年 9 月 25 日，习近平总书记在黑龙江省七星农场北大荒精准农业农机中心视察时指出，中国人要把饭碗端在自己手里，而且要装自己的粮食。他强调

---

① 习近平. 保持战略定力增强发展自信　坚持变中求新　变中求进　变中突破［N］. 人民日报，2015-07-19（1）.
② 中共中央文献研究室. 十八大以来重要文献选编（上）［M］. 北京：中央文献出版社，2014：665.
③ 中共中央文献研究室. 十八大以来重要文献选编（上）［M］. 北京：中央文献出版社，2014：663.

我国是个人口众多的大国，解决好吃饭问题始终是治国理政的头等大事。保障国家粮食安全是一个永恒的课题。粮食生产永远在路上，保障粮食安全永远在路上。我国的粮食问题必须主要依靠我国自己的资源和自身的力量来解决。不能把解决中国人的吃饭问题寄托在进口粮食上（魏后凯，2019）。

三、解决人均耕地面积国际标准与国内耕地保护不相适应问题

人均耕地面积 0.0533 公顷这个 FAO 标准被广泛应用可能对我国耕地管理产生不利影响。按照人均耕地面积 0.0533 公顷这个警戒值指标来评价区域耕地数量，即使我国人口总量达到 16 亿，保障食物安全的耕地总量水平也不会超过0.853 亿公顷，要比目前的实际耕地总面积（1.22 亿公顷）低 30.08%，这就可能向土地管理部门和普通民众传递耕地资源数量充足的错误信息，对耕地保护产生消极影响，这也正是耕地数量管理困难的背景之一。

学术界有人不认同人均耕地面积 0.0533 公顷这个 FAO 警戒值标准，但又缺乏从国家层面和区域层面进行系统研究的成果。很多学者结合我国一些具体区域开展了大量研究，前述成果多是结合我国不同地区的实际研究成果，研究结论整体上也不同于人均耕地面积 0.053 公顷的标准，在这些研究成果中，鲜有人从国家层面和区域层面进行系统研究，于是就出现了土地管理部门需要一个具有国家意义的耕地警戒值做标准，学术界既不认同人均耕地面积 0.053 公顷这个标准，又没有提出符合我国实际的国家耕地警戒值标准的尴尬局面。为了给我国耕地数量管理提供有益的参考指标，系统研究国家和区域耕地警戒值十分必要。

四、促进国家"储粮于地"战略的落地

"藏粮于地"的本质是在粮食供过于求时，采取轮作休耕一部分耕地来减少粮食生产数量，粮食紧缺时又将休耕的耕地用于生产粮食，即通过耕地的增加或减少来维持粮食供求的大体平衡（方言，2020）。休耕的耕地虽然不生产粮食，但粮食生产能力还在，并且土地休耕后还可提升基础地力，能够有效提升粮食生产潜能、缩减产量差、增加粮食产量稳定性和可持续性（熊仕娟和黄兴成，2017）。要藏粮于地，数量充足和高质量的耕地是基础，养地与用地相结合的耕地利用管理机制是关键（陈印军等，2016）。研究人均耕地警戒值，就是要从理论上正确认识人均耕地数量的极限值，并结合具体的耕地保护措施，使区域耕地数量和质量达到一定的水平。

第四节 本章小结

对区域人均耕地警戒线、区域人均耕地警戒值、区域最小人均耕地面积、区域人均耕地阈值与人均耕地资源安全底线等基本概念，依据 CNKI 文献进行了系统梳理。具有如下特点：①基本概念在国内文献中出现的时间有先后，耕地警戒线最早，此后依次为耕地警戒值、最小人均耕地面积、人均耕地阈值与人均耕地资源安全底线；仍在被广泛使用的为前面三个概念，且都是被用在研究区域耕地压力空间分布、时间演变等方面。②区域人均耕地警戒值和区域人均耕地警戒线本质上具有同质性，专业研究人员认同了区域人均耕地警戒值；区域人均耕地警戒值与区域最小人均耕地面积，既具有统一性，也具有差异性，统一性表现在都是回答满足人均消费需求所需要的最少耕地面积，差异性在于区域最小人均耕地面积具有年变化属性，区域人均耕地警戒值具有阶段相对稳定性，为研究时段最末年的最小人均耕地面积。③区域人均耕地警戒值（线）的值，查询 CNKI 文献的结果表明，在载有"联合国粮农组织的人均耕地 0.053 公顷"信息的文献出现前，国内有学者提出了满足粮食需求的三种"人均耕地警戒值"标准：一是人均耕地 0.96 亩；二是人均耕地 1 亩；三是人均耕地 0.8 亩。第三种人均耕地警戒值方案与 FAO 的人均耕地 0.053 公顷基本吻合；从 1999 年开始，有更多的学者或研究者通过构建模型并进行区域人均耕地警戒值实证研究、耕地压力及演变研究，更多地提出了区域性质的人均耕地警戒值。

在完成基本概念梳理及评述后，对学术界建构的人均耕地警戒值模型进行了梳理。①国内学者或研究者构建模型探索区域人均耕地警戒值（线）始于 20 世纪 90 年代初，但跟进研究少。②20 世纪 90 年代末及 21 世纪初，研究者相继构建的区域人均耕地警戒值、区域最小人均耕地面积模型在学术界引起了很大响应，一是大量的学者运用模型进行实证研究；二是多位学者或研究者对已有模型从不同视角给予了修正并进行实证研究；三是有学者基于上级区域的耕地警戒值通过构建区域系数的方法研究各次级区域的人均耕地警戒值及空间差异的方法。研究模型的不断修正与实证，推动区域人均耕地警戒值、耕地压力及耕地管理调控对策研究的不断深化。③简要介绍本书后续研究过程中广泛使用的灰色数列 GM（1，1）方法、数据来源说明及处理过程。勾画了本书研究的技术路线。

分析了区域人均耕地警戒值研究在新时代国家粮食安全战略、大国战略竞争中的现实意义。①助推新时代国家粮食安全战略思想的落地生根，通过分析新时代国家粮食安全观、新时代国家粮食安全战略内涵，最后落脚点在于说明耕地数量保护和质量提升是落实习近平新时代国家粮食安全战略的重要保障。②有利于增强粮食的自身供给能力，避免国际贸易限制。③有利于解决人均耕地国际标准与国内耕地保护不相适应问题。④有利于促进国家"藏粮于地"战略的落地。

第二章　食物消费需求研究

FAO 的统计目录中，城乡居民日常消费需求的食物（food）包括：①谷物（cereals）类 8 种；②块根和块茎作物类 5 种；③豆类（pulses）5 种；④油籽及油果和油仁作物 13 种；⑤蔬菜和瓜类 20 种；⑥糖料作物 3 种；⑦水果和浆果 24 种；⑧家畜家禽畜产品 28 种，共计 8 大类 106 种。其中，谷物、块根中的薯类（starchy root）、豆类为我国常说的粮食（grain），谷物和豆类为细粮，薯类为粗粮，国家统计数据中的薯类已经按照 5∶1 将薯类折算为了细粮；家畜、家禽、畜产品按照一定转化关系可以换算为粮食。在分析我国城乡居民食物消费量与结构历史变迁基础上，预测 2023～2049 年城乡居民的食物消费需求量与结构，为研究 2023～2049 年区域最小人均耕地面积和区域人均耕地警戒值做准备。

第一节　居民食物消费需求研究概述

一、居民食物消费需求研究的现状

继 1996 年《中国的粮食问题》白皮书[①]后，2019 年 10 月 14 日国务院新闻办公室发布了《中国的粮食安全》白皮书[②]。据《中国的粮食问题》，我国人均粮食需求量 2000 年为 385 千克、2030 年为 400 千克。据《中国的粮食安全》，我国粮食总产量自 2015 年来保持在 6.5 亿吨以上，2018 年全国共有标准粮食仓房仓容 6.7 亿吨，这两个重要指标双双超过 6.5 亿吨，我国实现了从温饱不足到全面小康的历史性跨越，依靠自身力量端牢自己饭碗。学术界关于城乡居民食物消费量与结构的研究分为温饱型、小康型和质量型三个发展阶段。

（一）温饱型居民食物消费量与结构

中国农业科学院（1986）最早提出了我国人均粮食需求量的温饱型目标，将

---

① 中华人民共和国国务院新闻办公室. 中国的粮食问题（白皮书）［N］. 人民日报，2005-05-25.
② 吴传东. 国务院新闻办公室发布《中国的粮食安全》白皮书［J］. 食品安全导刊，2019（29）：8-9.

人均 400 千克作为解决温饱问题、初步改善膳食结构的粮食人均标准①；唐晓宁（1988）研究粮食生产情况后认为，我国城乡居民食物消费构成在相当长一段时期内，只能在人均占有粮食 400 千克做文章，既要做口粮又要靠它换肉、禽、蛋、奶；卢良恕（1990）认为，通过调整结构来实现动物性食物的需求目标，人均 400 千克粮食必不可少，粮食消费结构按照近几年的调查资料计算，口粮占 60%~62%、饲料粮占 18%~20%、其他占 20%~22%，因此，可以看出，学者对温饱型居民人均粮食消费量 400 千克的认识比较一致。

（二）小康型居民食物消费量与结构

温饱型目标提出不久，有学者就提出了小康型食物消费量与结构目标。张燕生、程琳（1987）认为，我国小康水平的人均消耗量为 447~493 千克，其中直接消费量为 290~300 千克、生产动物食物饲料消费量为 125~147 千克、种子用粮量为 20~30 千克、工业用粮量为 4~8 千克、其他消费量为 8 千克。汤标中（1993）认为，人均粮食消费量每年在 400~600 千克水平才有可能改善食物构成进入小康水平。卢良恕、许世卫等（1996）认为，我国在 1985 年就进入了温饱型向小康型过渡时期，2000 年人民生活能够达到小康水平并提出了人均食物消费目标（其中，人均口粮为 183 千克、食用植物油为 9 千克、食糖为 6 千克、蔬菜为 140 千克、水果为 18 千克、肉类为 24 千克、蛋类为 12 千克、水产品为 9 千克、奶为 9 千克）。学者对小康型居民人均粮食或食物消费需求的认识有差异，多数还是着眼于粮食需求进行分析，也有学者着眼于食物结构进行分析；对粮食的人均需求量都高于 400 千克。

（三）质量型居民食物消费量与结构

质量型人均消费需求量与结构目标很快进入了研究视野，其主要特点是更加注重居民食物消费结构，不只是关注粮食需求。梅方权将粮食需求纳入食物总体需求进行系统分析后，在 1995 年和 1996 年提出了国民膳食营养结构在 2000 年将接近亚洲发达国家和发达地区的膳食营养结构水平，粮食人均需求量为 430 千克（其中，人均口粮为 173 千克），肉、蛋、奶、水产品和水果人均需求分别为 44 千克、20 千克、24 千克、32 千克和 40 千克；2030 年接近日本的膳食营养结构水平，粮食人均需求量为 450 千克（其中，人均口粮为 140 千克），肉、蛋、奶、水产品和水果人均需求分别为 45 千克、24 千克、35 千克、36 千克和 46 千克；1999 年又将 2030 年的人均粮食需求量修正为 420~450 千克（人均口粮未变），肉和水果的人均需求量修正为 50 千克、55 千克。陈锡康（1995）认为，

---

① 中国农业科学院. 人均 400 公斤粮食必不可少［J］. 中国农业科学，1986（5）：1-7.

人均粮食需求量会呈现较快的增长趋势，2000 年为 392.5～404 千克、2020 年为 450～466.5 千克、2030 年为 465.0～500.0 千克。徐翔（1997）将中国内地与日本、新加坡和中国香港的人均日食热值及比重进行了比较，在分析了中国内地人均食物热值构成变动及对粮食需求后认为，在 2025 年人均 GDP 为 1 万美元背景下的人均粮食需求量会达到 427 千克（其中人均口粮为 140 千克、饲料用量为 287 千克）。程国强、陈良彪（1998）运用经验估计法推断认为，2030 年人均需求粮食为 400～410 千克（其中人均消费口粮为 160 千克），粮食消费总需求量不可能突破 6.4 亿吨。吴绍洪、李荣生（2002）认为，随着社会经济的发展，人民生活水平的提高，人均食物需求的量与质越来越高，2030 年中国人均 GDP 将达到 12600 美元，根据中国人的膳食习惯结构，人均粮食需求水平将达到 460 千克左右。陈百明（2002）基于人均营养需求理论预测了 2030 年中国居民的人均粮食消费量：小康水平为 450 千克、富裕水平为 500 千克。封志明（2007）分析了中国粮食生产、食物消费现状及发展趋势，确立了未来的食物消费结构，综合推算人均粮食需求后认为，2030 年的人均口粮为 140～150 千克；按照肉、蛋、奶和水产品的耗粮系数综合推算饲料用粮后认为，2030 年的人均粮食总需求为 450～470 千克。陈玲玲等（2009）应用经验模态（EMD）方法在推算中国 2030 年人口峰值时认为，居民人均粮食直接消费量将为 450～470 千克，全国居民粮食需求总量为 6.7158 亿～7.0143 亿吨。罗其友等（2014）采用面板数据分析方法，结合人均粮食消费需求函数方程认为，2030 年全国人均粮食总消费量为 338～403 千克、2050 年为 442～472 千克。程郁等（2016）认为，全国人均间接消费的饲料粮峰值将出现在 2069 年，峰值数为 370.2 千克；全国人均口粮消费持续下降，到 2031 年后将稳定在 136.8 千克；2069 年全国人均粮食总量消费将达到 507 千克，如果考虑大豆的消费量则可能达到 528.94 千克。辛良杰等（2015）认为，2030 年我国人均粮食需求总量将达到 551.4 千克（其中，人均口粮消费量为 110.3 千克，人均饲料用粮为 276.2 千克），工业用粮、损失浪费用粮和人均种子用粮为 130.8 千克，人均政策性收购量与出口量为 34.1 千克，全国粮食需求总量为 7.9953 亿吨。辛良杰（2018）参照我国台湾地区发展情况分析了大陆居民食物消费总量与结构，认为 2026 年左右大陆居民的食物消费量可能达到峰值，人均膳食消费总量与粮食消费量分别为 563 千克与 456 千克；2035 年，膳食消费结构基本稳定，人均膳食消费总量与粮食消费量分别为 499 千克与 412 千克。

　　从数据获取渠道来看，国内学者多基于中国国家统计局公布的统计数据，在全国层面或在城市与农村层面上，将居民人均消费的主要食物按照一定的标准转变成人均粮食需求量，结合人口总量计算全国粮食需求量（曹志宏，2013；马永欢和牛文元，2009；孟繁盈等，2010；唐华俊和哲敏，2012）。粮食的人均消费量和全国消费总量往往与人均占有量和全国总产量的差别较大，原因主要有两个：一是国家统计局公布的居民食品消费量仅为居民家庭的购买量，未纳入外出就餐以及其他来源的食物消费（卢锋，1998；李成贵，2000；袁学国等，2001；丁丽娜和肖海峰，2013），没有考虑居民的食物损失与浪费量（成升魁等，2012），导致食品消费数据明显低估；二是不同学者对各类食品的粮食转化率标准差别较大（马永欢和牛文元，2009；王涛和吕昌河，2012）。因此，不同学者的结论可能存在较大的差异。

二、居民食物消费需求变化

（一）居民食物消费量的变化

1961~2019 年，我国人均每天热量供给量如图 2-1 所示。按照 2200~2300 卡/（人·天）为维持正常生存的基本热量要求，1961 年为 1439 卡/（人·天），到 1978 年首次超过 2000 卡达到了 2080 卡/（人·天），1982 年达到 2339 卡/（人·天），基本解决了贫困问题。此后，随着改革开放的不断深入，生产力得到不断提高，我国居民人均每天消费的热量逐渐增长，2000 年达到了 2814 卡，2010 年达到了 3098 卡。

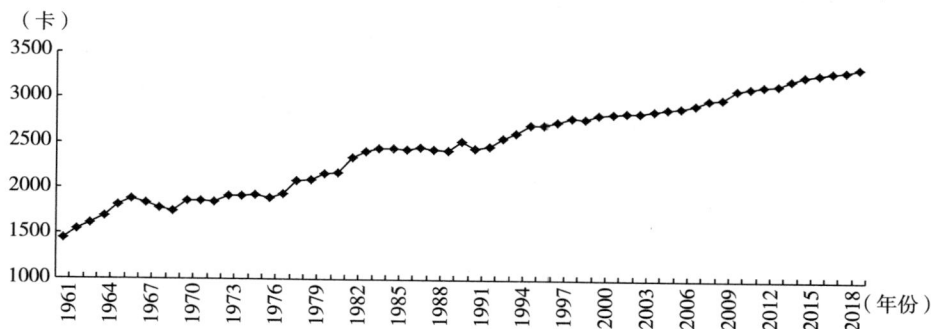

图 2-1　1961~2019 年我国人均每天热量供给量
资料来源：FAO 食物供需平衡表中的人均食物供应量数据库。

将我国人均每天热量供给量跟与我国饮食文化和消费习惯相近的韩国和日本相比，2011~2019 年：我国各省份的人均每天热量供给量从 3111 卡逐步增长到 3340 卡，韩国为 3313~3453 卡，日本为 2679~2732 卡。显然，仅从热量来说，我国城乡居民生活消费水平已经接近韩国居民，高于日本居民。

（二）居民食物消费结构的变化

1961~2019 年，我国城乡居民每人每天食品消费中的动物性食品热量及占食品消费总热量比例的变化如图 2-2 所示。1961 年，每人每天食品消费中的动物性食品热量仅为 56 卡，占人均日消费食品总热量的比例为 3.9%；1964~1978年，每人每天食品消费中的动物性食品热量由 108 卡上升为 139 卡，但动物性食品热量占人均日消费食品总热量的比例有升有降，徘徊在 6%~7%；到 1987 年，每人每天食品消费中的动物性食品热量首次超过 250 卡达到 253 卡，占比首次超过 10%达到了 10.3%。此后，动物性食品热量占比呈缓慢上升趋势，2004 年超过 20%达到了 20.1%，2019 年为 22.6%。显然，人均日消费动物性食品的热量及其占人均日消费食品总热量的比例呈现"双增长"变动趋势。

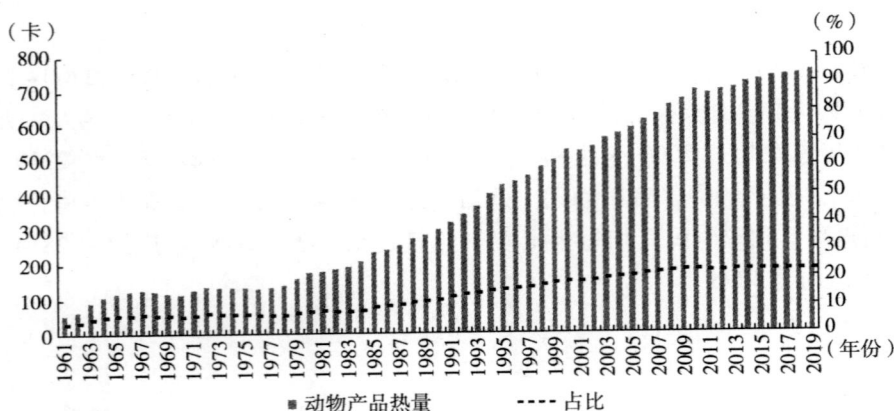

图 2-2　1961~2019 年我国人均每天消费动物性食品热量及占总热量的比例

1961~2019 年，我国居民每人每天食品消费中的植物性食品热量及占食品消费总热量比例如图 2-3 所示。1961 年，每人每天食品消费中的植物性食品热量 1382 卡，占人均日消费食品总热量的比例为 96%。2019 年，每人每天食品消费中的植物性食品热量上升为 2586 卡，但占人均日消费食品总热量的比例已经下降为 77.4%。尽管植物性食品的热量和占比呈现"一升一降"的相反变动，但以动物性食品为辅、以植物性食品为主的基本食物结构特征并没有改变。

（三）食物与土地类型的关系

城乡居民消费的食物，依据 FAO 数据库的膳食平衡表明，各国城乡居民的食物类型需求包括植物性食物和动物性食物两大类别（见表 2-1）。

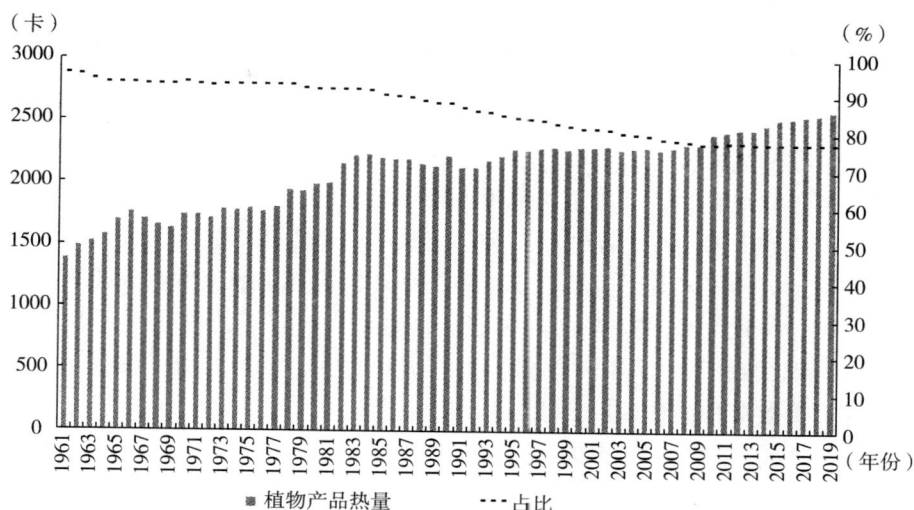

图2-3　1961~2019年我国人均每天消费植物性食品热量及占总热量的比例

表2-1　城乡居民消费的食物类型

大类 Item	亚类	与耕地的关系
植物性食物 （Vegetal Food）	谷物类（Cereals-Excluding Beer）	直接源于耕地的食品
	豆类（Pulses）	
	杂粮类（Miscellaneous）	
	块根类（Starchy Roots）	
	蔬菜类（Vegetables）	
	水果类（Fruits-Excluding Wine）	直接源于园地或林地的食品
	坚果类（Treenuts）	
	香料类（Spices）	
	植物油类（Vegetable Oils）	对源于耕地、园地、林地产品加工的食品
	糖及糖制品类（Sugar & Sweeteners）	
	饮料（Stimulants）	
	酒类（Alcoholic Beverages）	
动物性食物 （Animal Food）	肉类（Meat）	对源于耕地的植物产品经动物转化后的食品
	动物脂肪类（Animal Fats）	
	内脏类（Offals）	
	蛋类（Eggs）	
	奶类（Milk-Excluding Butter）	
	水产品类（Aquatic Products，Other）	与耕地关系较小或无关的食品
	海鱼类（Fish，Seafood）	

表 2-1 数据表明，植物性食物中的谷物类、豆类、杂粮类、块根类和蔬菜类完全来源于农业用地的耕地；植物油类、糖及糖制品类部分来源于耕地，前者如花生、油菜或菜籽油等，后者如甘蔗及蔗糖等；酒类是谷物等与耕地直接相关的农产品经过发酵过程转化而来的；坚果类、饮料和香料类等的生产主要与农业用地中的园地和林地有关，不占用或很少占用耕地。

动物性食物中的肉类、动物脂肪类、内脏类、蛋类和奶类等产品的生产需要粮食作饲料，饲料粮来源于耕地。水产品类和海鱼类与水域或水利设施有关，其中，海鱼类与耕地无关或关系不大。鉴于口粮、肉、蛋、奶和鱼等不同食物的"重量"不能直接相加，但其"热量"具有加和特性，于是运用"热量"来讨论居民食物消费数量和消费结构变迁。

源于耕地的食物为居民提供的热量占据主导地位。从总热量中扣除非耕地为城乡居民提供的热量能够得到耕地为城乡居民提供的食物热量，包括植物性热量、动物饲养转化后的动物性热量和按照发酵规则转化后的酒类热量，然后计算源于耕地提供的人均每天热量及占总热量的百分比。1961 年耕地提供的人均每天热量为 1423 卡，占比高达 98.9%；随着生产力的发展、农业生产力水平的提升和食物种类的多元化，2019 年耕地提供的热量为 3134 卡；与耕地有关的肉、蛋、奶和口粮等食品消费量，尽管因为水产品类、海鱼类、水果类、坚果类、饮料等食品消费量的增加而减少，在食物消费结构中的地位逐步下降、占比有所减小，但 2019 年仍然高达 93.8%（见图 2-4），表明食物对耕地的依赖性并没有得到根本改变，耕地在保障国家粮食安全方面具有不可撼动的地位，保护耕地就是保护粮食安全。

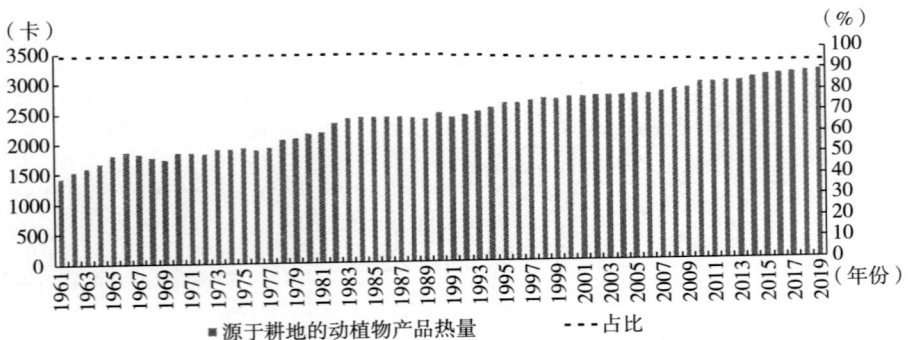

图 2-4　1961~2019 年我国城乡居民人均每日消耗的源于耕地的动植物性食物热量及占总热量的比例

三、居民食物消费需求研究的技术路线

与耕地有关的食物，包括粮食、猪肉、牛羊肉、家禽肉、禽蛋、奶和水产品、蔬菜、植物油、食糖、花生和葵瓜子等。其中，居民口粮、蔬菜及花生和葵瓜子等部分油料为直接源于耕地的产品，植物油和食糖为源于耕地的油料和糖料等农产品经加工而成的产品，猪肉、牛羊肉、家禽肉、禽蛋、奶和部分水产品是以源于耕地的粮食或副产品为饲料经动物转化而来的农产品。研究居民各种食物消费需求量的历史变化、动物性产品的耗粮数据的历史变化，寻找动物性产品与粮食的转化规律并计算饲料耗粮量，构建数学模型，研究未来时期居民口粮、肉、蛋、奶、鱼、食用油、食糖、蔬菜的需求量，确定食物需求方案，计算植物性产品消费需求量，为计算耕地警戒值提供参数。本书的技术路线如图2-5所示。

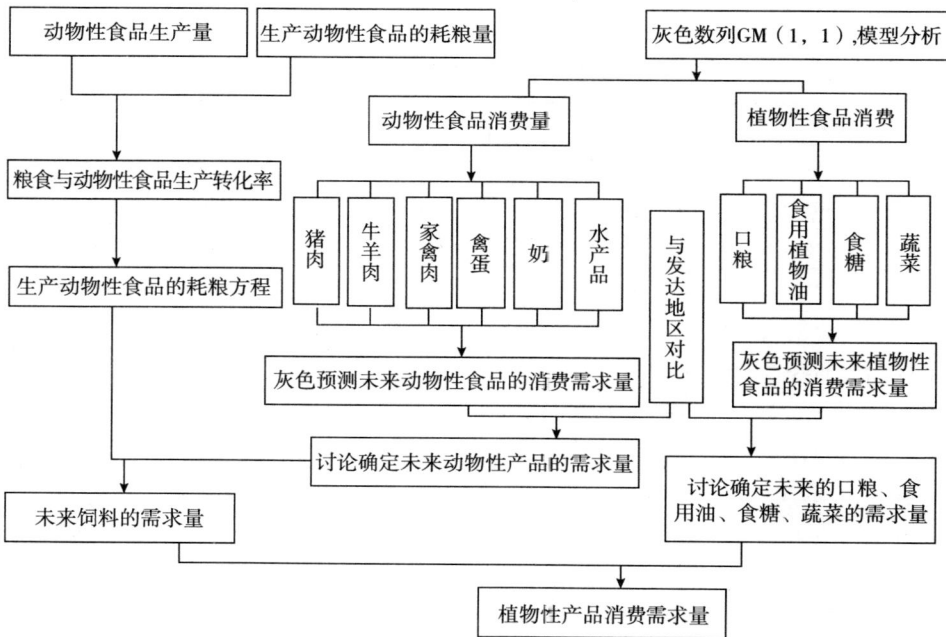

图2-5　居民食物消费需求研究的技术路线

第二节　粮食及动物性食品消费需求研究

粮食消费需求包括总消费需求和人均消费需求。消费需求领域包括食用（Food）、动物饲料（Feed）、食品工业加工（Processing）、种子（seed）和其他方面（Losses & Residuals、Other Uses of Non-food）。食用消费分为家庭的口粮消费和非家庭的餐饮等非家庭消费。

一、谷物消费需求分析

（一）谷物年消费需求分析

1. 谷物年消费需求整体增长快，但增长速度具有"年代"差异

1961~2019 年我国谷物消费需求量如表 2-2 所示。

表 2-2　1961~2019 年我国谷物消费需求量　　　　　单位：万吨

年份	消费需求量	年份	消费需求量	年份	消费需求量	年份	消费需求量
1961	9682.5	1976	20851.5	1991	32873.7	2006	38346.5
1962	10350.2	1977	21217.0	1992	33333.4	2007	38710.9
1963	11804.6	1978	23498.5	1993	34447.1	2008	40391.8
1964	12774.3	1979	24662.7	1994	35327.2	2009	40941.6
1965	14561.2	1980	25302.4	1995	37350.0	2010	42901.4
1966	14935.2	1981	25568.5	1996	38377.8	2011	46036.7
1967	15102.6	1982	27540.2	1997	37377.0	2012	47733.3
1968	14921.0	1983	29492.7	1998	37687.2	2013	49131.8
1969	14843.3	1984	30298.8	1999	37944.7	2014	50972.2
1970	16664.5	1985	28911.1	2000	37921.3	2015	57997.4
1971	17378.3	1986	29251.3	2001	37987.0	2016	60084.3
1972	17407.4	1987	30401.6	2002	38135.5	2017	61288.9
1973	18594.3	1988	30548.0	2003	37628.8	2018	62753.8
1974	19448.9	1989	31056.1	2004	37488.1	2019	62923.3
1975	20387.4	1990	33014.4	2005	37730.8		

资料来源：FAO，http//www.fao.org/docrep/003/X9892E/X9892e04.htm#Top of Page.

我国谷物年消费需求量的提升速度很快，2019 年谷物消费需求量为 62923.3 万吨，是 1961 年谷物消费需求量的 6.5 倍。1962 年，谷物消费需求量突破 1 亿吨，1975 年突破 2 亿吨，1987 年突破 3 亿吨，2008 年突破 4 亿吨，2014 年突破 5 亿吨，2016 年突破 6 亿吨。以年份（t）为自变量，以消费需求量（Y）为因变量，采用多项式模拟 20 世纪 60 年代以来谷物消费需求量的变化过程，其曲线估计方程为：$Y = 0.0320(t-1960)^4 - 3.3127(t-1960)^3 + 106.0200(t-1960)^2 - 370.3000(t-1960) + 12092.0000$，$R^2 = 0.9884$。变化过程如图 2-6 所示。

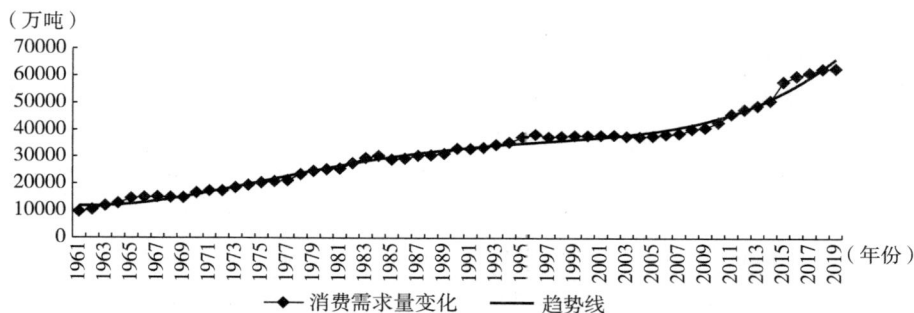

图 2-6　1961~2019 年我国谷物消费需求量的变化及趋势

20 世纪 60 年代消费需求量的增速为 53.3%，70 年代为 48.0%，80 年代为 22.7%，90 年代为 14.9%，2000~2009 年为 8.0%，2010~2019 年为 46.7%。增速以 2000~2009 年为转折，此前的年份在波动中呈下降趋势，此后的年份在波动中呈上升趋势。

2. 谷物食用消费量增长相对较慢，但占消费需求总量的比例下降并渐趋稳定

1961~2019 年我国谷物食用消费量如表 2-3 所示。

谷物食用消费量的增长明显慢于谷物消费需求总量的增长，2019 年谷物食用消费量为 29563.7 万吨，为 1961 年的 4.8 倍（见表 2-3）；比谷物消费需求总量的增长（见表 2-2）慢 1.7 倍。

谷物食用消费量占谷物消费需求总量的比例总体呈下降趋势，但具有阶段性差异。①比例由 1961 年的 63.6%下降为 2019 年的 46.9%（见表 2-2 和表 2-3），其变化过程如图 2-7 所示，以年份（t）为自变量，以谷物食用消费量占谷物消费需求总量的比例（Y）为因变量，采用多项式模拟 1961 年以来的变化过程，曲线估计方程为：$Y = 1 \times 10^{-5}(t-1960)^4 - 0.0016(t-1960)^3 + 0.0491(t-1960)^2 - 0.6050(t-1960) + 66.0550$，$R^2 = 0.9121$。②谷物食用消费需求量占谷物消费

表 2-3　1961~2019 年我国谷物食用消费量　　　　　单位：万吨

年份	食用消费量	年份	食用消费量	年份	食用消费量	年份	食用消费量
1961	6158.4	1976	12968.4	1991	19600.5	2006	20544.2
1962	6852.5	1977	13210.3	1992	20025.7	2007	20394.7
1963	7644.3	1978	14549.4	1993	20566.2	2008	20634.6
1964	8348.9	1979	15052.8	1994	20742.9	2009	20451.0
1965	9109.7	1980	15490.4	1995	21095.8	2010	20743.2
1966	9597.5	1981	16030.7	1996	21376.3	2011	21192.8
1967	9612.7	1982	17529.9	1997	21220.2	2012	21105.5
1968	9628.9	1983	18516.5	1998	21367.9	2013	21239.3
1969	9607.9	1984	18998.8	1999	21246.1	2014	28363.5
1970	10714.8	1985	19140.8	2000	21052.7	2015	28895.1
1971	11118.5	1986	19301.7	2001	20942.3	2016	28760.1
1972	11338.7	1987	19299.4	2002	20809.2	2017	29090.7
1973	11796.0	1988	19215.2	2003	20554.3	2018	29341.6
1974	12211.4	1989	19544.5	2004	20514.5	2019	29563.7
1975	12721.0	1990	20399.7	2005	20554.7		

资料来源：FAO，http//www.fao.org/docrep/003/X9892E/X9892e04.htm#Top of Page.

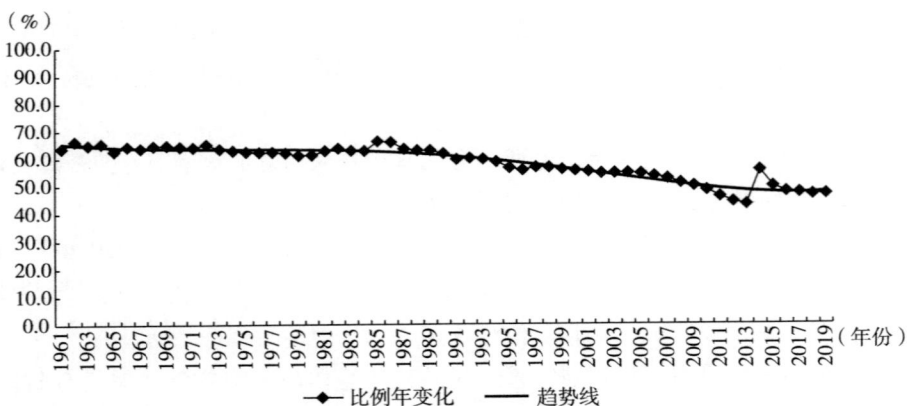

图 2-7　1961~2019 年我国谷物食用消费量占谷物消费需求总量的比例及趋势

总量的比例尽管呈下降趋势但阶段性差异明显，1961~1989 年的波动范围为 61.0%~66.2%，相对稳定；1991~2019 年为 61.8%~43.2%，波动幅度达 18.6 个百分点，2019 年较 1990 年下降了 14.8 个百分点，下降幅度大；1990~1999 年下降了 5.8 个百分点，2000~2019 年下降了 6.0 个百分点。③谷物食用消费量占谷物消费需求总量的比例，2010~2019 年的多数年份下降到了 50%以下，下降速度变慢，在 10 年中仅下降了 2.9 个百分点，进一步下降的趋势尚在但速度会更慢。

3. 谷物动物饲料消费量增长快，占消费需求总量的比例增长势头好

1961~2019 年，我国谷物动物饲料消费量的年度变化情况如表 2-4 所示。

表 2-4　1961~2019 年我国谷物动物饲料消费量　　　单位：万吨

年份	动物饲料消费量	年份	动物饲料消费量	年份	动物饲料消费量	年份	动物饲料消费量
1961	1809.7	1976	5154.4	1991	8101.3	2006	11690.9
1962	1738.3	1977	5273.9	1992	8637.9	2007	12018.4
1963	2225.0	1978	5988.0	1993	9333.4	2008	13077.2
1964	2421.7	1979	6512.6	1994	10356.1	2009	13601.7
1965	2518.5	1980	6774.5	1995	10819.1	2010	14858.5
1966	3102.4	1981	6445.3	1996	11035.0	2011	17080.1
1967	3287.3	1982	6675.3	1997	10953.7	2012	18564.9
1968	3126.1	1983	7431.5	1998	10862.8	2013	19708.2
1969	3061.6	1984	7670.6	1999	11257.2	2014	14614.8
1970	3610.2	1985	6264.1	2000	11644.6	2015	18855.4
1971	3851.6	1986	6546.6	2001	11756.6	2016	21136.6
1972	3651.6	1987	6593.9	2002	11901.2	2017	21936.3
1973	4270.0	1988	6768.1	2003	11724.8	2018	23125.3
1974	4600.9	1989	6666.5	2004	11340.1	2019	23203.9
1975	4977.1	1990	7272.0	2005	11554.6		

资料来源：FAO，http//www.fao.org/docrep/003/X9892E/X9892e04.htm#Top of Page.

谷物动物饲料消费量的增长速度快于谷物消费需求总量的增长速度。2019 年谷物动物饲料消费量为 23203.9 万吨，是 1961 年的 12.8 倍；据表 2-2 数据可知，2019 年的谷物消费需求量约为 1961 年的 6.5 倍，为此，谷物动物饲料消费量的增长速度比谷物消费需求量的增长速度快了接近一半。

谷物动物饲料消费量占谷物消费需求总量的比例上升由 1961 年的 18.7%上升为 2019 年的 36.9%，约提升了 1 倍（见表 2-2 和表 2-4），其变化过程如

图 2-8 所示。2010～2019 年，有 9 年在 30.0% 以上，2013 年突破了 40%。以年份（t）为自变量，以谷物动物饲料消费量占谷物消费需求总量的比例（Y）为因变量，采用多项式模拟其 1961 年以来的变化过程，曲线估计方程为：$Y = 5 \times 10^{-8}(t-1960)^6 - 1 \times 10^{-5}(t-1960)^5 + 0.0007(t-1960)^4 - 0.0200(t-1960)^3 + 0.2650(t-1960)^2 - 0.8903(t-1960) + 18.8710$，$R^2 = 0.8891$。显然，肉、蛋、奶、鱼等产品生产需要谷物作为饲料，随着人们生活水平的提高，对肉、蛋、奶、鱼等产品的消费需求量不断增加，谷物动物饲料消费量及其占比的增长势头好（见图 2-8），其占比上升到 40.0% 以上属于大概率事件。

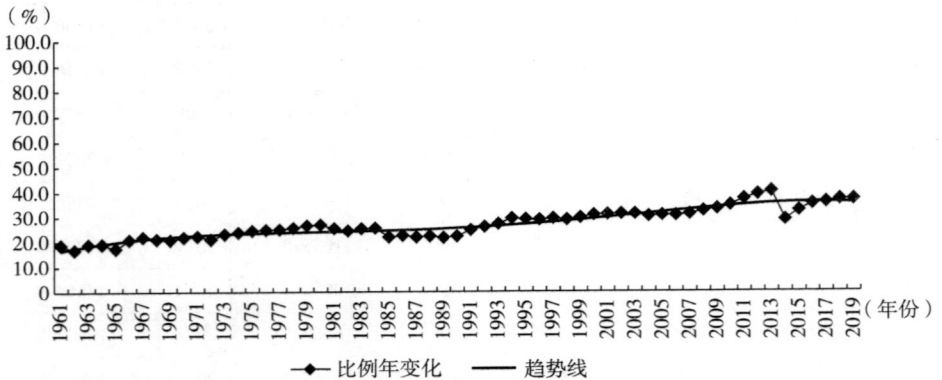

图 2-8　1961～2019 年我国谷物动物饲料消费量占谷物消费需求总量的比例及趋势

4. 谷物其他消费量适度增长，占消费需求总量的比例稳定，但内部结构有变化

谷物其他消费量定义为谷物消费需求总量除去食用消费量、动物饲料消费量的剩余消费量，包括食品加工用量、非食物其他量、种子量、耗损量等。其中，食品加工用量包括酿酒，制造酱油、食用醋、各类米面制品等的用量。1961～2019 年，我国的谷物其他消费量变化情况如表 2-5 所示。

2019 年，谷物其他消费量为 10155.7 万吨，为 1961 年的 5.9 倍，略小于谷物消费需求总量的增长倍数（6.5 倍）（见表 2-2），绝对量有适度增长。

谷物其他消费量占谷物消费需求总量的比例在研究期前后阶段比较一致（见表 2-2 和表 2-5），波动小。表现为 1961 年的占比为 17.7%，2019 年的占比为 16.1%，二者基本一致。但 1961～2019 年的波动范围为 11.6%～20.1%（见图 2-9），波动幅度达到 8.5 个百分点。特别是 2010～2019 年，波动范围仅为

15.7%~17.7%，其中，耗损量的波动范围为 3.8%~4.3%，非食物其他量的波动范围为 5.6%~8.4%，食品加工用量的波动范围为 2.0%~2.6%。

表 2-5　1961~2019 年我国谷物其他消费量　　　　　单位：万吨

年份	其他消费量	年份	其他消费量	年份	其他消费量	年份	其他消费量
1961	1714.3	1976	2728.6	1991	5172.0	2006	6111.4
1962	1759.4	1977	2732.8	1992	4669.7	2007	6297.8
1963	1935.3	1978	2961.1	1993	4547.4	2008	6680.1
1964	2003.7	1979	3097.3	1994	4228.2	2009	6888.8
1965	2933.0	1980	3037.4	1995	5435.1	2010	7299.7
1966	2235.3	1981	3092.6	1996	5966.4	2011	7763.8
1967	2202.6	1982	3335.0	1997	5203.1	2012	8063.0
1968	2166.0	1983	3544.6	1998	5456.5	2013	8184.3
1969	2173.8	1984	3629.5	1999	5441.2	2014	7993.9
1970	2339.5	1985	3506.2	2000	5224.1	2015	10247.0
1971	2408.2	1986	3403.0	2001	5288.2	2016	10187.6
1972	2417.1	1987	4508.2	2002	5424.7	2017	10261.9
1973	2528.3	1988	4564.7	2003	5349.7	2018	10287.0
1974	2636.6	1989	4845.1	2004	5633.5	2019	10155.7
1975	2689.2	1990	5342.8	2005	5621.5		

资料来源：FAO，http//www.fao.org/docrep/003/X9892E/X9892e04.htm#Top of Page.

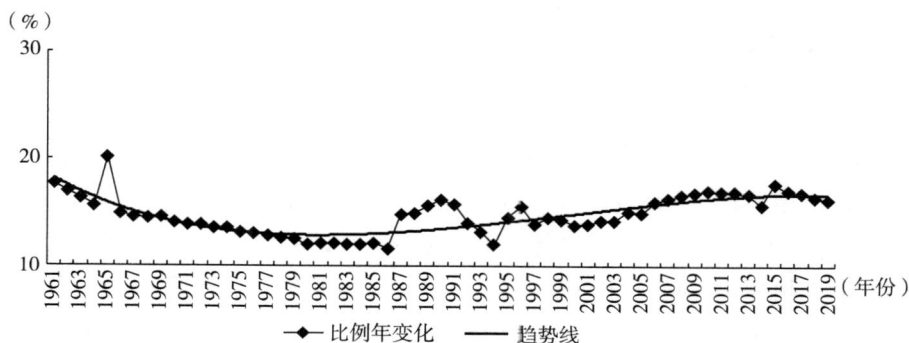

图 2-9　1961~2019 年我国谷物其他消费量占谷物消费需求总量的比例及趋势

（二）谷物人均消费需求量与结构分析

人均消费需求总量包含人均食用量、人均肉蛋奶鱼生产消耗的饲料量、人均其他类用途量。1970~2019 年，我国谷物人均消费需求总量、人均食用消费量、人均肉蛋奶鱼生产消费的饲料量如表 2-6 所示。

表 2-6　1970~2019 年我国谷物人均消费需求量及主要用途人均量

单位：千克

年份	人均消费需求量	食用消费量	动物饲料消费量	年份	人均消费需求量	食用消费量	动物饲料消费量	年份	人均消费需求量	食用消费量	动物饲料消费量
1970	201	129	44	1987	278	177	60	2004	288	158	87
1971	204	130	45	1988	275	173	61	2005	289	157	88
1972	200	130	42	1989	276	173	59	2006	292	156	89
1973	208	132	48	1990	289	178	64	2007	293	154	91
1974	214	134	51	1991	284	169	70	2008	304	155	98
1975	221	138	54	1992	284	171	74	2009	307	153	102
1976	222	138	55	1993	291	174	79	2010	320	155	113
1977	223	139	56	1994	295	173	86	2011	341	157	118
1978	244	151	62	1995	308	174	89	2012	351	155	121
1979	253	154	67	1996	314	175	90	2013	359	155	111
1980	256	157	69	1997	302	172	89	2014	370	206	106
1981	256	160	64	1998	302	171	87	2015	419	209	136
1982	271	172	66	1999	302	169	89	2016	432	207	152
1983	286	180	72	2000	299	166	92	2017	438	208	157
1984	290	182	74	2001	298	164	92	2018	447	209	165
1985	273	181	59	2002	297	162	93	2019	446	210	165
1986	272	180	61	2003	291	159	91				

资料来源：FAO，http//www. fao. org/docrep/003/X9892E/X9892e04. htm#Top of Page.

谷物人均消费需求量在小波动中增长。2019 年，谷物人均消费需求量为 446 千克。较 1970 年的人均消费需求量翻番有余，增长过程比较稳健。以年份（t）为自变量，以年度人均消费需求量（Y）为因变量，采用多项式模拟谷物人均消费需求量 1970 年以来的变化过程，其曲线估计方程为：$Y = 0.0003 (t-1970)^4 - 0.0185 (t-1970)^3 + 0.2633 (t-1970)^2 + 4.9492 (t-1970) + 187.9400$，$R^2 = 0.9669$。变化过程如图 2-10 所示。

（千克）

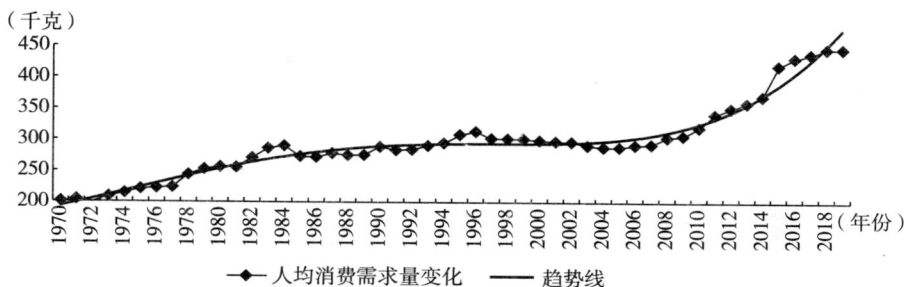

图 2-10　1970～2019 年我国谷物人均消费需求量及趋势

　　谷物人均食用消费量在较大波动中增长和趋稳，但人均食用消费量占人均消费需求量的比例下降。1970～1984 年为较稳健的增长期，谷物人均食用消费量由 1970 年的 129 千克增长到 1984 年的 182 千克；1984 年作为由升转降的转折点，在波动中呈下降趋势，2012 年下降为 155 千克；2013 年为由降转升的转折点，2014 年上升为 206 千克，2014～2019 年在 206～210 千克波动。以年份（t）为自变量，以人均食用消费量（Y）为因变量，采用多项式模拟其 1970～2019 年的变化过程，其曲线估计方程为：$Y = 2 \times 10^{-7}(t-1970)^6 + 3 \times 10^{-5}(t-1970)^5 - 0.0008(t-1970)^4 - 0.0062(t-1970)^3 + 0.3999(t-1970)^2 - 0.1845(t-1970) + 127.5300$，$R^2 = 0.8736$。变化过程如图 2-11 所示。人均食用消费量占人均消费需求量的比例下降明显，1970～1992 年由 64.3%下降为 60.1%，1993～2008 年由 59.7%下降为 51.1%，2009～2019 年由 49.9%在波动中下降为 46.9%。

（千克）

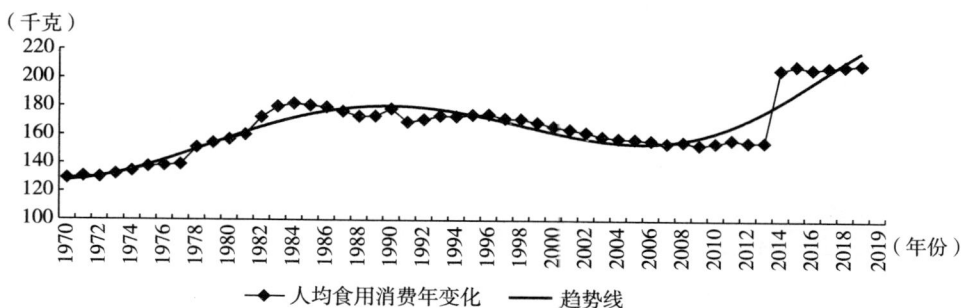

图 2-11　1970～2019 年我国谷物人均食用消费量及趋势

　　谷物的食用消费量包括"一日三餐"居家消费的人均口粮和在非居家消费的人均需求，如外出就餐、工作餐等。我国尽管统计"口粮"的时间较早，但统计口粮中的人均谷物消费量是 2013 年以来的事情。谷物的人均口粮量仅占食用消费人均消费总量的 56.2%~89.4%（见图 2-12）。

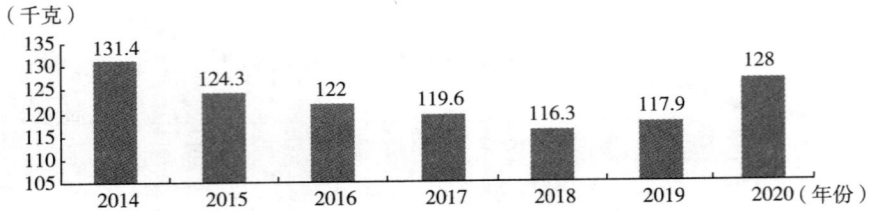

图 2-12　2014~2020 年我国谷物人均食用消费量

　　人均肉、蛋、奶、鱼生产消耗的饲料谷物量及占人均谷物消费需求量的比例均呈增长趋势。肉（包括猪肉、牛肉、羊肉、禽肉）、蛋、奶、鱼是城乡居民日常生活的必需品。谷物作为动物饲料生产肉蛋奶鱼，其饲料用途的人均量如表 2-6 所示，1970 年人均仅为 44 千克，2019 年为 165 千克。以年份（t）为自变量，以年度人均消费需求量（Y）为因变量，采用多项式模拟谷物用作动物饲料的人均消费需求量在 1970 年以来的变化过程，其曲线估计方程为：$Y = 0.0026 (t-1960)^3 - 0.1577 (t-1960)^2 + 3.9538 (t-1960) + 35.336$，$R^2 = 0.9388$。变化过程如图 2-13 所示。据表 2-6 数据，容易计算作为动物饲料消耗的谷物量占谷物人均消费需求量的比例，1970 年为 21.89%，2019 年为 36.99%，尽管期间有小波动，但在谷物人均消费需求量中用于生产肉蛋奶鱼的饲料用量明显增加。

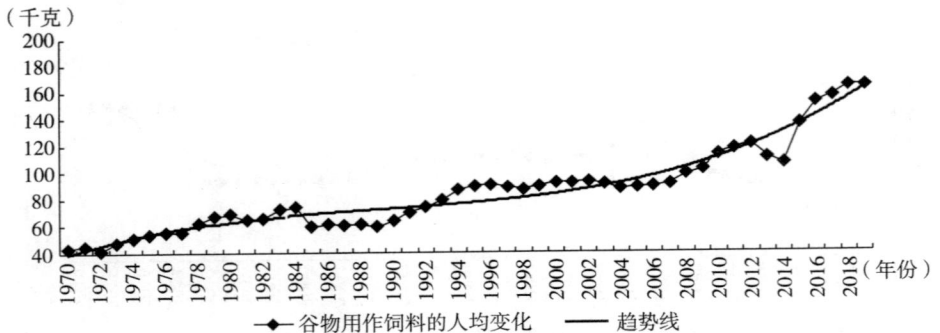

图 2-13　1970~2019 年我国谷物用作动物饲料的人均量及趋势

（三）谷物人均消费需求量的预测与分析

　　1970~2019 年谷物人均消费需求量，无论是人均消费需求量，还是人均食用消费量或人均用于生产肉蛋奶鱼的饲料消费量，其年际变化按照一般时间序列分析来寻找规律很困难，为此，采用灰色数列 GM（1，1）方法分析其过去变化并预测未来变化趋势。根据本问题的特点，按照 5 年一个时段，将 1970~2019 年的谷物人均食用消费量、人均生产肉蛋奶鱼的饲料用量和人均需求量按三类进行分组，分别构建步长为 5 年的 5 个数列，然后在 DPS 7.05 平台上构建灰色数列 GM（1，1）模型（见表 2-7 至表 2-9）拟合 1970 年以来的人均消费总量、人均食用消费量和人均用于生产肉蛋奶鱼的饲料消费量的变化，预测未来年份的年际变化值。

谷物人均消费需求量模型（见表 2-7）的评价值 C 和 P 为"很好"或"好"，灰色数列 GM（1，1）模型的精度能够用来预测未来的谷物人均消费需求量。谷物人均食用消费量模型（见表 2-8）的评价值 C 和 P 为"很好"或"好"，灰色数列 GM（1，1）模型的精度能够用来预测未来的谷物人均食用需求量。谷物人均用于生产肉蛋奶鱼的饲料用量模型（见表 2-9），评价值 C<0.35 和 P=1.00，评价皆为"很好"，灰色数列 GM（1，1）模型的精度能够用来预测未来的人均用于生产肉蛋奶鱼的饲料需求量。

表 2-7　谷物人均消费需求量的灰色数列 GM（1，1）模型与评价

模型编号	模型	残差分析次数	拟合误差百分比范围	模型评价
2-1	$G_{t+1}=-400.163395e^{-0.054409t}+417.991072$	第 7 次	−5.8998%~7.4668%	C=0.2728，很好 P=1.0000，很好
2-2	$G_{t+1}=-708.533276e^{-0.106569t}+752.588320$	第 1 次	−11.0817%~6.2624%	C=0.3969，好 P=0.8750，好
2-3	$G_{t+1}=-637.703235e^{-0.147792t}+683.938873$	第 0 次	−10.2838%~9.0605%	C=0.4020，好 P=1.0000，很好
2-4	$G_{t+1}=-623.536948e^{-0.172620t}+671.295039$	第 1 次	−10.3190%~9.4690%	C=0.4191，好 P=1.0000，很好
2-5	$G_{t+1}=34329.9819254e^{0.000911t}-34301.862605$	第 2 次	−8.499%~12.1287%	C=0.4206，好 P=1.0000，很好

表 2-8　谷物人均食用消费需求量的灰色数列 GM（1，1）模型与评价

模型编号	模型	残差分析次数	拟合误差百分比范围	模型评价
2-6	$G_{t+1}=-148.299285e^{-0.082173t}+157.628092$	第 13 次	−4.9410%~4.7830%	C=0.3108，很好 P=1.0000，很好

模型编号	模型	残差分析次数	拟合误差百分比范围	模型评价
2-7	$G_{t+1} = -179.947408e^{-0.136041t} + 196.629668$	第6次	-7.4315% ~ 6.2827%	C=0.4646, 好 P=0.8750, 好
2-8	$G_{t+1} = -93.600067e^{-0.049781t} + 97.551472$	第8次	-2.2864% ~ 2.6912%	C=0.1814, 很好 P=1.0000, 很好
2-9	$G_{t+1} = -133.297046e^{-0.100844t} + 143.221181$	第13次	-4.9825% ~ 4.3223%	C=0.3118, 很好 P=1.0000, 很好
2-10	$G_{t+1} = -214.904790e^{-0.106520t} + 231.715599$	第7次	-8.3321% ~ 7.4413%	C=0.4471, 好 P=1.0000, 很好

表2-9 谷物人均生产肉蛋奶鱼的饲料需求量的灰色数列 GM（1，1）模型与评价

模型编号	模型	残差分析次数	拟合误差百分比范围	模型评价
2-11	$G_{t+1} = -28.966058e^{-0.077865t} + 30.701213$	第6次	-2.6215% ~ 4.1013%	C=0.0578, 很好 P=1.0000, 很好
2-12	$G_{t+1} = 363.360669e^{0.127545t} - 318.360669$	第0次	-19.3857% ~ 12.2589%	C=0.2846, 很好 P=1.0000, 很好
2-13	$G_{t+1} = 357.387692e^{0.130204t} - 315.387692$	第0次	-19.2837% ~ 14.2281%	C=0.2823, 很好 P=1.0000, 很好
2-14	$G_{t+1} = 142.701880e^{0.058970t} - 132.980782$	第2次	-13.9811% ~ 14.7448%	C=0.2589, 很好 P=1.0000, 很好
2-15	$G_{t+1} = -441.202032e^{-0.085520t} + 457.052697$	第1次	-18.7488% ~ 12.5468%	C=0.3073, 很好 P=1.0000, 很好

基于表2-7至表2-9的灰色数列GM（1，1）模型，分别预测2023~2049年的谷物人均消费需求量、人均食用需求量和人均用于生产肉蛋奶鱼的饲料需求量，结果如表2-10至表2-12所示。

表2-10 2023~2049年我国谷物人均消费需求量 单位：千克

年份	2023	2024	2025	2026	2027	2028	2029	2030	2031
人均消费需求量	396.2	402.9	397.4	419.4	415.5	419.6	426.8	431.9	445.2
年份	2032	2033	2034	2035	2036	2037	2038	2039	2040
人均消费需求量	440.7	445.4	453.2	471.4	473.2	468.3	473.7	481.9	516.1
年份	2041	2042	2043	2044	2045	2046	2047	2048	2049
人均消费需求量	503.5	498.2	504.4	513.2	516.6	514.1	510.5	507.6	517.0

表 2-11　2023~2049 年我国谷物人均食用需求量　　　单位：千克

年份	2023	2024	2025	2026	2027	2028	2029	2030	2031
人均食用需求量	145.8	172.0	176.9	174.9	168.9	153.3	180.1	194.9	184.9
年份	2032	2033	2034	2035	2036	2037	2038	2039	2040
人均食用需求量	175.0	163.6	190.3	217.1	197.3	182.9	176.9	202.6	243.9
年份	2041	2042	2043	2044	2045	2046	2047	2048	2049
人均食用需求量	212.3	192.6	193.5	217.3	225.9	230.3	204.2	213.8	234.4

表 2-12　2023~2049 年我国谷物人均生产肉蛋奶鱼的饲料需求量　单位：千克

年份	2023	2024	2025	2026	2027	2028	2029	2030	2031
人均饲料需求量	167.1	155.8	154.3	176.9	182.7	187.6	173.0	172.8	201.0
年份	2032	2033	2034	2035	2036	2037	2038	2039	2040
人均饲料需求量	208.1	211.0	192.7	193.9	228.3	237.0	237.5	215.0	217.8
年份	2041	2042	2043	2044	2045	2046	2047	2048	2049
人均饲料需求量	259.4	270.0	267.6	240.1	244.8	294.7	307.6	301.8	268.5

注：表中数据为预测值。

2023~2049 年，谷物的人均消费需求量、人均食用消费量、人均生产肉蛋奶鱼的饲料需求量的预测值分别为 396.2~517.0 千克、145.8~243.9 千克、154.3~307.6 千克，食用（居家"口粮"消费和非居家消费）需求谷物和生产肉蛋奶鱼需求谷物的总和为人均 312.9~525.0 千克。

进一步分析，谷物人均食用需求量占谷物人均消费量的比例介于 36.5%~48.7%，人均生产肉蛋奶鱼的饲料谷物需求量占谷物人均需求总量的比例介于 38.7%~58.0%，饲料谷物比例高于食用比例；食用消费（居家"口粮"消费和非居家消费）谷物和生产肉蛋奶鱼的饲料谷物的总和占谷物人均消费需求量的比例在 79.0%~97.9%波动。上述三个占比的变化范围，同 2010~2019 年的变化趋势一致，具有可行性。

二、豆类消费需求分析

（一）豆类消费需求量分析

1. 豆类消费需求量增长特征

1961~2019 年我国豆类的消费需求量如表 2-13 所示。

豆类消费需求量增长较快，增长过程先慢后快。2019 年，豆类消费需求量为 1961 年的 7.1 倍稍多，较 1961 年增长了 611.2%。消费需求量 2015 年跨上亿吨级台阶，从千万吨级上升至亿吨级历时 55 年（1961~2015 年）；2015~2019 年稳定在 10050.9 万~11655.0 万吨，波动小、在波动中略有增长。用年份（t）为自变量，豆类消费需求量（Y）为因变量，采用多项式模拟豆类（含大豆）消费需求量在 1961 年以来的变化过程，其曲线估计方程为：$Y = 0.0006 (t-1960)^4 + 0.201 (t-1960)^3 - 8.3362 (t-1960)^2 + 97.736 (t-1960) + 1282.2$，$R^2 = 0.9888$。变化过程如图 2-14 所示。

表 2-13　1961～2019 年我国豆类消费需求量　　　　单位：万吨

年份	消费需求量	年份	消费需求量	年份	消费需求量	年份	消费需求量
1961	1488.5	1976	1423.4	1991	1402.3	2006	4996.2
1962	1669.2	1977	1424.3	1992	1413.1	2007	5159.8
1963	1629.8	1978	1516.5	1993	1976.4	2008	5455.3
1964	1644.1	1979	1546.7	1994	2111.7	2009	6014.6
1965	1544.9	1980	1617.2	1995	1977.9	2010	7132.8
1966	1533.8	1981	1685.9	1996	2208.6	2011	7385.8
1967	1507.5	1982	1706.8	1997	2380.4	2012	7803.8
1968	1397.4	1983	1687.7	1998	2490.4	2013	8238.5
1969	1370.1	1984	1663.1	1999	2482.6	2014	8712.1
1970	1475.7	1985	1622.2	2000	3142.3	2015	10122.8
1971	1492.9	1986	1648.6	2001	3543.0	2016	10050.9
1972	1414.4	1987	1747.8	2002	3681.9	2017	11593.9
1973	1456.3	1988	1734.2	2003	4213.2	2018	11655.0
1974	1433.8	1989	1666.8	2004	4388.8	2019	10586.5
1975	1423.9	1990	1597.5	2005	4774.4		

资料来源：FAO，http//www.fao.org/docrep/003/X9892E/X9892e04.htm#Top of Page.

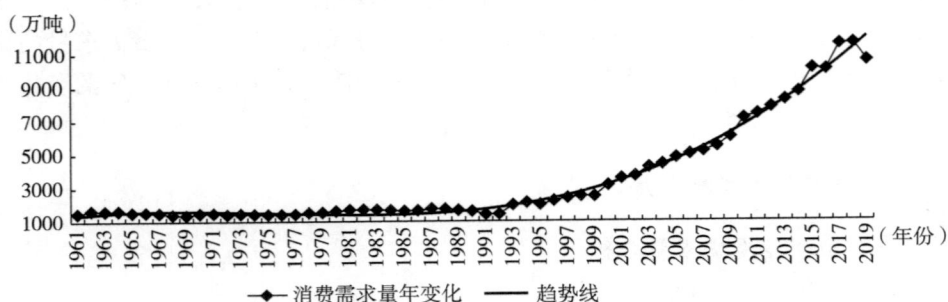

图 2-14　1961～2019 年我国豆类消费需求量及趋势

1961～1969 年豆类消费需求量呈现波动中下降状态，1969 年的消费需求量相当于 1961 年消费需求量的 92.1%。1970～1979 年和 1980～1989 年，消费总量在波动中都略有增加，其中，1978 年的消费量突破了 0.15 亿吨，1979 年的消费需求量相当于 1969 年的 112.9%，1989 年的消费需求量突破了 0.16 亿吨，相当于 1979 年的 107.8%。1990~1999 年和 2000~2009 年，消费量增长进入直线上涨的"快车道"，其中，1998 年消费量突破了 0.24 亿吨，1999 年的消费需求量相当于 1989 年的 148.9%；2009 年消费需求量突破 0.60 亿吨，相当于 1999 年的 242.3%。2010~2019 年，消费需求量继续扩大，但在变化过程中有升有降，增速较 2001~2009 年有所放缓，2015 年消费需求量突破了 1 亿吨大关，2019 年消费需求量相当于 2009 年消费量的 176.0%。

2. 豆类消费需求结构特征

豆类消费包括食用、饲料、食品加工和其他用途等方面。1961~2019 年我国豆类的食用、饲料、食品加工用量如表 2-14 所示。

表 2-14　1961~2019 年我国豆类的食用、饲料、食品加工用量

单位：万吨

年份	食用消费量	饲料消费用量	食品加工消费用量	年份	食用消费量	饲料消费用量	食品加工消费用量	年份	食用消费量	饲料消费用量	食品加工消费用量
1961	1027.5	33.9	179.9	1981	907.4	144.1	456.3	2001	720.8	494.5	2094.7
1962	1199.5	44.9	186.7	1982	858.7	153.4	524.3	2002	671.5	472.2	2290.1
1963	1127.7	77.3	191.0	1983	830.4	159.5	535.7	2003	674.4	569.2	2739.2
1964	1150.2	69.1	201.4	1984	835.9	168.8	501.9	2004	663.9	595.0	2882.8
1965	1057.3	75.8	202.1	1985	793.3	187.7	482.5	2005	712.7	549.5	3280.2
1966	1018.1	73.4	232.6	1986	801.0	144.6	535.8	2006	710.9	529.4	3533.0
1967	979.2	79.1	243.2	1987	796.1	169.8	587.0	2007	713.3	534.8	3685.9
1968	886.2	81.0	231.8	1988	817.7	172.6	586.2	2008	704.9	572.7	3958.4
1969	847.5	78.4	248.3	1989	758.6	159.2	600.5	2009	726.2	656.1	4416.5
1970	922.0	88.7	277.5	1990	713.6	157.4	570.7	2010	743.5	1061.0	5112.0
1971	954.9	92.9	262.1	1991	599.6	57.3	580.7	2011	735.9	820.0	5611.8
1972	901.3	88.6	249.9	1992	596.8	53.1	550.0	2012	740.9	926.9	5950.1
1973	939.4	98.6	246.5	1993	771.3	195.1	818.5	2013	740.2	1200.0	6122.2
1974	883.8	102.2	275.7	1994	877.5	203.3	844.6	2014	718.2	1082.0	6726.9
1975	871.2	100.7	287.3	1995	798.6	159.4	791.1	2015	728.3	1413.0	7789.5
1976	874.1	101.5	282.6	1996	805.8	206.1	991.0	2016	815.2	944.8	8086.5
1977	837.8	109.9	313.3	1997	920.2	183.4	1072.1	2017	926.1	1391.0	9041.4
1978	881.1	116.5	345.0	1998	786.8	265.5	1250.8	2018	929.8	1228.0	9263.6
1979	893.2	125.6	356.7	1999	655.0	330.0	1294.8	2019	741.4	701.3	8913.5
1980	912.9	130.9	392.2	2000	718.6	414.1	1778.0				

资料来源：FAO，http//www.fao.org/docrep/003/X9892E/X9892e04.htm#Top of Page.

　　豆类食用消费量和占豆类消费需求量的比例"双下降"。豆类食用消费量由1961年的1027.5万吨下降为2019年的741.4万吨（见表2-14），2019年仅相当于1961年的72.2%；食用消费量占豆类消费总量的比例，1961年为69.0%，2019年下降为7.0%，采用多项式模拟食用消费量占豆类消费需求量的比例自1961年以来的变化过程，其曲线估计方程为：$Y = 3 \times 10^{-5} (t-1960)^4 - 0.0031 (t-1960)^3 + 0.0822 (t-1960)^2 - 1.4952 (t-1960) + 73.0390$，$R^2 = 0.9896$（见图2-15）。

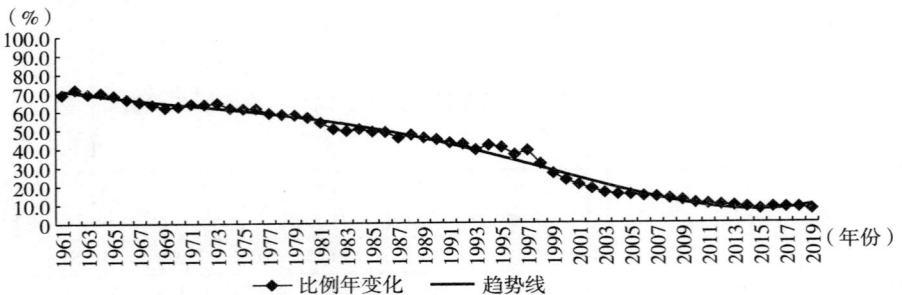

图2-15　1961~2019年我国豆类食用消费量占豆类消费需求量的比例及趋势

　　豆类饲料量和占豆类消费需求量的比例总体上在波动中提高。豆类饲料消费量1961年仅为33.9万吨，占比为2.3%；到2019年分别为701.3万吨和6.6%；绝对量波动较大，2010年、2013年、2014年、2015年、2017年和2018年的消费量都超过了1000万吨，其中2015年为1413.0万吨，为最少年份（1961年）的41倍多；占比的年变化介于2.3%~14.9%，波动较大（见表2-14和图2-16）。

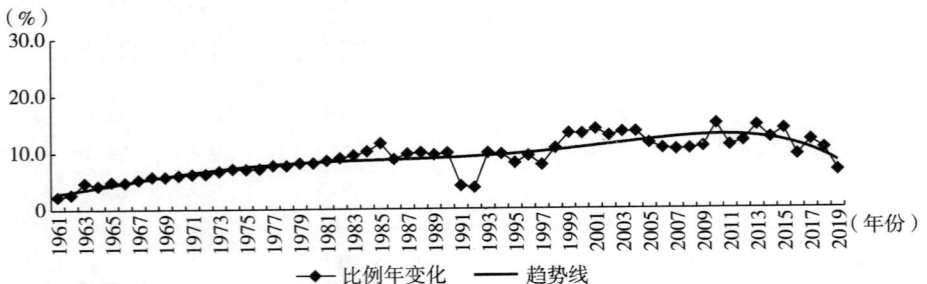

图2-16　1961~2019年我国豆类饲料消费量占豆类消费需求量的比例及趋势

豆类加工消费量和占豆类消费需求量的比例"双增长"。豆类加工消费量1961年仅为179.9万吨,占豆类消费需求量的比例仅为12.1%,到2019年分别为8913.5万吨和84.2%;采用多项式模拟豆类加工消费量占豆类消费需求量的比例自1961年以来的变化过程,其曲线估计方程为:$Y = 3 \times 10^{-5} (t-1960)^4 + 0.0029 (t-1960)^3 - 0.0770 (t-1960)^2 + 1.3780 (t-1960) + 8.8660$,$R^2 = 0.9919$(见表2-14和图2-17)。

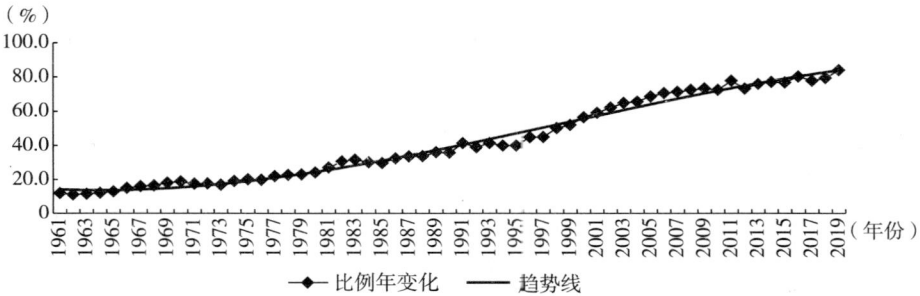

图2-17 1961~2019年我国豆类加工消费量占豆类消费需求量的比例及趋势

豆类其他用途消费量和占豆类消费需求量的比例"双下降"。豆类其他用途包括种子、各环节中的耗损、非食物和余料等方面。从表2-13和表2-14可以看出,其他用途消费量和占豆类消费需求的比例,1961年分别为247.2万吨、16.6%,2019年分别为230.3万吨、2.2%。其中,豆类种子用量因种子技术的提升而呈减少趋势,由1961年的202万吨下降为2019年的115万吨,2019年的种子用量仅相当于1961年的57.0%;豆类耗损量尽管由1961年的45.1万吨增加到2019年的115.9万吨,为1961年的2.57倍,但耗损量占豆类消费需求的比例因为粮食收储技术的进步与管理水平的提高而下降,2019年仅为1961年的36.1%。其他用途数量占豆类消费需求量的比例,采用多项式模拟自1961年以来的变化过程,其曲线估计方程为:$Y = 1 \times 10^{-5} (t-1960)^4 - 0.0013 (t-1960)^3 + 0.0504 (t-1960)^2 - 0.8656 (t-1960) + 17.0680$,$R^2 = 0.9372$(见图2-18)。

(二)豆类人均消费需求量与结构分析

豆类的人均消费需求量($D_{总}$)包括人均食用消费量($D_{食}$)、人均生产肉蛋奶鱼的饲料消费量($D_{饲}$)、人均加工用途消费量($D_{工}$)、人均其他用途的豆类量。1970~2019年我国豆类的人均消费总量、人均食用消费量、人均生产肉蛋奶鱼的饲料消费量、人均加工用途消费量如表2-15所示。

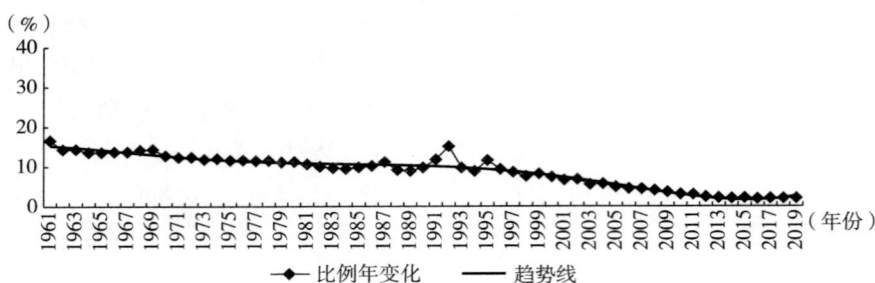

图2-18　1961~2019年我国豆类其他用途消费量占豆类消费需求量的比例及趋势

表2-15　1970~2019年我国豆类人均消费需求量　　　　单位：千克

年份	$D_总$	$D_食$	$D_饲$	$D_工$	年份	$D_总$	$D_食$	$D_饲$	$D_工$	年份	$D_总$	$D_食$	$D_饲$	$D_工$
1970	17.8	11.1	1.1	3.3	1987	16.0	7.3	1.6	5.4	2004	33.8	5.1	4.6	22.2
1971	17.5	11.2	1.1	3.1	1988	15.6	7.4	1.6	5.3	2005	36.5	5.5	4.2	25.1
1972	16.2	10.3	1.0	2.9	1989	14.8	6.7	1.4	5.3	2006	38.0	5.4	4.0	26.9
1973	16.3	10.5	1.1	2.8	1990	14.0	6.2	1.4	5.0	2007	39.1	4.0	4.0	27.9
1974	15.8	9.7	1.1	3.0	1991	12.1	5.2	0.5	5.0	2008	41.1	5.3	4.3	29.8
1975	15.4	9.4	1.1	3.1	1992	12.1	5.1	0.5	4.7	2009	45.1	5.4	4.9	33.1
1976	15.2	9.3	1.1	3.0	1993	16.7	6.5	1.6	6.9	2010	53.2	5.5	7.9	38.1
1977	15.0	8.8	1.2	3.3	1994	17.6	7.3	1.7	7.0	2011	54.7	5.5	6.1	41.6
1978	15.8	9.2	1.2	3.6	1995	16.3	6.6	1.3	6.5	2012	57.4	5.5	6.8	43.8
1979	15.9	9.2	1.3	3.7	1996	18.0	6.6	1.7	8.1	2013	60.3	5.4	8.8	44.8
1980	16.4	9.2	1.3	4.0	1997	19.3	7.4	1.5	8.7	2014	63.3	5.2	7.9	48.9
1981	16.8	9.1	1.4	4.6	1998	20.0	6.3	2.1	10.0	2015	73.2	5.3	10.2	56.3
1982	16.8	8.4	1.5	5.2	1999	19.7	5.2	2.6	10.3	2016	72.2	5.9	6.8	58.1
1983	16.4	8.1	1.5	5.2	2000	24.6	5.7	3.3	14.0	2017	82.8	6.6	9.9	64.6
1984	15.9	8.0	1.6	4.8	2001	27.8	5.6	3.9	16.4	2018	82.9	6.6	8.7	65.9
1985	15.3	7.5	1.8	4.6	2002	28.7	5.2	3.7	17.8	2019	75.1	5.3	5.0	63.2
1986	15.3	7.5	1.3	5.0	2003	32.6	5.2	4.4	21.2					

资料来源：FAO，http//www.fao.org/docrep/003/X9892E/X9892e04.htm#Top of Page.

豆类的人均消费需求量在小波动中上升（见表2-15），2019年豆类人均消费需求量为75.1千克，1970年为17.8千克，2019年是1970年的4.2倍，增长过程比较稳健。以年份（t）为自变量，以人均消费需求量（Y）为因变量，采用多项式模拟豆类人均消费需求量自 1970 年以来的变化过程，其曲线估计方程为：$Y = 4 \times 10^{-5} (t-1960)^4 + 0.0053 (t-1960)^3 - 0.1512 (t-1960)^2 + 1.2698 (t-1960) + 14.0760$，$R^2 = 0.9881$。变化过程如图 2-19 所示。

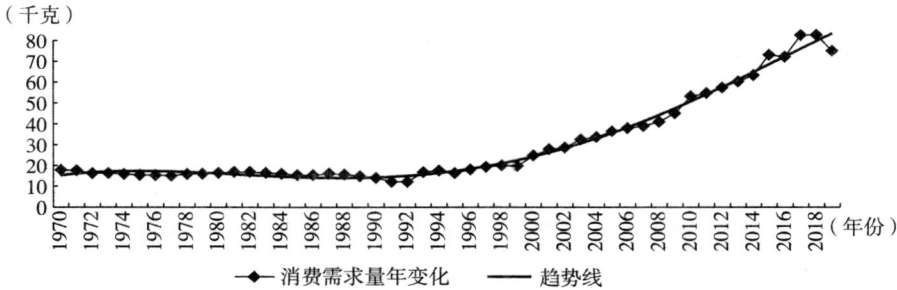

图 2-19　1970~2019 年我国豆类人均消费需求量及趋势

我国豆类人均消费需求量在波动中减少（见表 2-15），豆类的人均食用消费量占人均消费需求量的比例下降。2019 年为 5.3 千克。人均食用消费量变化由"下降期+稳定期"构成，1970~1998 年为较稳健的下降期，1970 年为 11.1 千克，1998 年已经下降为 6.3 千克；1999~2019 年为相对稳定期，除 2017 年和 2018 年外，其他年份的波动范围为 5.1~5.9 千克。以年份（t）为自变量，以人均食用消费量（Y）为因变量，采用多项式模拟其 1970 年以来的变化过程，其曲线估计方程为：$Y = 4 \times 10^{-10} (t-1960)^6 - 5 \times 10^{-8} (t-1960)^5 + 3 \times 10^{-6} (t-1960)^4 - 8 \times 10^{-5} (t-1960)^3 + 0.0040 (t-1960)^2 - 0.2842 (t-1960) + 11.3640$，$R^2 = 0.9193$。变化过程如图 2-20 所示。人均食用消费量占人均消费需求量的比例由 1970 年的 62.5% 下降为 2019 年的 7.0%，其中 2010~2019 年为 7.0%~10.4%，豆类的食用消费由主角地位演变为次要地位。

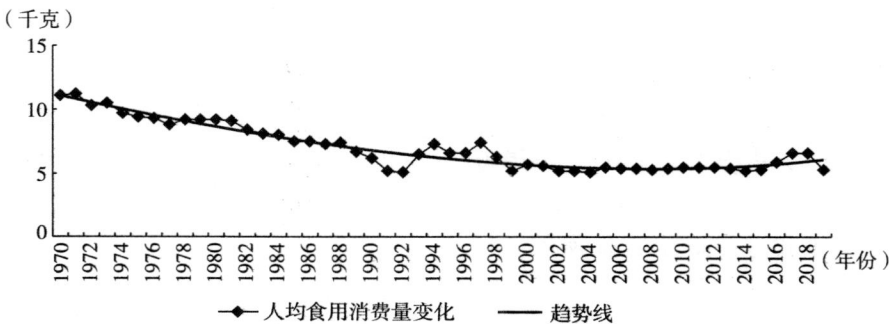

图 2-20　1970~2019 年我国豆类人均食用消费量及趋势

豆类人均生产肉蛋奶鱼的饲料消费量较少，占人均消费需求量的比例较低，均呈波动增长趋势。豆类作为动物饲料生产肉蛋奶鱼，其人均消费量如表2-15所示，其突出表现为，2019年仅为5.0千克，1970年仅为1.1千克。在波动中增长变化，1970～1997年在0.5～1.8千克波动；1998～2009年在2.1～4.9千克波动；2010年跨上7千克台阶后经历了升—降变化，2010～2019年在5.0～10.2千克波动。占人均消费需求量的比例低，2019年仅为6.6%，1970年为6.0%，波动幅度为4.1%～14.6%；其中，2010～2019年波动幅度为6.6%～14.9%。以年份（t）为自变量，以人均生产肉蛋奶鱼的饲料消费量（Y）为因变量，采用多项式模拟其1970年以来的变化过程，曲线估计方程为：$Y = 4 \times 10^{-8} (t-1960)^6 + 5 \times 10^{-6} (t-1960)^5 - 0.0003 (t-1960)^4 + 0.0060 (t-1960)^3 - 0.0712 (t-1960)^2 + 0.3916 (t-1960) + 0.4920$，$R^2 = 0.9175$，变化过程如图2-21所示。

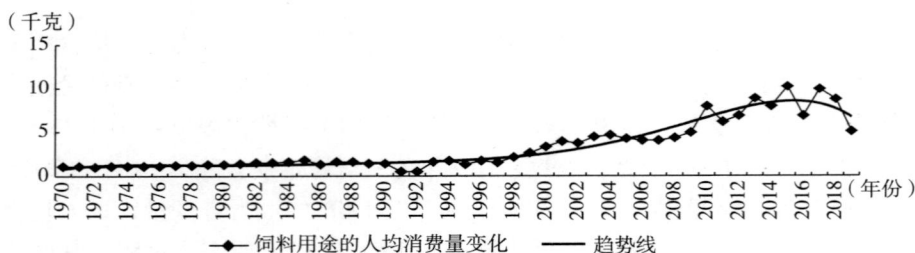

图2-21　1970～2019年我国豆类人均生产肉蛋奶鱼的饲料消费量及趋势

加工用途豆类的人均消费量（见表2-15）和占豆类人均消费需求量的比例在波动中快速提高。加工用途的人均消费量在1970年为3.3千克，在2019年为63.2千克；占比由1970年的18.8%提高为2019年的84.2%。人均加工量的变化由"缓慢增长期+快速增长期"构成，1970～1997年为缓慢增长期，由1970年的3.3千克增长为1997年的8.7千克；1998～2019年为快速增长期，由1998年的10.0千克增长为2019年的63.2千克。以年份（t）为自变量，以加工用途豆类的人均消费需求量（Y）为因变量，采用多项式模拟其1970年以来的变化过程，其曲线估计方程为 $Y = 2 \times 10^{-8} (t-1960)^6 - 5 \times 10^{-6} (t-1960)^5 + 0.0004 (t-1960)^4 - 0.0117 (t-1960)^3 + 0.1539 (t-1960)^2 - 0.6857 (t-1960) + 3.7917$，$R^2 = 0.9959$，变化过程如图2-22所示。

（千克）

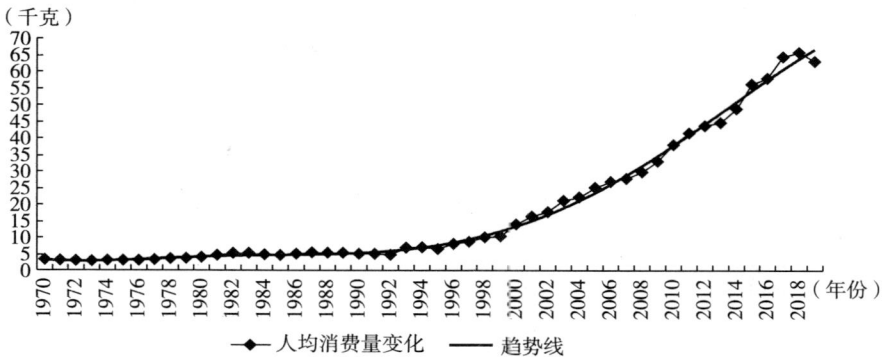

图 2-22 1970~2019 年我国豆类加工用途的人均消费量及趋势

（三）豆类人均消费需求量的预测与分析

1970~2019 年，豆类人均消费需求量、人均食用量、人均生产肉蛋奶鱼的饲料消费量，其年际变化按照一般时间序列分析寻找规律很困难，为此，采用灰色数列 GM（1，1）方法分析其过去变化并预测未来变化。根据本问题的特点，按照 5 年一个时段，将 1970~2019 年的豆类人均消费需求量、人均食用消费量和饲料消费量按三类进行分组，分别构建步长为 5 年的 5 个数列，然后在 DPS7.05 平台上构建灰色数列 GM（1，1）模型（见表 2-16 至表 2-18），拟合 1970 年以来的人均消费需求量、人均食用消费量和人均生产肉蛋奶鱼的饲料消费量的变化，预测未来年份的年际变化值。

表 2-16 豆类人均消费需求量的灰色数列 GM（1，1）模型与评价

模型编号	模型	残差分析次数	模型评价
2-16	$G_{t+1} = 15.726254e^{0.282115t} + 2.073746$	第 0 次	C = 0.3701，好；P = 0.8889，好
2-17	$G_{t+1} = 18.788170e^{0.275123t} - 1.288170$	第 0 次	C = 0.3122，很好；P = 1.0000，很好
2-18	$G_{t+1} = 13.32240e^{0.300261t} + 2.877600$	第 0 次	C = 0.3927，好；P = 0.8889，好
2-19	$G_{t+1} = 19.447238e^{0.283184t} - 3.147238$	第 0 次	C = 0.2808，很好；P = 1.0000，很好
2-20	$G_{t+1} = 27.192398e^{0.263210t} - 11.392398$	第 0 次	C = 0.2128，很好；P = 1.0000，很好

豆类人均消费需求量模型（见表 2-16）的评价值 C 和 P 为"很好"或"好"，灰色数列 GM（1，1）模型的精度能够用来预测未来的豆类人均消费需求量。豆类人均食用消费量模型（见表 2-17）的评价值 C<0.35 和 P=1.00，评价为"很好"，灰色数列 GM（1，1）模型的精度能够用来预测未来豆类的人均食

用消费量。豆类人均生产肉蛋奶鱼的饲料消费量为模型（见表2-18），评价值C和P，第一个模型为"一般"、第三个模型为"好"，属于允许范围；第二、第四、第五个模型为"很好"。灰色数列GM（1，1）模型的精度能够用来预测未来的豆类人均生产肉蛋奶鱼生产的饲料消费量。

　　基于表2-16至表2-18的灰色数列GM（1，1）模型，分别预测2023~2049年的豆类人均消费需求量、人均食用需求量和人均生产肉蛋奶鱼的饲料需求量，结果如表2-19至表2-21所示。

表2-17　豆类人均食用消费量的灰色数列GM（1，1）模型与评价

模型编号	模型	残差分析次数	拟合误差百分比范围	模型评价
2-21	$G_{t+1} = -9.874377e^{-0.160265t} + 10.670343$	第6次	−11.6695% ~ 11.5285%	C=0.2359，很好 P=1.0000，很好
2-22	$G_{t+1} = -17.734249e^{-0.067562t} + 18.654700$	第2次	−13.1269% ~ 13.7564%	C=0.3058，很好 P=1.0000，很好
2-23	$G_{t+1} = -27.732381e^{-0.040715t} + 28.673006$	第2次	−7.9862% ~ 10.7027%	C=0.3086，很好 P=1.0000，很好
2-24	$G_{t+1} = -37.650562e^{-0.031795t} + 38.676987$	第2次	−17.4655% ~ 13.1561%	C=0.3183，很好 P=1.0000，很好
2-25	$G_{t+1} = -12.608309e^{-0.072131t} + 13.315725$	第2次	−10.1839% ~ 10.1485%	C=0.2431，很好 P=1.0000，很好

表2-18　豆类人均生产肉蛋奶鱼的饲料消费量的灰色数列GM（1，1）模型与评价

模型编号	模型	残差分析次数	模型评价
2-26	$G_{t+1} = 0.552703e^{0.367962t} + 0.547297$	第0次	C=0.5770，一般；P=0.7778，一般
2-27	$G_{t+1} = -12.806557e^{-0.097832t} + 12.998493$	第2次	C=0.2667，很好；P=1.0000，很好
2-28	$G_{t+1} = 0.915795e^{0.385236t} + 0.284205$	第0次	C=0.4013，好；P=0.8750，好
2-29	$G_{t+1} = 0.124619e^{0.321392t} - 0.165709$	第1次	C=0.2707，很好；P=1.0000，很好
2-30	$G_{t+1} = -2.222700e^{-0.082260t} + 2.366271$	第11次	C=0.0451，很好；P=1.0000，很好

表 2-19　2023~2049 年豆类人均消费需求量　　　单位：千克

年份	2023	2024	2025	2026	2027	2028	2029	2030	2031
人均消费需求量	81.4	87.4	86.0	93.1	93.9	108.0	113.8	114.1	122.7
年份	2032	2033	2034	2035	2036	2037	2038	2039	2040
人均消费需求量	126.8	143.4	148.1	151.3	161.5	171.2	190.4	192.7	200.6
年份	2041	2042	2043	2044	2045	2046	2047	2048	2049
人均消费需求量	212.7	231.2	252.7	250.7	246.1	250.0	252.2	245.4	243.2

表 2-19 表明，2023~2049 年豆类人均消费需求量为 81.4~252.7 千克。2023 年为 81.4 千克，2036 年为 161.5 千克，约是 2023 年的 2 倍，2049 年为 243.2 千克，在 2036 年的基础上增长了约 50%。

表 2-20　2023~2049 年豆类人均食用需求量　　　单位：千克

年份	2023	2024	2025	2026	2027	2028	2029	2030	2031
人均食用需求量	3.5	3.1	3.6	2.7	3.3	3.1	2.7	3.6	2.3
年份	2032	2033	2034	2035	2036	2037	2038	2039	2040
人均食用需求量	3.0	2.7	2.3	3.7	2.0	2.7	2.4	2.0	3.9
年份	2041	2042	2043	2044	2045	2046	2047	2048	2049
人均食用需求量	1.7	2.4	2.1	1.7	4.2	1.4	2.1	1.8	1.4

表 2-20 表明，2023~2049 年豆类人均食用需求量为 1.4~4.2 千克。2023 年豆类人均食用需求量为 3.5 千克，2049 年为 1.4 千克，总体上呈人均消费需求减少趋势；在此过程中，2025 年、2030 年、2035 年、2040 年和 2045 年较 2023 年稍高，其他年份的人均食用需求量都低于 2023 年。而且，豆类人均食用需求量占豆类消费需求量的比例仅为 1.3%~1.7%。

表 2-21　2023~2049 年豆类人均生产肉蛋奶鱼的饲料需求量　　单位：千克

年份	2023	2024	2025	2026	2027	2028	2029	2030	2031
豆类人均饲料用量	12.6	6.9	9.7	14.3	13.7	17.1	9.0	14.0	18.7
年份	2032	2033	2034	2035	2036	2037	2038	2039	2040
豆类人均饲料用量	20.2	23.0	11.7	20.3	24.5	29.8	31.1	14.9	29.3
年份	2041	2042	2043	2044	2045	2046	2047	2048	2049
豆类人均饲料用量	32.2	43.8	42.0	18.9	32.4	32.3	34.3	36.7	23.8

表 2-21 表明，2023~2049 年豆类人均生产肉蛋奶鱼的饲料需求量为 6.9~43.8 千克。2023 年生产肉蛋奶鱼的饲料需求量为 12.6 千克，2049 年为 23.8 千克，约是 2023 年的 2 倍。而且，豆类人均生产肉蛋奶鱼的饲料需求量占豆类人均消费需求量的比例介于 8.5%~19.2%。

综合表 2-19 至表 2-21 可知，2023~2049 年与人们饭碗有关的豆类人均食用需求量与人均生产肉蛋奶鱼的饲料需求量的总和占豆类人均消费需求量的比例在 10.2%~20.4% 波动，与 2010~2019 年的变化范围 13.6%~25.3%（其中，食用豆类为 7.0%~10.4%，饲料豆类为 6.6%~14.9%）基本一致，预测值信度较高。

三、块根类消费需求分析

（一）块根类消费需求量与结构分析

1. 块根类消费需求量与结构增长特征

块根类在我国定义为粗粮，需要按照 5：1 折算为细粮，1961~2019 年我国块根类消费需求量和折粮量如表 2-22 所示。

表 2-22　1961~2019 年我国块根类消费需求量及折粮量　　单位：万吨

年份	消费需求量	块根类折粮	年份	消费需求量	块根类折粮	年份	消费需求量	块根类折粮	年份	消费需求量	块根类折粮
1961	9215.0	1843.0	1976	13876.5	2775.3	1991	14109.7	2821.9	2006	16297.4	3259.5
1962	9896.0	1979.2	1977	15404.1	3080.8	1992	14818.6	2963.7	2007	16457.4	3291.5
1963	8979.3	1795.9	1978	16336.5	3267.3	1993	16510.5	3302.1	2008	16459.0	3291.8
1964	8602.8	1720.6	1979	14885.3	2977.0	1994	15756.3	3151.3	2009	17999.4	3599.9
1965	10477.2	2095.4	1980	14875.5	2975.1	1995	17123.2	3424.6	2010	17152.7	3703.7
1966	11845.6	2369.1	1981	13417.2	2683.5	1996	17969.4	3593.9	2011	16867.7	3813.2
1967	11829.3	2365.9	1982	14002.6	2800.5	1997	17011.8	3402.4	2012	17718.0	3975.2
1968	11753.3	2350.7	1983	15178.1	3035.6	1998	18801.7	3760.4	2013	18190.7	4081.5
1969	12712.6	2542.5	1984	14819.6	2963.9	1999	19298.8	3859.8	2014	18025.1	3605.0
1970	13973.4	2794.7	1985	13551.8	2710.4	2000	19099.4	3820.0	2015	18958.8	3791.8
1971	13217.0	2643.4	1986	13205.0	2641.0	2001	19400.2	3880.0	2016	18709.9	3742.0
1972	12885.3	2577.1	1987	14614.6	2922.9	2002	19755.5	3951.1	2017	18895.3	3779.1
1973	15847.4	3169.5	1988	13952.9	2790.6	2003	19306.2	3861.2	2018	17636.0	3527.2
1974	15292.2	3058.4	1989	14335.1	2867.0	2004	19916.9	3983.4	2019	17352.9	3470.6
1975	14934.0	2986.8	1990	14390.3	2878.1	2005	19147.0	3829.4			

资料来源：FAO，http//www.fao.org/docrep/003/X9892E/X9892e04.htm#Top of Page.

（1）块根类年消费需求量接近翻番。2019 年，块根类消费需求量为 17352.9 万吨，1961 年为 9215.0 万吨，2019 年为 1961 年的 1.88 倍。以年份（t）为自变量，以年消费需求量（Y）为因变量，采用多项式模拟其 1961 年以来的变化过程，曲线估计方程为：$Y = -0.0093 (t-1960)^4 + 1.1352 (t-1960)^3 - 47.5120 (t-1960)^2 + 927.6400 (t-1960) + 7481.3000$，$R^2 = 0.8165$。变化过程如图 2-23 所示。

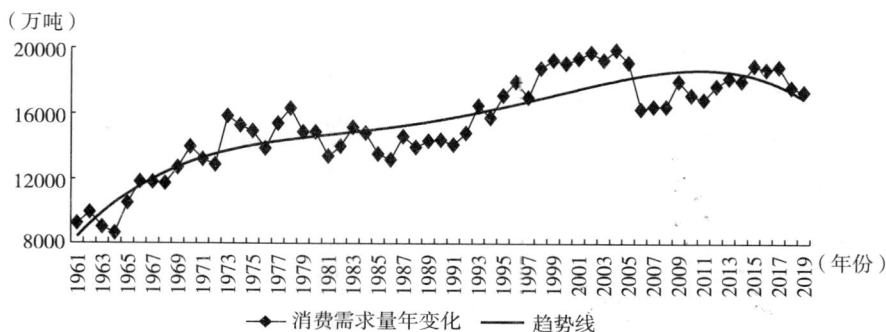

图 2-23　1961~2019 年我国块根类消费需求量及趋势

（2）各时期块根类的消费需求量差异大。块根类消费需求量在 1960~1969 年和 1970~1979 年为在波动中上升，1961 年块根类的消费需求量为 9125.0 万吨，1969 年为 12712.6 万吨，1979 年为 14885.3 万吨，1969 年较 1961 年增长了 37.9%，1979 年较 1969 年增长了 17.1%。1980~1989 年为消费需求量在波动中的下降期，1989 年的量为 14335.1 万吨，相当于 1979 年的 96.3%。1990~1999 年为消费需求总量在波动中的上升期，1999 年的消费需求量为 19298.8 万吨，相当于 1989 年的 134.6%。2000~2009 年为消费需求量在波动中的下降期，其中，2009 年的消费需求量为 17999.4 万吨，相当于 1999 年的 93.3%，即在 1999 年消费需求量的基础上减少了 6.7%；2019 年的消费需求量为 17352.9 万吨，相当于 2009 年的 96.4%。

2. 块根类消费需求量结构特征

块根类的消费需求领域包括食用、饲料、种子、加工、耗损和其他用途等。表 2-23 为 1961~2019 年我国块根类消费需求的主要领域与折粮量。

（1）块根类食用的消费需求量略有增长，食用消费量占消费需求量的比例下降。食用块根类消费量按照 5∶1 折粮，1961 年为 1505.6 万吨，2019 年增加到 1975.4 万吨；占比却由 1961 年的 81.7% 下降为 2019 年的 56.9%。以年份

（t）为自变量，以食用消费量占块根类消费需求量的比例（Y）为因变量，采用多项式模拟 1961 年以来的变化过程（见图 2-24），其曲线估计方程为：$Y = -2 \times 10^{-5}(t-1960)^4 + 0.0027(t-1960)^3 - 0.0970(t-1960)^2 + 0.2778(t-1960) + 75.08020$，$R^2 = 0.9155$。

表 2-23 1961~2019 年我国块根类主要消费需求领域及消费量（折粮）

单位：万吨

年份	食用	饲料	种子	加工	年份	食用	饲料	种子	加工	年份	食用	饲料	种子	加工
1961	1505.6	200.4	22.3	17.4	1981	1679.9	735.4	42.4	83.0	2001	1988.6	1444.3	56.0	154.5
1962	1525.0	298.5	29.3	22.5	1982	1736.7	775.9	44.0	95.0	2002	2041.1	1461.7	56.0	134.0
1963	1342.9	305.8	31.1	22.4	1983	1753.4	967.5	43.6	110.6	2003	2033.9	1364.5	54.0	132.8
1964	1205.5	371.9	33.0	18.8	1984	1658.6	988.2	44.7	112.6	2004	2127.8	1373.7	58.0	125.4
1965	1538.2	390.5	38.4	18.4	1985	1411.4	1016.2	45.1	90.4	2005	2115.7	1285.4	40.0	124.8
1966	1731.3	451.4	36.0	26.4	1986	1368.6	991.6	46.6	88.5	2006	1711.6	1107.9	53.0	118.4
1967	1706.9	477.2	36.1	21.6	1987	1461.7	1133.1	49.5	111.9	2007	1739.2	1125.9	54.1	130.1
1968	1674.9	495.1	34.3	27.4	1988	1363.8	1082.2	50.8	135.1	2008	1864.9	1003.3	55.0	139.9
1969	1840.0	499.9	36.1	31.2	1989	1360.2	1179.3	50.9	118.4	2009	1812.5	1283.7	56.9	160.6
1970	1967.8	613.3	37.9	30.0	1990	1578.3	961.5	51.8	122.3	2010	1883.2	1312.5	58.1	158.6
1971	1856.3	574.1	41.5	33.6	1991	1551.0	937.6	54.1	113.1	2011	1903.2	1386.8	58.0	168.6
1972	1830.5	540.5	36.2	35.8	1992	1547.4	1011.5	54.0	177.7	2012	1909.9	1511.7	62.0	168.7
1973	2146.7	775.1	36.1	41.4	1993	1648.5	1189.6	56.0	215.1	2013	1914.6	1570.7	62.0	169.1
1974	2086.0	730.4	38.0	45.2	1994	1555.2	1162.5	56.0	193.1	2014	1949.4	1123.3	60.0	138.4
1975	2037.3	704.6	36.2	54.8	1995	1703.1	1277.6	56.0	194.6	2015	1979.6	1297.0	58.7	134.1
1976	1867.0	660.7	38.5	66.6	1996	1583.9	1583.7	56.0	152.6	2016	2009.9	1188.1	58.6	139.9
1977	2039.0	785.7	40.4	58.0	1997	1654.7	1331.2	58.0	154.1	2017	1984.4	1213.5	58.9	148.1
1978	2146.7	851.9	41.5	59.7	1998	1837.2	1554.2	54.0	95.4	2018	1953.1	1026.5	57.8	145.4
1979	1868.0	849.2	41.5	67.0	1999	1884.5	1609.8	50.0	78.5	2019	1975.4	907.8	58.3	152.4
1980	1831.5	856.2	42.9	90.4	2000	1978.6	1460.4	56.0	88.6					

资料来源：FAO，http//www.fao.org/docrep/003/X9892E/X9892e04.htm#Top of Page.

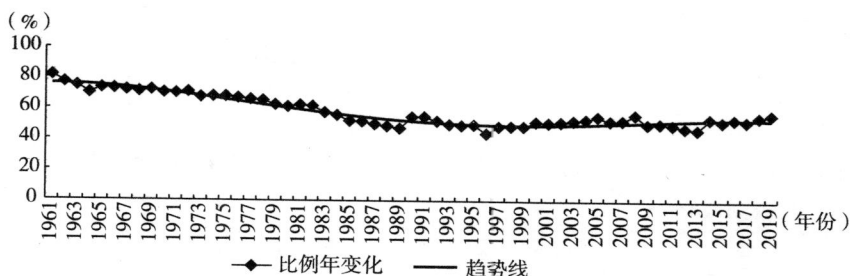

图 2-24　1961~2019 年我国块根类食用消费量占块根类消费需求量比例及趋势

（2）块根类饲料用量和占消费需求量的比例总体上在波动中"双增长"。按照 5∶1 折粮，饲料用量 1961 年仅为 200.4 万吨，到 2019 年增加为 907.8 万吨；1961 年占比仅为 10.9%，到 2019 年在波动中增长为 26.2%，其间的波动幅度为 10.9%~44.1%。用 t 代表年份，采用多项式模拟 1960 年以来的块根类饲料用途消费量占消费需求量的比例在波动中的增长过程（见图 2-25），其曲线估计方程为：$Y = -1 \times 10^{-7} (t-1960)^6 + 2 \times 10^{-5} (t-1960)^5 - 0.0014 (t-1960)^4 + 0.0456 (t-1960)^3 - 0.6770 (t-1960)^2 + 4.8324 (t-1960) + 7.4889$，$R^2 = 0.9156$。

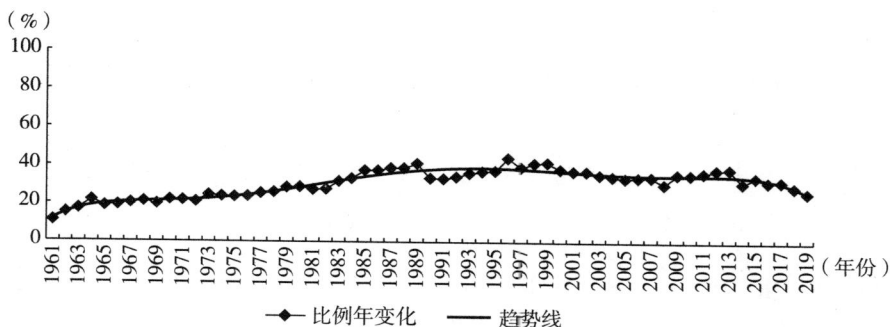

图 2-25　1961~2019 年我国块根类饲料消费量占消费需求量的比例及趋势

（3）块根类食品加工消费量和占块根类消费需求量的比例"双增长"。块根类食品消费量按照 5∶1 折粮，由 1961 年的 17.4 万吨增加到 2019 年的 152.4 万吨；块根类食品加工用量占块根类消费需求量的比例由 1961 年的 0.9% 上升到 2019 年的 4.4%，波动幅度为 0.9%~6.5%，占比较小，相对稳定。采用多项式模拟，1960 年以来的变化过程（见图 2-26）其曲线估计方程为：$Y = 7 \times 10^{-6} (t-1960)^4 - 0.0009 (t-1960)^3 + 0.0333 (t-1960)^2 - 0.2996 (t-1960) + 1.6238$，$R^2 = 0.7442$。

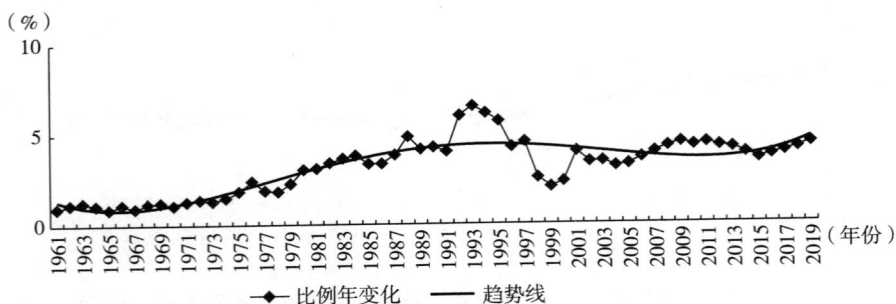

图 2-26　1961～2019 年我国块根类食品加工消费量占消费需求量的比例及趋势

块根类种子用量和占块根类消费需求量的比例"双增长"。种子用途块根类按照 5∶1 折粮，消费需求量由 1961 年的 22.3 万吨，增加为 2019 年的 58.3 万吨；块根类种子用途消费量占消费需求量的比例由 1961 年的 1.2% 上升为 2019 年的 1.7%，波动范围为 1.0%～1.9%，占比小、波动小而稳定。1960 年以来的变化过程如图 2-27 所示。

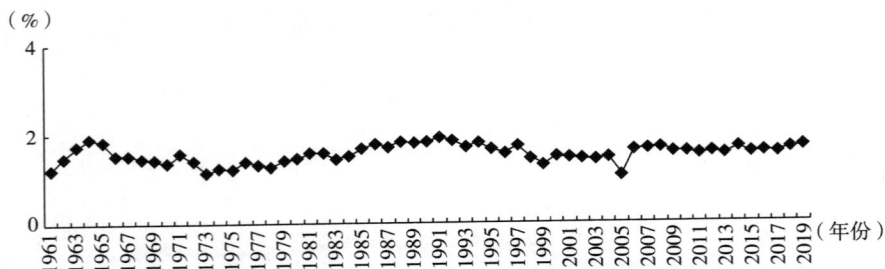

图 2-27　1961～2019 年我国块根类种子用途消费量占消费需求量比例的变化

综上所述，1961～2019 年块根类用途构成的变化，突出表现在食物用途和饲料用途分别占块根类消费需求量比例的变化，其中食物用途所占比例减小、饲料用途所占比例增大。1961～2019 年，块根类食物用途的比例下降了 24.8 个百分点，饲料用途的比例提升了 15.3 个百分点，加工用途的比例提升了 5.6 个百分点，种子用途的比例稳定，变化较小，耗损的比例略有减小。

（二）块根类人均消费量与结构分析

块根类的人均消费需求量（$D_总$）包含块根类人均食用消费量（$D_食$）、人均肉蛋奶鱼生产的饲料块根类量（$D_饲$）、人均种子用途块根类量（$D_种$）、人均加工用途块根类量（$D_工$）、人均其他类用途的块根类量。表 2-24 列出了 1970～2019 年我国块根类人均消费需求量（$D_总$）和除"其他用途"外的各类人均消费量。

表2-24 1970~2019年我国块根类人均消费需求量及主要领域人均消费量（折粮量）

单位：千克

年份	$D_总$	$D_食$	$D_饲$	$D_种$	$D_工$
1970	33.7	23.7	7.4	0.5	0.4
1971	31.0	21.8	6.7	0.5	0.4
1972	29.6	21.0	6.2	0.4	0.4
1973	35.5	24.1	8.7	0.4	0.5
1974	33.7	23.0	8.0	0.4	0.5
1975	32.3	22.0	7.6	0.4	0.6
1976	29.6	19.9	7.0	0.4	0.7
1977	32.4	21.5	8.3	0.4	0.6
1978	33.9	22.3	8.9	0.4	0.6
1979	30.5	19.2	8.7	0.4	0.7
1980	30.1	18.6	8.7	0.4	0.9
1981	26.8	16.8	7.3	0.4	0.8
1982	27.5	17.1	7.6	0.4	0.9
1983	29.5	17.0	9.4	0.4	1.1
1984	28.4	15.9	9.5	0.4	1.1
1985	25.6	13.3	9.6	0.4	0.9
1986	24.6	12.7	9.2	0.4	0.8
1987	26.7	13.4	10.4	0.5	1.0
1988	25.1	12.3	9.7	0.5	1.2
1989	25.4	12.1	10.5	0.5	1.1
1990	25.2	13.8	8.4	0.5	1.1
1991	24.4	13.4	8.1	0.5	1.0
1992	25.3	13.2	8.6	0.5	1.5
1993	27.9	13.9	10.0	0.5	1.8
1994	26.3	13.0	9.7	0.5	1.6
1995	28.3	14.1	10.5	0.5	1.6
1996	29.4	12.9	12.9	0.5	1.2
1997	27.5	13.4	10.8	0.5	1.2
1998	30.1	14.7	12.5	0.4	0.8
1999	30.7	15.0	12.8	0.4	0.6
2000	30.1	15.6	11.5	0.4	0.7
2001	30.4	15.6	11.3	0.4	1.2
2002	30.8	15.9	11.4	0.4	1.0
2003	29.9	15.7	10.6	0.4	1.0
2004	30.6	16.4	10.6	0.4	1.0
2005	29.3	16.2	9.8	0.3	1.0
2006	24.8	13.0	8.4	0.4	0.9
2007	24.9	13.2	8.5	0.4	1.0
2008	24.8	14.0	7.6	0.4	1.1
2009	27.0	13.6	9.6	0.4	1.2
2010	27.6	14.0	9.8	0.4	1.2
2011	28.3	14.1	10.3	0.4	1.2
2012	29.2	14.1	11.1	0.5	1.2
2013	29.9	14.0	11.5	0.5	1.2
2014	26.2	14.2	8.2	0.4	1.0
2015	27.4	14.3	9.4	0.4	1.0
2016	26.9	14.4	8.5	0.4	1.0
2017	27.0	14.2	8.7	0.4	1.1
2018	25.1	13.9	7.3	0.4	1.0
2019	24.6	14.0	6.4	0.4	1.1

资料来源：FAO, http//www.fao.org/docrep/003/X9892E/X9892e04.htm#Top of Page.

1. 块根类人均消费需求量变化特征

块根类人均消费需求量呈减少趋势。1970 年块根类人均消费需求量为 33.7 千克，到 2019 年已经下降到 24.6 千克，人均消费需求量的波动范围为 24.4 ～ 35.5 千克（见表 2-24）。增长率为 -27.0%。

2. 块根类人均食用消费量变化特征

块根类人均食用消费量在小波动中减少，人均食用消费量占人均消费需求量的比例也逐年下降，呈现"双减少"变化。1970 年，块根类人均消费需求为 23.7 千克，到 2019 年下降为 14.0 千克（见表 2-24），增长率为 -40.9%。

块根类人均食用消费量下降具有阶段性，每个阶段相对稳定。1970 ～ 1980 年，块根类人均食用消费量的波动幅度为 18.6 ～ 24.1 千克；1981 ～ 1997 年的波动范围为 12.7 ～ 17.1 千克；1998 ～ 2004 年块根类人均食用消费量的波动范围为 14.7 ～ 16.4 千克；2005 ～ 2019 年的波动范围为 13.0 ～ 16.2 千克（见表 2-24）。

以年份（t）为自变量，以块根类食用人均消费量（Y）为因变量，采用多项式模拟 1970 年以来的变化过程（见图 2-28），曲线估计方程为：$Y = -2 \times 10^{-8} (t-1960)^6 + 6 \times 10^{-6} (t-1960)^5 - 0.0005 (t-1960)^4 + 0.0208 (t-1960)^3 - 0.3604 (t-1960)^2 + 1.8635 (t-1960) + 20.3340$，$R^2 = 0.9137$。块根类人均食用消费量占人均消费需求量的比例由 1970 年的 70.4% 下降为 2019 年的 56.9%，由此可见，食用消费需求量在我国块根类消费构成中的占比呈下降趋势，但仍然居于主要地位。

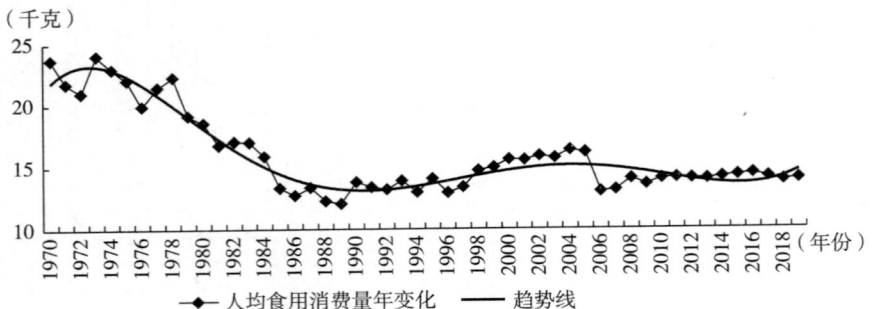

图 2-28　1970 ～ 2019 年我国块根类人均食用消费量及趋势

3. 根块类人均生产肉蛋奶鱼的饲料消费量变化特征

块根类饲料用途的人均消费量少，人均消费量呈减少趋势。块根类人均生产肉蛋奶鱼的饲料消费量如表 2-24 所示。1970 年人均消费量为 7.4 千克，2019 年为 6.4 千克，在 49 年中人均消费量下降了 1 千克。

饲料用途的块根类人均消费量占人均消费需求量的比例，在波动中呈微弱的增长趋势，该比例在 1970 年为 21.9%、2019 年为 26.2%，1970~2019 年的波动幅度为 20.97%~44.07%。1970 年以来的变化过程如图 2-29 所示。

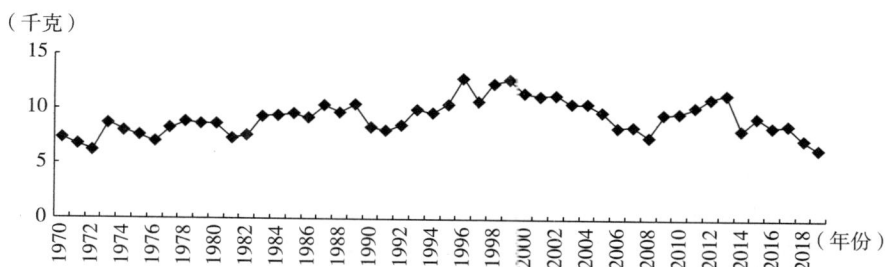

（千克）

图 2-29　1970~2019 年我国饲料用途的块根类人均消费需求量

4. 块根类种子用途和加工用途人均消费量变化特征

块根类种子用途人均消费量和占比小但稳定。1970~2019 年，其中有 48 年的人均消费量稳定在 0.4~0.5 千克，有 1 年为 0.3 千克。块根类种子用途和加工用途消费量占消费总量的比例在 1.04%~1.92% 波动。

块根类加工用途的人均消费量小且呈增长趋势。1970 年为 0.4 千克，2019 年为 1.1 千克，在 49 年中人均量增加了 0.7 千克（见表 2-24），其间的波动幅度为 0.4~1.8 千克。块根类人加工用途的人均消费量占块根类人均消费需求量的比例在波动中呈微弱的增加趋势。1970 年为 1.07%，2019 年上升为 4.39%，1970~2019 年的波动幅度为 1.07%~6.51%。1970 年以来的变化过程如图 2-30 所示。

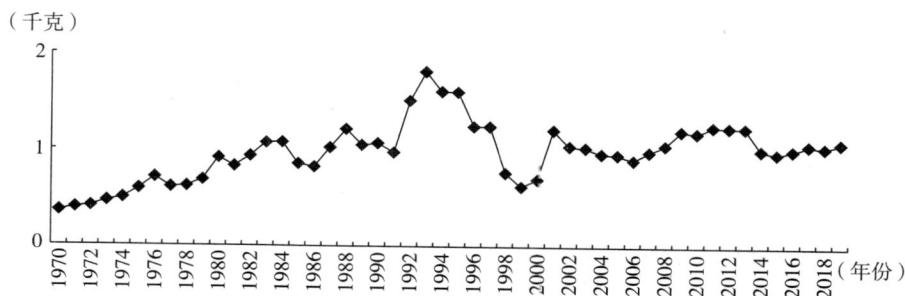

（千克）

图 2-30　1970~2019 年我国块根类加工用途人均消费量

（三）块根类人均需求量的预测与分析

1970~2019 年，块根类人均消费需求量、人均食用消费量、人均生产肉蛋奶鱼的饲料消费量[①]的年际变化按照一般时间序列分析寻找规律很困难，为此，采用灰色数列 GM（1，1）方法分析其过去的变化并预测未来的变化。根据本问题的特点，按照 5 年一个时段，将 1970~2019 年的块根类人均消费量按三类进行分组，分别构建步长为 5 年的 5 个数列，然后在 DPS7.05 平台上构建灰色数列 GM（1，1）模型（见表 2-25 至表 2-27），拟合 1970 年以来的人均消费需求量、人均食用消费量和人均生产肉蛋奶鱼的饲料消费量，预测未来年份的年际变化值。

块根类人均消费需求量模型（见表 2-25）的评价值 C 和 P，第二至第五个模型皆为"很好"；第一个模型为"好"，灰色数列 GM（1，1）模型的精度能够用来预测未来的块根类人均消费需求量。块根类人均食用消费量模型（见表 2-26）的评价值 C<0.35 和 P=1.00，皆为"很好"，灰色数列 GM（1，1）模型的精度能够用来预测未来的块根类人均食用消费量。人均生产肉蛋奶鱼生产的饲料消费量模型（见表 2-27）的评价值 C<0.35 和 P=1.00，皆为"很好"，因此灰色数列 GM（1，1）模型的精度能够用来预测未来的块根类人均生产肉蛋奶鱼的饲料需求量。

表 2-25　块根类人均消费需求量的灰色数列 GM（1，1）模型与评价

模型编号	模型	残差分析次数	拟合误差百分比范围	模型评价
2-31	$G_{t+1} = 37.394293e^{0.030199t} - 36.251265$	第 5 次	−3.8089%~ 6.0633%	C=0.4906，好 P=0.8750，好
2-32	$G_{t+1} = 17.039748e^{0.033397t} - 16.451989$	第 12 次	−2.1632%~ 3.1597%	C=0.2587，很好 P=1.0000，很好
2-33	$G_{t+1} = -9.164892e^{-0.203154t} + 10.191879$	第 3 次	−3.3309%~ 2.9643%	C=0.2533，很好 P=1.0000，很好
2-34	$G_{t+1} = -16.246640e^{-0.122419t} + 17.684736$	第 4 次	−4.0928%~ 4.7239%	C=0.2558，很好 P=1.0000，很好
2-35	$G_{t+1} = -15.362992e^{-0.100550t} + 16.504637$	第 17 次	−3.2923%~ 3.2873%	C=0.2703，很好 P=1.0000，很好

---

① 资料来源：联合国粮食安全与农业组织（FAO）。

表 2-26　块根类人均食用消费量的灰色数列 GM（1，1）模型与评价

模型编号	模型	残差分析次数	拟合误差百分比范围	模型评价
2-36	$G_{t+1} = -29.856287e^{-0.065401t} + 31.420193$	第 4 次	$-9.1186\% \sim 10.0033\%$	C=0.3464，很好 P=1.0000，很好
2-37	$G_{t+1} = -12.226186e^{-0.292274t} + 13.697914$	第 1 次	$-9.9946\% \sim 4.1569\%$	C=0.3160，很好 P=1.0000，很好
2-38	$G_{t+1} = -8.894458e^{-0.085762t} + 9.474330$	第 10 次	$-3.6068\% \sim 3.5971\%$	C=0.1358，很好 P=1.0000，很好
2-39	$G_{t+1} = -11.262639e^{-0.253205t} + 12.680172$	第 2 次	$-8.0181\% \sim 7.9915\%$	C=0.2506，很好 P=1.0000，很好
2-40	$G_{t+1} = -14.585757e^{-0.128580t} + 15.888745$	第 4 次	$-6.8035\% \sim 6.3401\%$	C=0.3457，很好 P=1.0000，很好

表 2-27　块根类人均生产肉蛋奶鱼的饲料消费量的灰色数列 GM（1，1）模型与评价

模型编号	模型	残差分析次数	拟合误差百分比范围	模型评价
2-41	$G_{t+1} = -7.571361e^{-0.079174t} + 8.033414$	第 11 次	$-3.9584\% \sim 4.8238\%$	C=0.2804，很好 P=1.0000，很好
2-42	$G_{t+1} = -0.173119e^{-0.185707t} + 0.193588$	第 25 次	$-0.1662\% \sim 0.1719\%$	C=0.0058，很好 P=1.0000，很好
2-43	$G_{t+1} = 23.459330e^{0.028649t} - 22.674586$	第 2 次	$-6.6853\% \sim 6.5499\%$	C=0.33483，很好 P=1.0000，很好
2-44	$G_{t+1} = -14.396750e^{-0.101729t} + 15.482506$	第 5 次	$-11.0180\% \sim 8.5079\%$	C=0.3494，很好 P=1.0000，很好
2-45	$G_{t+1} = 4.515121e^{0.133762t} - 2.935333$	第 14 次	$-8.7052\% \sim 8.1272\%$	C=0.3374，很好 P=1.0000，很好

　　基于表 2-25 至表 2-27 的灰色数列 GM〔1，1〕模型，分别预测了 2023～2049 年的块根类人均消费需求量、人均食用需求量和人均生产肉蛋奶鱼的饲料需求量，结果如表 2-28 至表 2-30 所示。

表 2-28　2023~2049 年块根类人均消费需求量　　　单位：千克

年份	2023	2024	2025	2026	2027	2028	2029	2030	2031
人均消费需求量	26.0	24.5	24.7	27.2	27.1	26.0	26.1	24.5	28.2
年份	2032	2033	2034	2035	2036	2037	2038	2039	2040
人均消费需求量	27.2	26.1	28.2	24.4	29.5	27.3	26.3	30.9	24.3
年份	2041	2042	2043	2044	2045	2046	2047	2048	2049
人均消费需求量	31.0	27.4	26.6	34.2	24.2	32.7	27.5	26.9	38.1

表 2-28 表明，2023~2049 年块根类人均消费需求量波动范围为 24.2~38.1 千克。块根类人均消费需求量 2023 年为 26.0 千克，2049 年为 38.1 千克，约为 2023 年的 1.5 倍。

表 2-29　2023~2049 年块根类人均食用需求量　　　单位：千克

年份	2023	2024	2025	2026	2027	2028	2029	2030	2031
人均食用需求量	12.2	11.7	8.7	12.3	10.0	11.9	11.5	8.2	12.1
年份	2032	2033	2034	2035	2036	2037	2038	2039	2040
人均食用需求量	10.1	11.7	11.3	7.6	12.0	10.2	11.4	11.1	7.2
年份	2041	2042	2043	2044	2045	2046	2047	2048	2049
人均食用需求量	11.8	10.5	11.2	11.0	7.2	11.7	10.9	11.0	10.9

表 2-29 表明，2023~2049 年块根类人均食用需求量波动范围为 7.2~12.3 千克。块根类人均食用需求量 2023 年为 12.2 千克，2049 年为 10.9 千克，总体上呈现减少趋势。而且，块根类人均食用需求量占块根类人均消费需求量的比重仅为 29.8%~32.3%。较 2019 年前的比例有所下降。

表 2-30　2023~2049 年块根类人均生产肉蛋奶鱼的饲料需求量　单位：千克

年份	2023	2024	2025	2026	2027	2028	2029	2030	2031
人均饲料需求量	8.7	8.4	11.0	11.5	10.4	9.1	10.0	11.9	12.7
年份	2032	2033	2034	2035	2036	2037	2038	2039	2040
人均饲料需求量	10.6	9.7	12.0	13.0	14.2	10.8	10.4	14.4	14.3
年份	2041	2042	2043	2044	2045	2046	2047	2048	2049
人均饲料需求量	15.9	11.0	11.3	17.4	15.7	17.9	11.3	12.4	21.0

表 2-30 表明，2023～2049 年块根类人均生产肉蛋奶鱼的饲料需求量的波动范围为 8.4～21.0 千克。块根类人均生产肉蛋奶鱼消耗的饲料需求量 2023 年为 8.7 千克，2049 年为 21.0 千克，2049 年是 2023 年的 2.4 倍；其间，人均需求超过 15 千克的有 5 年，人均需求超过 20 千克的有 1 年，整体上呈波动中上升趋势。块根类人均生产肉蛋奶鱼的饲料需求量占块根类人均消费需求量的比重介于 34.7%～55.1%。较 2019 年前的比例有所上升。

综合表 2-28 至表 2-30 的数据可知，2023～2049 年与人们饭碗有关的食用需求和生产肉蛋奶鱼的饲料需求的总和占块根类人均消费需求量的比例呈波动中上升状态，波幅为 64.5%～87.4%，与 2019 年前的总体结构一致，预测值信度较高。

四、动物性食品消费需求分析

（一）肉蛋奶鱼与粮食的转化关系

用 Y 表示动物性食品的人均年耗粮量（单位：千克）。分别用 $X_{猪肉}$、$X_{牛肉}$、$X_{羊肉}$、$X_{禽肉}$、$X_{禽蛋}$、$X_{奶}$ 和 $X_{水产品}$ 表示居民对猪肉、牛肉、羊肉、禽肉、禽蛋、奶和水产品等动物性食物的人均年消费量（单位：千克）。用 a、b、c、d 分别表示粮食生产猪肉、牛肉、羊肉和禽肉的转化率，归类统称为粮肉转化率，其值为生产各类肉的粮食消耗量与相应类别肉的产出量之比；用 e 表示粮食生产禽蛋的转化率，简称粮蛋转化率，其值为生产蛋的粮食消耗量与蛋的产出量之比；用 f 表示粮食生产奶的转化率，简称粮奶转化率，其值为生产奶的粮食消耗量与奶的产出量之比；用 g 表示粮食生产水产品的转化率，简称粮水产品转化率，其值为生产水产品的粮食消耗量与水产品的产出量之比。粮肉转化率、粮蛋转化率、粮奶转化率、粮水产品转化率统称为粮食生产动物性食物的"粮食转换率"。生产肉蛋奶鱼等动物性食品的耗粮量一般表达式为：

$$Y = aX_{猪肉} + bX_{牛肉} + cX_{羊肉} + dX_{禽肉} + eX_{禽蛋} + fX_{奶} + gX_{水产品}$$

根据生产肉、蛋、奶和水产品的粮食消耗量以及肉、蛋、奶和水产品的产出量等基础数据[①]计算 2006～2017 年的粮食与动物性食品的转化率（见表 2-31）。

表 2-31 表明，各年各类转化率围绕平均值有微小波动。粮与猪肉转化率 a = 1.8498，波动范围为 [1.7342，1.9275]，粮与牛肉转化率 b = 0.8615，波动范围为 [0.6542，0.9372]，粮与羊肉转化率 c = 1.0114，波动范围为 [0.6051，1.0872]，粮与禽肉转化率 d = 1.7316，波动范围为 [1.6466，1.8180]，粮与禽

①　国家发展和改革委员会价格司：《全国农产品成本收益资料汇编》（2007—2018 年）。

表 2-31　2006~2017 年我国粮食与动物性食品的转化率

年份	猪肉	牛肉	羊肉	禽肉	禽蛋	奶	水产品
2006	1.7342	0.6542	0.6051	1.7245	1.6232	0.3787	1.0230
2007	1.8032	0.7678	0.9582	1.6466	1.6774	0.3788	1.0385
2008	1.8109	0.8390	1.0251	1.6486	1.6523	0.3731	1.0385
2009	1.8105	0.8977	1.0399	1.7518	1.6580	0.3938	—
2010	1.8152	0.8531	1.0297	1.7611	1.6643	0.3805	—
2011	1.8463	0.8671	1.0662	1.7454	1.6999	0.3658	—
2012	1.8633	0.9174	1.0872	1.6742	1.6836	0.3775	—
2013	1.8842	0.8782	1.0645	1.7213	1.6876	0.3792	—
2014	1.8912	0.8938	1.0576	1.7400	1.7013	0.3783	—
2015	1.8981	0.9094	1.0506	1.7588	1.7150	0.3775	—
2016	1.9128	0.9233	1.0678	1.7884	1.6900	0.3760	—
2017	1.9275	0.9372	1.0850	1.8180	1.6650	0.3744	—
均值	1.8498	0.8615	1.0114	1.7316	1.6765	0.3778	1.0333

蛋转化率 $e = 1.6765$，波动范围为 $[1.6232，1.7150]$，粮与奶转化率 $f = 0.3778$，波动范围为 $[0.3658，0.3938]$，粮与水产品转化率 $g = 1.0333$，波动范围为 $[1.0230，1.0385]$。据此，生产动物性食品的耗粮量一般表达式改写为：

$$Y = 1.8498X_{猪肉} + 0.8815X_{牛肉} + 1.0114X_{羊肉} + 1.7316X_{禽肉} + 1.6765X_{禽蛋} + 0.3778X_{奶} + 1.033X_{水产品}$$

转化率波动的百分数变动区间，最大转化率、最小转化率分别与平均转化率的差值相对于转化率均值的百分比的范围为：猪肉为 $-2.97\% \sim 3.28\%$、牛肉为 $-5.36\% \sim 5.73\%$、羊肉为 $-2.93\% \sim 2.95\%$、禽肉为 $-5.04\% \sim 4.72\%$、禽蛋为 $-1.75\% \sim 1.98\%$、奶为 $-2.70\% \sim 1.22\%$、水产品为 $-0.99\% \sim 0.50\%$。所以，转化率尽管有波动但整体稳定。转化率围绕平均值，向上波动的最大值形成正向最大振幅，向下波动的最大值形成负向最大振幅，平均值、最大值和最小值如图 2-31 所示。

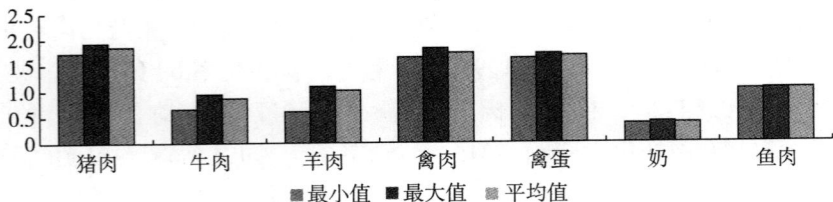

图 2-31　2006~2017 年我国粮食与动物性食品转化率的平均值、最大值和最小值

不完全统计，Qu（1999）、Zhou 等（2003）、Food Study Group（1991）、Wang 等（2005）、曹甲伟（2003）和韩昕儒等（2014）通过研究"饲料转化率"计算动物性产品耗粮量，在统计数据不完善时期具有十分重要的意义。实际上，饲料不等于粮食，在把粮食加工为饲料过程中添加了其他成分，对单位重量的粮食进行饲料生产加工后，其成品（饲料）的重量更大。所以，动物性食品生产的粮食消耗量不等于饲料消耗量。采用粮食转换率计算动物性食品生产过程中的粮食消耗量更有优势。鉴于国内没有分开统计牛肉和羊肉的人均年消费量，而是综合统计牛羊肉的消费量，因此，借助 FAO 的人均消费量统计数据对粮与羊肉转化率、粮与牛肉转化率进行加权，得到牛羊肉与粮食的综合转化率为 0.9400。因此，生产动物性食品的耗粮量一般表达式进一步改写为：

$$Y = 1.8498X_{猪肉} + 0.9400X_{牛羊肉} + 1.7316X_{禽肉} - 1.6765X_{禽蛋} + 0.3778X_{奶} + 1.033X_{水产品}$$

（二）肉蛋奶鱼人均年消费需求历史变化特征

1988~2020 年，我国城乡居民的猪肉人均消费量、牛羊肉人均消费量、禽肉人均消费量、禽蛋人均消费量、奶及其制品人均消费量和水产品人均消费量等的变化趋势如图 2-32 所示。

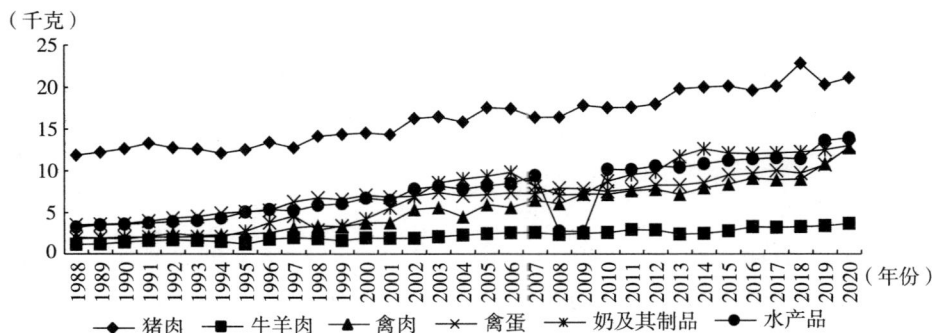

图 2-32　1988~2020 年我国城乡居民的肉蛋奶鱼人均消费量

资料来源：《中国统计年鉴》（1989—2021 年）。

由图 2-32 可知，肉蛋奶鱼的消费结构具有以下基本特征：①猪肉在动物性食品消费中一直居于主导地位。②动物性食品需求量研究期内的增长速度差异很大，从 2019 年和 1988 年的需求倍数来看，猪肉约为 1.78 倍、牛羊肉为 3.13 倍、禽肉为 6.35 倍、奶为 6.95 倍、水产品为 4.29 倍，猪肉的需求量增长最慢，奶最快。③禽肉、禽蛋、奶和水产品的需求消费量从 1988 年的差距小到 2020 年基本趋于一致。

（三）2023~2049 年肉蛋奶鱼的需求分析

根据谷物人均消费需求量（见表 2-10 至表 2-12）、豆类人均需求量（见表 2-19 至表 2-21）、块根类人均需求量（折粮）（见表 2-28 至表 2-30），得到 2023~2049 年粮食人均需求量（见表 2-32）。

表 2-32　2023~2049 年我国人均食用粮食及饲料粮食需求量　单位：千克

年份	人均粮食总量	与饭碗有关的人均粮食			年份	人均粮食总量	与饭碗有关的人均粮食		
		小计	食用粮食	饲料粮食			小计	食用粮食	饲料粮食
2023	503.6	349.9	161.5	188.4	2037	666.8	473.4	195.8	277.6
2024	514.8	357.9	186.8	171.1	2038	690.4	469.7	190.7	279.0
2025	508.1	364.2	189.2	175.0	2039	705.5	460.0	215.7	244.3
2026	539.7	392.6	189.9	202.7	2040	741.0	516.4	255.0	261.4
2027	536.5	389.0	182.2	206.8	2041	747.2	533.3	225.8	307.5
2028	553.6	382.1	168.3	213.8	2042	756.8	530.3	205.5	324.8
2029	566.7	386.3	194.3	192.0	2043	783.7	527.7	206.8	320.9
2030	570.5	405.4	206.7	198.7	2044	798.1	506.4	230.0	276.4
2031	596.1	431.7	199.3	232.4	2045	786.9	530.3	237.3	292.9
2032	594.7	427.0	188.1	238.9	2046	796.8	588.3	243.4	344.9
2033	614.9	421.7	178.0	243.7	2047	790.6	570.4	217.2	353.2
2034	629.5	420.3	203.9	216.4	2048	779.9	577.5	226.6	350.9
2035	647.1	455.6	228.4	227.2	2049	798.3	560.0	246.7	313.3
2036	664.2	478.3	211.3	267.0					

表 2-32 表明，2023~2049 年粮食人均生产肉蛋奶鱼的饲料需求量介于 171.5~353.2 千克。依据生产动物性食品的耗粮量的一般表达式，结合表 2-32 中的饲料粮食需求量，预测 2049 年前主要年份的城乡居民肉蛋奶水鱼的需求量如表 2-33 所示。

表 2-33　2049 年前主要年份城乡居民肉蛋奶水产品人均需求量　单位：千克

年份	猪肉	牛羊肉	禽肉	蛋	奶及其制品	水产品
2030	30.0	6.0	27.0	27.0	35.0	30.0
2035	35.0	7.0	32.0	30.0	35.0	35.0
2040	38.0	10.0	35.0	40.0	40.0	40.0
2045	40.0	12.0	38.0	45.0	45.0	45.0
2049	42.0	12.0	40.0	45.0	50.0	46.0

第三节　食用植物油、食糖和蔬菜消费需求研究

一、植物油消费需求分析

（一）植物油消费需求总量分析

2019 年，植物油消费需求量为 3650.1 万吨，是 1961 年植物油消费需求量的 32.33 倍，1961~2019 年，仅在 1976 年、1983 年、1992 年、2014 年和 2016 年出现过小波动，整体上呈直线增长趋势。消费需求量从 100 万吨到 1000 万吨历时 33 年；到 2003 年超过 2000 万吨仅用了 9 年，到 2010 年突破 3000 万吨仅用了 7 年，3000 万吨后增速略有放缓。如表 2-34 所示。以年份（t）为自变量，以消费量（Y）为因变量，采用二次曲线模拟食用油消费需求量的变化过程，其曲线估计方程为：$Y = 1.5131(t-1960)^2 - 25.4288(t-1960) + 238.8813$，$R^2 = 0.9853$。变化过程如图 2-33 所示。

表 2-34　1961~2019 年我国的植物油消费需求量　　单位：万吨

年份	消费需求量	年份	消费需求量	年份	消费需求量	年份	消费需求量
1961	112.9	1976	223.1	1991	828.9	2006	2446.8
1962	116.1	1977	252.6	1992	805.0	2007	2617.9
1963	137.0	1978	291.2	1993	854.1	2008	2663.0
1964	153.2	1979	313.8	1994	1030.4	2009	2964.0
1965	166.0	1980	373.8	1995	1096.3	2010	3009.7
1966	176.6	1981	408.6	1996	1166.7	2011	3024.4
1967	181.5	1982	461.0	1997	1235.8	2012	3342.7
1968	184.2	1983	476.3	1998	1288.2	2013	3345.1
1969	187.0	1984	530.8	1999	1341.5	2014	3262.5
1970	201.9	1985	543.4	2000	1490.5	2015	3544.8
1971	204.4	1986	568.8	2001	1559.4	2016	3409.3
1972	205.3	1987	616.4	2002	1819.3	2017	3441.0
1973	219.1	1988	610.9	2003	2086.6	2018	3519.8
1974	222.1	1989	704.2	2004	2218.2	2019	3650.1
1975	234.7	1990	814.1	2005	2365.1		

资料来源：FAO. http//www. fao. org/docrep/003/X9892E/X9892e04. htm#Top of Page.

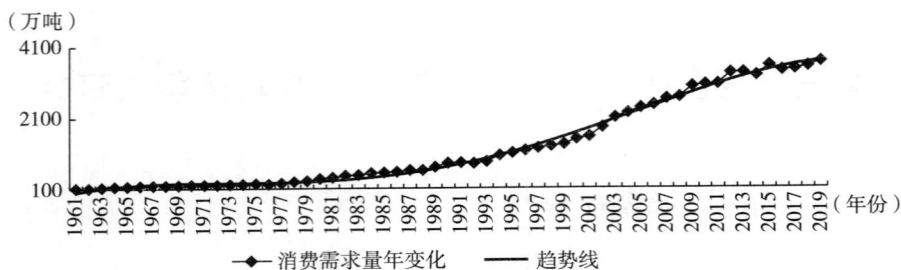

图 2-33　1961~2019 年我国食用植物油消费需求量与趋势

植物油消费需求领域主要涵盖食物消费、非食物用途、食品加工、各个环节中的耗损和旅游等方面。从构成来看，食物消费与非食物用途超过植物油消费需求总量的 99%，其他用途的占比较少；食用占植物油消费需求总量的比例在 2002 年及以前高于非食用消费需求量的比例，2003 年以来呈相反的变化趋势且差距在扩大，2019 年食用量占植物油消费需求总量的比例仅为 37.4%，而非食用用途的占植物油消费需求总量的比例高达 61.8%。

（二）植物油人均消费需求量模型与需求量预测

1. 植物油人均消费需求量模型与误差

将 1983~2020 年我国城乡居民的植物油人均消费需求量（观察值）数据①按照步长为 5 年的时间间隔分组，在 DPS 的灰色数列 GM（1，1）模型方法中进行数据模拟运算，得到 1988~2020 年植物油人均消费需求量（观测值）、拟合值、拟合误差值，结果如表 2-35 所示。

表 2-35　1988~2020 年我国植物油人均消费需求量（观测值）、
拟合值、拟合误差值及拟合误差百分数　　　　单位：千克，%

年份	植物油人均消费需求量（观察值）	拟合值	拟合误差值	拟合误差百分数
1988	5.29	5.2829	0.0071	0.1342
1989	5.17	5.1730	-0.0030	-0.0580
1990	5.49	5.4406	0.0494	0.8998
1991	6.02	6.0081	0.0119	0.1976
1992	6.11	6.0813	0.0287	0.4697

① 资料来源：《中国农业年鉴》（2021 年）。

年份	植物油人均消费需求量（观察值）	拟合值	拟合误差值	拟合误差百分数
1993	6.07	6.1178	−0.0478	−0.7874
1994	6.19	6.1484	0.0416	0.6721
1995	6.18	6.1997	−0.0197	−0.3188
1996	6.39	6.3692	0.0208	0.3255
1997	6.49	6.4881	0.0019	0.0293
1998	7.22	7.2750	−0.0550	−0.7618
1999	6.73	6.7409	−0.0109	−0.1620
2000	7.46	7.5188	−0.0588	−0.7882
2001	7.43	7.4784	−0.0484	−0.6514
2002	7.92	7.9851	−0.0651	−0.8220
2003	7.46	7.4189	0.0411	0.5509
2004	6.96	7.0109	−0.0509	−0.7313
2005	7.40	7.4194	−0.0194	−0.2622
2006	7.39	7.4250	−0.0350	−0.4736
2007	7.64	7.6667	−0.0267	−0.3495
2008	8.14	8.0767	0.0633	0.7776
2009	7.90	7.9338	−0.0338	−0.4278
2010	7.57	7.5286	0.0414	0.5469
2011	8.39	8.3622	0.0278	0.3313
2012	8.52	8.4819	0.0381	0.4472
2013	9.90	9.9000	0.0000	−0.0000
2014	9.80	9.7778	0.0222	0.2265
2015	10.00	9.9657	0.0343	0.3430
2016	10.00	9.9590	0.0410	0.4100
2017	9.80	9.7556	0.0444	0.4531
2018	8.90	8.9391	−0.0391	−0.4393
2019	8.90	8.8510	0.0490	0.5506
2020	10.40	10.4243	−0.0243	−0.2337

按照分组数据的运算结果，建立植物油人均消费需求量的灰色数列 GM（1，1）模型，如表 2-36 所示。模型评价值 C<0.35，P=1.0000，均为"很好"，拟合误差波动范围为-1%～1%，模型精度高、信度大，可以用来预测未来一定时期植物油的人均年消费需求量。

表 2-36　植物油居民人均消费需求量的灰色数列 GM（1，1）模型与评价

模型编号	模型	残差分析次数	拟合误差百分比范围	模型评价	预测年份
2-46	$X_{t+1}=0.210685e^{0.174446t}-0.129117$	第7次	-0.7876%～0.7777%	C=0.0237，很好 P=1.0000，很好	2023、2028、2033、2038、2043、2048
2-47	$X_{t+1}=-0.483559e^{-0.268717t}+0.550117$	第8次	-0.7311%～0.6725%	C=0.0212，很好 P=1.0000，很好	2024、2029、2034、2039、2044、2049
2-48	$X_{t+1}=0.4254247e^{0.105961t}-0.320585$	第11次	-0.7879%～0.9000%	C=0.0198，很好 P=1.0000，很好	2025、2030、2035、2040、2045
2-49	$X_{t+1}=-0.350198e^{-0.392902t}+0.407034$	第6次	-0.6516%～0.4098%	C=0.0208，很好 P=1.0000，很好	2026、2031、2036、2041、2046
2-50	$X_{t+1}=-0.443549e^{-0.352423t}+0.510260$	第5次	-0.8220%～0.4695%	C=0.0267，很好 P=1.0000，很好	2027、2032、2037、2042、2047

2. 植物油人均消费需求量预测与讨论

依据表 2-36 中的灰色数列 GM（1，1）模型，计算 2023～2049 年植物油居民人均消费需求量，如表 2-37 所示。

表 2-37　2023～2049 年我国植物油人均消费需求量　　　单位：千克

年份	2023	2024	2025	2026	2027	2028	2029	2030	2031
植物油	10.79	10.90	11.74	11.81	11.67	12.14	12.19	13.17	13.11
年份	2032	2033	2034	2035	2036	2037	2038	2039	2040
植物油	12.82	13.71	13.67	14.77	14.56	14.08	15.54	15.36	16.56
年份	2041	2042	2043	2044	2045	2046	2047	2048	2049
植物油	16.17	15.47	17.68	17.29	18.55	17.41	16.13	18.47	18.53

2023～2049 年，植物油人均消费需求量在波动中呈上升趋势。2023～2030 年，植物油人均消费需求量介于 10.79～13.17 千克。2031～2049 年，植物油人均消费需求量介于 12.82～18.55 千克。

二、食糖消费需求分析

（一）食糖消费需求量分析

2019 年食糖消费需求量为 1705.7 万吨，2019 年食糖消费需求量是 1961 年的 10.99 倍，2019 年较 1961 年的增长率为 999.03%。各年份食糖消费量增长率的差异较大，其中，1960～1969 年为 58.3%，1970～1979 年为 93.4%，1980～1989 年为 82.3%，1990～1999 年为 29.0%，2000～2010 年为 19.9%，2010～2019 年为 9.7%，消费需求量增长率降低是大趋势（见表 2-38）。以年份（t）为自变量，以消费需求量（Y）为因变量，采用二次曲线模拟其变化过程，其曲线估计方程为：$Y = -0.0103 (t-1960)^3 + 1.1626 (t-1960)^2 - 5.7301 (t-1960) + 230.5500$，$R^2 = 0.9432$。变化过程如图 2-34 所示。

表 2-38　1961～2019 年我国食糖消费需求量　　　　　单位：万吨

年份	消费需求量	年份	消费需求量	年份	消费需求量	年份	消费需求量
1961	155.2	1976	328.6	1991	1007.8	2006	1612.4
1962	146.5	1977	400.1	1992	911.1	2007	1534.1
1963	160.8	1978	419.0	1993	705.9	2008	1584.2
1964	189.4	1979	475.3	1994	785.4	2009	1554.6
1965	211.7	1980	539.4	1995	908.8	2010	1555.8
1966	226.8	1981	544.7	1996	1013.5	2011	1598.4
1967	205.4	1982	705.0	1997	1134.3	2012	1950.4
1968	235.6	1983	652.4	1998	1117.6	2013	2080.7
1969	245.7	1984	716.1	1999	894.7	2014	1773.2
1970	244.6	1985	805.1	2000	831.0	2015	1748.1
1971	243.6	1986	771.9	2001	1163.6	2016	1528.7
1972	272.9	1987	856.4	2002	1331.9	2017	1780.4
1973	308.9	1988	975.6	2003	1140.8	2018	1620.0
1974	301.6	1989	866.6	2004	1185.9	2019	1705.7
1975	310.9	1990	884.2	2005	1311.5		

资料来源：FAO，http//www.fao.org/docrep/003/X9892E/X9892e04.htm#Top of Page.

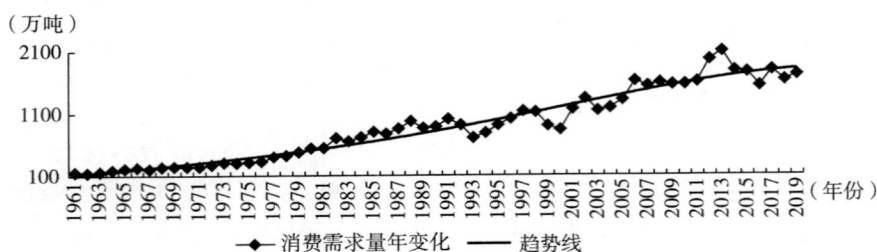

图 2-34　1961～2019 年我国食糖消费需求量与趋势

食糖消费需求领域主要涵盖食用、食品加工，其他用途和浪费很少。1961～1999 年，98%以上为食用糖；食品加工用糖消费量为 0.037%～1.598%。从 2001 年开始，食用糖消费量降到了 80%以下（只有 2003 年为 80.03%），最低为 60.67%；食品加工用糖量占食糖消费量的比例增加，变动范围为 19.83%～39.88%。

（二）食糖人均消费需求量模型与需求量预测

1. 食糖人均消费需求量模型与误差

将 1983～2020 年的我国城乡居民的食糖人均消费需求量（观察值）[①] 按照步长为 5 年的时间间隔分组，在 DPS 的灰色数列 GM（1，1）模型方法中进行数据模拟运算，得到 1988～2020 年食糖人均消费需求量（观测值）、拟合值、拟合误差值、拟合误差百分数，结果如表 2-39 所示。

表 2-39　1988～2020 年食糖人均消费需求量（观测值）、

拟合值、拟合误差值及拟合误差百分数　　　　单位：千克，%

年份	人均消费需求量（观察值）	拟合值	拟合误差值	拟合误差百分数
1988	1.61	1.6142	-0.0042	-0.2609
1989	1.65	1.6566	-0.0066	-0.4000
1990	1.67	1.6709	-0.0009	-0.0539
1991	1.65	1.6557	-0.0057	-0.3455
1992	1.58	1.5876	-0.0076	-0.4810
1993	1.53	1.5232	0.0068	0.4444

①　资料来源：1988～1989 年根据国家统计局统计信息网公布的相邻年份数据整理，1990～2020 年数据根据《中国统计年鉴》（1991～2021 年）整理。

年份	人均消费需求量（观察值）	拟合值	拟合误差值	拟合误差百分数
1994	1.50	1.4967	0.0033	0.2200
1995	1.28	1.2724	0.0076	0.5938
1996	1.47	1.4603	0.0097	0.6599
1997	1.44	1.4386	0.0014	0.0972
1998	1.44	1.4332	0.0068	0.4722
1999	1.46	1.4496	0.0104	0.7123
2000	1.28	1.2799	0.0001	0.0078
2001	1.52	1.5142	0.0058	0.3816
2002	1.64	1.6292	0.0108	0.6585
2003	1.24	1.2448	−0.0048	−0.3871
2004	1.18	1.1766	0.0034	0.2881
2005	1.13	1.1403	−0.0103	−0.9115
2006	1.09	1.0989	−0.0089	−0.8165
2007	1.08	1.0759	0.0041	0.3796
2008	1.11	1.1209	−0.0109	−0.9820
2009	1.08	1.0880	−0.0080	−0.7407
2010	1.06	1.0677	−0.0077	−0.7264
2011	1.07	1.0792	−0.0092	−0.8598
2012	1.14	1.1483	−0.0083	−0.7281
2013	1.25	1.2524	−0.0024	−0.1920
2014	1.30	1.3077	−0.0077	−0.5923
2015	1.30	1.2955	0.0045	0.3462
2016	1.30	1.2918	0.0082	0.6308
2017	1.30	1.3005	−0.0005	−0.0385
2018	1.30	1.2909	0.0091	0.7000
2019	1.30	1.2953	0.0047	0.3615
2020	1.30	1.2906	0.0094	0.7231

按照分组数据的运算结果，建立食糖的人均消费需求量灰色数列 GM（1，1）模型，如表 2-40 所示。食糖的人均消费需求量灰色数列 GM（1，1）模型的评价值 C<0.35，P＝1.0000，均为"很好"，拟合误差百分比范围为−1%～1%，模型精度高、信度大，可以用来预测未来一定时期食糖的人均消费需求量。

表 2-40 食糖的人均消费需求量灰色数列 GM（1，1）模型与评价

模型编号	模型	残差分析次数	拟合误差百分比范围	模型评价	拟预测年份
2-51	$X_{t+1}=-0.151378e^{-0.126870t}+0.165421$	第 14 次	-0.9782% ~ 0.6997%	C=0.0403，很好 P=1.0000，很好	2023、2028、2033、2038、2043、2048
2-52	$X_{t+1}=-0.125301e^{-0.115916t}+0.135866$	第 15 次	-0.7414% ~ 0.7127%	C=0.0861，很好 P=1.0000，很好	2024、2029、2034、2039、2044、2049
2-53	$X_{t+1}=-0.098258e^{-0.268331t}+0.111583$	第 14 次	-0.9149% ~ 0.7259%	C=0.0317，很好 P=1.0000，很好	2025、2030、2035、2040、2045
2-54	$X_{t+1}=-0.112303e^{-0.201404t}+0.126660$	第 8 次	-0.8554% ~ 0.6568%	C=0.0370，很好 P=1.0000，很好	2026、2031、2036、2041、2046
2-55	$X_{t+1}=-3.537234e^{-0.002358t}+3.545148$	第 9 次	-0.7238% ~ 0.6610%	C=0.0326，很好 P=1.0000，很好	2027、2032、2037、2042、2047

2. 食糖人均消费需求量预测

依据表 2-40 中的灰色数列 GM（1，1）模型计算 2023~2049 年食糖人均消费需求量，结果如表 2-41 所示。

表 2-41 2023~2049 年我国食糖的人均消费需求量 单位：千克

年份	2023	2024	2025	2026	2027	2028	2029	2030	2031
食糖	1.01	0.96	0.85	0.92	1.05	1.00	0.94	0.82	0.87
年份	2032	2033	2034	2035	2036	2037	2038	2039	2040
食糖	1.02	1.00	0.94	0.81	0.84	1.00	1.02	0.96	0.81
年份	2041	2042	2043	2044	2045	2046	2047	2048	2049
食糖	0.82	1.00	1.06	1.00	0.83	0.80	1.00	1.01	0.97

2023~2049 年食糖的人均消费需求量围绕 1 千克波动。较历史时期的消费需求量有所下降。其中，2023~2030 年，食糖的人均消费需求量为 0.82~1.05 千克；2031~2049 年为 0.80~1.06 千克。

三、蔬菜消费需求分析

（一）蔬菜消费需求量变化

2019 年的蔬菜消费需求量为 65141.8 万吨。2019 年蔬菜消费需求量为 1961 年蔬菜消费需求量的 11.04 倍，2019 年较 1961 年的增长率为 1003.8%。如表 2-42 所示。蔬菜消费需求量变化过程具有年代差异性，1961~1969 年为消费需求的下降期，1970 年以来为在波动中的连续上升期。以年份（t）为自变量，以蔬菜消费需求量（Y）为因变量，采用二次曲线模拟变化过程，其曲线估计方程为：$Y = -0.0303(t-1960)^4 + 3.1763(t-1960)^3 - 73.1840(t-1960)^2 + 487.3800(t-1960) + 4459.2243$，$R^2 = 0.9958$。1961~2019 年蔬菜消费需求量与趋势如图 2-35 所示。

表 2-42　1961~2019 年我国蔬菜消费需求量变化　　　　单位：万吨

年份	消费需求量	年份	消费需求量	年份	消费需求量	年份	消费需求量
1961	5901.4	1976	4903.0	1991	13362.5	2006	45390.1
1962	5518.7	1977	5151.6	1992	14997.6	2007	47738.7
1963	4900.7	1978	5696.0	1993	17534.5	2008	50241.7
1964	4402.2	1979	5753.7	1994	19206.1	2009	51341.2
1965	4666.6	1980	5585.8	1995	20700.5	2010	53477.1
1966	4599.5	1981	6408.6	1996	23112.4	2011	55226.8
1967	4682.2	1982	6891.4	1997	24801.5	2012	55974.9
1968	4935.6	1983	7781.6	1998	25734.0	2013	57208.3
1969	5100.7	1984	8793.2	1999	28667.4	2014	56947.5
1970	4167.1	1985	9538.7	2000	35699.3	2015	59873.4
1971	4638.1	1986	11170.5	2001	37969.2	2016	60944.6
1972	4255.8	1987	11725.7	2002	40851.7	2017	62485.5
1973	4748.4	1988	12561.7	2003	41384.5	2018	63809.7
1974	4765.5	1989	12719.1	2004	42125.3	2019	65141.8
1975	4932.7	1990	13052.4	2005	43621.9		

资料来源：FAO. http//www. fao. org/docrep/003/X9892E/X9892e04. htm#Top of Page.

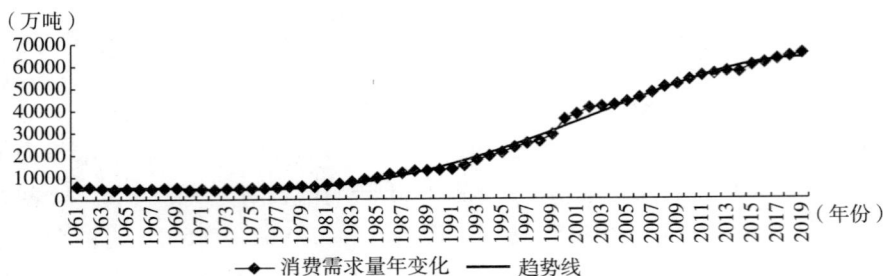

图 2-35　1961~2019 年我国蔬菜消费需求量与趋势

蔬菜消费需求领域主要涵盖食物消费、饲料及耗损，其他领域的需求量很少。研究期内，蔬菜食用消费需求量占蔬菜消费量的比例为 84%~91%，其中，在 1961~1999 年的食用消费量占比为 90%~91%、饲料及耗损量占比为 9%~10%；2000 年以来，蔬菜食用消费量占比为 84%~88%，并在多数年份为 85%~86%，饲料及耗损量占比为 12%~16%。

（二）蔬菜人均消费需求量模型与需求量

1. 蔬菜人均消费需求量模型与误差

将 1983~2020 年的我国城乡居民的蔬菜人均消费需求量（观察值）数据[①]，按照步长为 5 年的时间间隔分组，在 DPS 的灰色数列 GM（1，1）模型方法中进行数据模拟运算，得到 1988~2020 年蔬菜人均年消费需求量（观测值）、拟合值、拟合误差值、拟合误差百分比，结果如表 2-43 所示。

表 2-43　1988~2020 年我国蔬菜人均消费需求量（观测值）、

拟合值、拟合误差值及拟合误差百分比　　单位：千克，%

年份	蔬菜人均消费需求量（观察值）	拟合值	拟合误差值	拟合误差百分比
1988	134. 39	134. 9832	−0. 5932	−0. 4414
1989	136. 04	136. 2915	−0. 2515	−0. 1849
1990	135. 24	134. 6559	0. 5841	0. 4319
1991	128. 40	128. 5435	−0. 1435	−0. 1118
1992	127. 95	128. 0015	−0. 0515	−0. 0403
1993	111. 13	110. 9053	0. 2247	0. 2022

---

① 资料来源：1988~1989 年根据国家统计局统计信息网公布的相邻年份数据整理，1990~2020 年根据《中国统计年鉴》（1991~2021 年）整理。

年份	蔬菜人均消费需求量（观察值）	拟合值	拟合误差值	拟合误差百分比
1994	111.53	110.9263	0.6037	0.5413
1995	108.06	108.3342	-0.2742	-0.2537
1996	109.99	109.5363	0.4537	0.4125
1997	109.17	108.7773	0.3927	0.3597
1998	109.08	108.1572	0.9228	0.8460
1999	110.99	110.5579	0.4321	0.3893
2000	109.64	110.3579	-0.7179	-0.6548
2001	111.77	111.7632	0.0068	0.0061
2002	112.88	112.9557	-0.0757	-0.0671
2003	111.83	111.4431	0.3869	0.3460
2004	113.17	113.7761	-0.6061	-0.5356
2005	109.29	109.6251	-0.3351	-0.3066
2006	108.01	108.3120	-0.3020	-0.2796
2007	107.62	107.9137	-0.2937	-0.2729
2008	110.73	111.3617	-0.6317	-0.5705
2009	109.08	109.9831	-0.9031	-0.8279
2010	104.68	103.9554	0.7246	0.6922
2011	102.28	102.9696	-0.6896	-0.6742
2012	99.23	99.9855	-0.7556	-0.7615
2013	97.50	98.1905	-0.6905	-0.7082
2014	96.90	96.9324	-0.0324	-0.0334
2015	97.80	97.3767	0.4233	0.4328
2016	100.10	99.3080	0.7920	0.7912
2017	99.20	98.3809	0.8191	0.8257
2018	96.10	95.7583	0.3417	0.3556
2019	98.60	97.7716	0.8284	0.8402
2020	103.70	104.0787	-0.3787	-0.3652

　　按照分组数据的运算结果，建立蔬菜人均消费需求量的灰色数列 GM（1，1）模型（见表 2-44）。蔬菜的居民人均消费需求量的灰色数列 GM（1，1）模型的评价值 C<0.35，P＝1.0000，均为"很好"，拟合误差百分比范围为-1%~1%，模型的精度高、信度大，可以用来预测未来一定时期蔬菜的人均消费需求量。

表 2-44　蔬菜人均消费量灰色数列 GM（1，1）模型与评价

模型编号	模型	残差分析次数	拟合误差百分比范围	模型评价	预测年份
2-56	$X_{t+1} = -11.959952e^{-0.100062t} + 12.862097$	第 11 次	-0.7082%~0.8460%	C=0.0233，很好 P=1.0000，很好	2023、2028、2033、2038、2043、2048
2-57	$X_{t+1} = -11.844842e^{-0.148799t} + 13.071909$	第 10 次	-0.8279%~0.8402%	C=0.0393，很好 P=1.0000，很好	2024、2029、2034、2039、2044、2049
2-58	$X_{t+1} = 4.098276e^{0.127331t} - 2.662110$	第 7 次	-0.6548%~0.6922%	C=0.0395，很好 P=1.0000，很好	2025、2030、2035、2040、2045
2-59	$X_{t+1} = -9.307987e^{-0.339019t} + 10.221341$	第 3 次	-0.6742%~0.7912%	C=0.0380，很好 P=1.0000，很好	2026、2031、2036、2041、2046
2-60	$X_{t+1} = -10.810245e^{-0.119732t} + 11.814352$	第 4 次	-0.7615%~0.8257%	C=0.0406，很好 P=1.0000，很好	2027、2032、2037、2042、2047

2. 蔬菜人均消费需求量预测

依据表 2-44 的灰色数列 GM（1，1）模型计算 2023~2049 年蔬菜的居民人均消费需求量，结果如表 2-45 所示。

表 2-45　2023~2049 年蔬菜的居民人均消费需求量　　单位：千克

年份	2023	2024	2025	2026	2027	2028	2029	2030	2031
蔬菜	78.44	79.30	83.05	88.06	82.76	74.17	75.00	79.21	84.39

年份	2032	2033	2034	2035	2036	2037	2038	2039	2040
蔬菜	78.42	70.64	71.37	75.78	80.95	74.33	70.84	78.40	72.72

年份	2041	2042	2043	2044	2045	2046	2047	2048	2049
蔬菜	77.74	75.46	75.77	75.07	70.01	73.32	75.11	73.56	75.06

2023~2049 年较历史时期的人均消费需求量适当有所下降。其中，2023~2030 年，新鲜蔬菜的人均消费需求量为 74.17~88.06 千克。2031~2049 年为 70.01~84.39 千克。保供给须按照最高值的原则，新鲜蔬菜的人均消费需求量，2030 年前确定为 88 千克，2049 年前确定为 85 千克。

第四节　本章小结

　　学术界将居民食物消费需求量与结构研究分为温饱型、小康型和质量型三个发展阶段。温饱型居民食物消费需求量研究起源于 20 世纪 80 年代中期，研究者对人均粮食消费需求量 400 千克的认识比较一致。在温饱型目标提出后不久，有学者就提出了小康型食物消费需求目标，并对小康型居民人均粮食或食物消费需求的认识有了差异，多数学者着眼于粮食消费需求进行分析，也有学者着眼于食物结构进行分析，但都认为人均粮食消费需求量都高于 400 千克。质量型人均消费需求量与结构目标在 20 世纪 90 年代中期进入了研究视野，其主要特点是更加注重居民食物消费需求结构，不只是关注粮食消费需求，研究结论尽管可能存在较大的差异，但消费需求量看涨是总体趋势。将我国大陆居民人均日消费的热量与我国台湾地区，与饮食文化、消费习惯相近的韩国和日本相比，已经接近韩国、高于日本及我国台湾地区。人均日消费动物性食品的热量及其占人均日消费食品总热量的比例呈"双增长"趋势；植物性食品的热量和占比"一升一降"。整体上，以动物性食品为辅、以植物性食品为主的基本食物结构特征并没有改变。最后勾画了居民食物消费需求研究路线图。

　　围绕三大类粮食 1961~2019 年消费需求总量的变化过程与特点、人均量变化过程与特点、未来需求量进行研究。粮食消费需求总量的变化过程与特点。①2019 年的谷物消费需求量为 1961 年的 6.5 倍，整体增长快但增长速度具有"年代"差异；谷物食用绝对量增长相对较慢，在总消费中的占比在 2010 年下降到 50%以下并渐趋稳定；谷物饲料需求量的绝对量增长较快且在总消费中的占比增长势头较好，其占比上升到 40.0%以上属于大概率事件；谷物其他需求的绝对量适度增长且在总消费中的占比稳定但内部结构有变化。②豆类需求量大、增长速度快，2015 年消费需求量跨上亿吨级台阶，2019 年为 1961 年的 7.1 倍多，过程增长先慢后快；食用豆类消费量和占消费需求量的比例"双下降"，2019 年占比仅为 7.0%，饲料大豆在波动中"双增加"，2019 年的占比接近食用大豆；加工大豆需求数量和占消费需求量的比例"双增长"，2019 年占比高达 84%；其他用途的豆类消费量和占比"双下降"，占比已经很低。③块根类消费需求量在研究期内接近翻番，各年代的消费需求增量差异大；食用块根类的消费量略有增长，占消费需求量的比例 2019 年下降为 56.7%；饲料块根类的消费量和占消费需求量的比例总体上在波动中"双增长"，占比 2019 年上升为 26.2%；加工和其他用途的占比不到20%。

粮食人均消费需求量变化过程与特点如下：

（1）历史与现状。①1961～2019年，谷物人均消费需求量在小波动中增长，2019年人均446千克，较1970年翻番有余；食用谷物人均消费需求量在较大波动中增长并趋稳，但谷物食用消费量的占比2019年已下降为46.9%并逐渐稳定；谷物人均生产肉蛋奶鱼的饲料消费量及占比均呈现"双增长"，2019年的占比为36.9%。②1961～2019年豆类人均消费需求量在小波动中上升，2019年人均消费需求量为75.1千克，较1970年人均消费需求量翻两番有余；豆类人均食用消费量在波动中减少，占人均消费需求量的比例在2019年已经下降到7.0%，由主角地位演变为次要地位；豆类人均生产肉蛋奶鱼的饲料消费需求量少，占人均消费需求量的比例低，均在波动中呈增长变化；加工用豆类人均消费需求量和占比在波动中快速增加，2019年人均消费需求量为63.3千克、占比为84.2%，加工成为豆类需求的主体。③1961～2019年块根类人均消费需求量减少，2019年人均块根类消费需求量下降到24.6千克；块根类人均食用消费量和占比"双减少"，2019年人均食用消费量下降为14.0千克，比例为56.9%，食用消费的主体地位下降但仍然居于主要地位；消费饲料用途的块根类人均消费量少且呈减少变化，2019年人均饲料用消费量仅6.4千克，占比为26.2%。

（2）2023～2049年的需求量预测。①谷物的人均消费需求量、人均食用需求量、人均生产肉蛋奶鱼的饲料需求量的波动范围分别为396.2～517.0千克、145.8～243.9千克、154.3～307.6千克，"食用需求"谷物和"肉蛋奶鱼生产消耗谷物"的总和为312.9～525.0千克。食用需求占谷物总需求人均消费量的比例介于36.5%～48.7%，"肉蛋奶鱼生产消耗谷物"人均量占谷物总需求人均量的比重介于38.7%～58.0%；"食用需求"和"肉蛋奶鱼生产消耗谷物"的总和占谷物总需求人均量的比例为79.0%～97.9%，上述比例变化范围同2010～2019年的变化趋势基本一致。②豆类人均消费需求人均量的波动范围为81.4～252.7千克，豆类"食用需求"人均量的波动范围为1.4～4.2千克，"肉蛋奶鱼生产消耗的豆类"人均量的波动范围为6.9～43.8千克；与人们饭碗有关的食用需求豆类和肉蛋奶鱼生产消耗豆类的总和占豆类总需求人均量的比例为10.2%～20.4%，与2010～2019年的变化范围基本一致。③块根类人均消费需求量的波动范围介于24.2～38.1千克，块根类"食用需求"人均量的波动范围为7.2～12.3千克，"肉蛋奶鱼生产消耗的块根"人均量的波动范围为8.4～21.0千克；与人们饭碗有关的"食用需求"块根类和"肉蛋奶鱼生产消耗块根类"的总和占块根类总需求人均量的比例在波动中变化，波幅为64.5%～87.4%，总体与2010～

2019 年前的结构一致。

消费需求量变化过程与特点如下：

（1）历史与现状。①植物油消费需求量 2019 年为 3650 万吨，是 1961 年的 32.33 倍，2010 年突破 3000 万吨后增速略有放缓；食用消费需求量占比 2019 年已经下降到 37.4%。②食糖消费需求量 2019 年为 1705.7 万吨，是 1961 年的 10.99 倍，2019 年较 1961 年的增长率为 999.03%；2001 年以来，食用糖的比例下降到 80% 以下（只有 2003 年为 80.03%），最低为 60.67%，加工用的比例在上升。③蔬菜消费需求量大，2019 年消费需求量超过了 65000 万吨，是 1961 年的 11.03 倍；食用占比为 84%~91%。

（2）2023~2049 年的消费需求量。①植物油在 2023~2030 年的人均消费需求量为 10.79~13.17 千克，2031~2049 年的人均消费需求量为 12.82~18.55 千克。②食糖在 2023~2030 年的人均消费需求量为 0.82~1.05 千克，2031~2049 年介于 0.81~1.06 千克。③新鲜蔬菜在 2023~2030 年的人均消费需求量为 74.17~88.06 千克，2031~2049 年为 65.77~84.39 千克，保供给须按照最高值的原则，人均消费需求量 2030 年前确定为 88.0 千克，2049 年前确定为 85.0 千克。

第三章　食物生产能力研究

第一节　食物生产能力研究现状

食物生产能力研究集中在耕地粮食生产方面，对粮食以外食物的研究少。

一、耕地粮食（综合）生产能力的内涵

尽管不同学者在描述耕地粮食（综合）生产能力时有一定的差异，但对耕地粮食（综合）生产能力的内涵认识基本一致，都强调一定时期的一定地区在一定的技术条件下，通过生产要素综合投入所形成的耕地粮食生产可以稳定地达到一定产量的土地生产能力，是由耕地、资本、劳动力、科学技术等要素的投入所形成的耕地保护能力、生产技术水平、政策保障能力、科技服务能力和抵御自然灾害能力的总和。突出表现为四个特点：一是表明耕地粮食生产能力受时间、空间和社会环境因素的影响，存在时空差异性；二是强调农业生产诸要素的投入水平决定耕地粮食生产能力；三是粮食生产能力可以通过产量水平得以体现，粮食产量可作为反映耕地粮食（综合）生产能力大小的指标（李道亮和傅泽田，2001；陈百明和周小萍，2004；关文荣和李维哲，2006；张晋科，2007；黄汉权和蓝海涛，2007；李翠珍，2009；黄臻等，2011）；四是突出"产能重于产量"理念和构建"产能大于产量"机制（庞增安，2004），突出表现为需要时"产得出""用得上"。

耕地粮食（综合）生产能力建设一直受到党和国家及各级政府的关心和重视。中华人民共和国成立初期，针对广大人民要吃饱肚子这一问题，毛泽东同志曾严肃地指出，不能多打粮食是没有出路的，于国于民都不利；1957年，毛泽东同志进一步强调，全党一定要重视农业，农业关系国计民生极大，不抓粮食很危险，不抓粮食总有一天要天下大乱。邓小平（1993）指出："农业要有全面规划，首先要增产粮食，2000年要生产多少粮食，人均粮食到多少斤才算基本过

关，这要好好计算；2000 年总要做到粮食基本过关，这是重要的战略部署。"
1996 年江泽民针对"谁来养活中国"问题警示我们，我国这么多人口的吃饭问
题只能靠自己来解决，在这个问题上不能有不切实际的幻想。胡锦涛提出，各级
党委和政府要切实保护和提高粮食综合生产能力（蔡鹭茵，2004）。习近平总书记
强调"把饭碗牢牢端在自己手上"，2016 年 4 月 25 日，在农村改革座谈会上强
调了"四个不能"，其中的"两个不能"是"不管怎么改，……不能把耕地改少
了，不能把粮食生产能力改弱了……"。

二、耕地粮食（综合）生产能力定量研究方法及应用研究

20 世纪 60 年代以来，国外研究方法主要有机制法、产量调查法和试验法。
机制法的主要特征是依据作物产量形成机制，从作物因子、环境因子和管理因子
等方面考虑，当这些因子最佳时就认为作物产量达到最高限，然后通过分析不同
因子对产量上限的影响，逐步修正估算粮食生产能力（Black and Watson，1960；
Bonner，1962；Lucas，1994）；产量调查法是通过对农业生产机构和个人的广泛
调查来筛选高产稳产地块，研究耕地高产稳产条件，据此估算耕地粮食生产能力
的方法，这种方法将作物的生长过程作为"黑箱"处理，所获得的粮食作物生
产能力更具现实性（林毅夫，1996）；试验法依据农作物生长需求，通过创造作
物最佳生长环境来获得作物最高产量的田间方法。机制法和产量调查法应用较多
（张晋科，2007；李相玺等，2001；李团胜等，2012），其中对于不同的研究区而
言，机制法因参数不同导致测算结果与真实生产能力有一定的偏差（李团胜等，
2012），在全国尺度上耕地粮食生产能力测算采用产量调查法结合农作物区域试
验法最好（郑亚楠等，2019）。

国内耕地粮食生产能力估算模型分为机理性模型、统计模型和综合模型三大
类（段增强等，2012）。竺可桢（1964）率先阐述了气候对耕地粮食生产能力的
影响；黄秉维（1993）提出了光合生产潜力为代表的机理性模型，认为由光合效
率决定的单位面积产量是作物产量的理论上限；赵名茶（1985）、李忠辉等
（2010）对前面的理论与方法进行不断地修正，建立了光温生产力、气候生产力
及光温水土生产力模型。时序回归方法为重要的统计模型方法，依托某一时段内
的粮食产量的连续变化过程数据，通过建立回归模型研究耕地粮食（综合）生
产能力，如陈印军等（2016）应用时间序列模型，从高产示范区单产水平、品种
区试单产水平和趋势单产等多视角分析了 2020 年全国粮食增产潜力。综合模型
的种类多，如陈百明（2002）通过订正农业生态区划（AEZ）模型计算了我国
2010 年、2030 年和 2050 年的粮食生产能力，刘洛等（2014）基于全球农业生态

区划（GAEZ）模型结合中国气候、地形和土壤等因素估算了 2010 年全国耕地粮食生产潜力；柏林川等（2013），葛自强、孙政国（2011），刘学文、钟秋波（2010），周霖等（2017）分别采用 GIS 分析等方法对河南、山东、江苏、四川和重庆等省份的粮食增产潜力进行了研究；吕丽华等（2019）通过周年试验评估了华北地区冬小麦晚播和夏玉米晚收的增产潜力；陈丽等（2015）以土地利用现状数据为基础，通过空间均衡增产途径分析评估了黄淮海平原的粮食增产潜力；何文斯等（2016）、张锦宗等（2017）从复种指数的视角评估了挖掘耕地的复种潜力可带来的全国粮食增量；唐轲等（2017）基于农户微观调研数据，运用面板数据固定效应模型，着眼在全国层面和省级层面分析农户稻谷、小麦和玉米的耕地经营规模对各粮食单产和亩均生产成本的影响。

三、耕地粮食总生产能力和单产能力研究

曾玉平、毛寒松（1997）利用 1976~1995 年的粮食产量数据，通过时序回归认为 2000 年我国的粮食生产能力为 5.215 亿吨，然后从发展速度、控制耕地减少和提升复种指数等角度保证播种面积、提升科技含量和改造中低产田等角度挖掘单产提升潜力等方面研究了实现粮食生产能力的可行性。陈百明（2001）认为，国家科技攻关课题"我国农业资源综合生产能力与人口承载能力研究"第一次定量估算了"九五"时期全国耕地粮食生产能力。卢布等（2009）利用"农业综合预测法"分析预测 2020 年我国粮食总产可达到 5.58 亿~6.00 亿吨。陈印军等（2012）认为，2020 年我国粮食总产量能够达到 5.7 亿~6.5 亿吨。李国祥（2014）从中国粮食安全保障政策及其资源条件分析后认为，在做好防范政策执行不到位等风险的前提条件下，2020 年我国的粮食生产能力为 7 亿吨。王立祥（2015）认为，按照我国 1949~2014 年的粮食总量增长、单产提高以及多熟种植发展轨迹及趋势，2030 年我国粮食生产能力将登上 7 亿吨级的新高度。戚世钧、牛彦绍（2000）通过构建分析模型，预测 2030 年我国粮食生产总量为 6.23 亿吨；高婵等（2020）以 2012~2016 年最新粮食作物审定品种的区域试验产量为基础，构建了测度模型评估我国大陆的耕地粮食生产能力后认为，耕地粮食总生产能力为 8.46 亿吨，耕地生产能力开发率仅为 63%，提升粮食实际产能的空间很大。

在粮食单产研究方面，张琳等（2005）基于我国高中低产田的利用现状评估了改造不同类型中低产田可挖掘的粮食单产增量，梅方权（2009）预测到 2020 年全国粮食单产将达到 5400~5625 千克/公顷，卢布等（2005）的预测结果为 5760~6210 千克/公顷，魏方、纪飞峰（2010）的预测结果为 4748~5344 千克/公顷；刘景辉等（2010）预测 2030 年全国粮食单产可达到 5818

千克/公顷。郑亚楠等（2019）研究表明，2004 年和 2016 年全国平均耕地粮食单产能力分别为 11349.21 千克/公顷、13468.37 千克/公顷，实际单产分别为 5581.5 千克/公顷和 7044.9 千克/公顷，粮食产量增长潜力大。陈源源、孙艺（2022）基于已得到广泛应用的 GAEZ 模型，对全国及各省份主要粮食作物（稻谷、小麦、玉米和大豆）及总体粮食的增产潜力进行了系统评估，稻谷、小麦、玉米和大豆的潜在单产分别为 10.69 吨/公顷、7.66 吨/公顷、11.95 吨/公顷和 4.71 吨/公顷；其增产潜力分别为 51.3%、36.05%、89.16% 和 153.75%，粮食的总体生产潜力为 11.06 亿吨，增产潜力为 66.56%。沈方等（2018）运用因素分解方法引入粮食增产贡献因素分析过程，定量测算播种面积变动（播种面积效应）、作物自身单产变动（作物生产力效应）和粮食种植结构变动（作物结构效应）对主产区粮食生产变动的贡献及其空间差异，找出主产区及各主产省（区）粮食生产变动的主导因素，认为播种面积扩大、作物生产力提高和粮食种植结构调整的贡献率分别为 53.92%、32.78% 和 13.30%，粮食增产的首要因素是扩大粮食作物播种面积；小麦、玉米和稻谷自身单产的提高对研究期作物生产力效应提高发挥主导作用；玉米和稻谷种植比例的调增是作物结构效应提高的主体。

四、耕地粮食（综合）生产能力影响因素研究

（一）注重影响粮食生产能力的多因素研究

粮食（综合）生产能力是多因素作用的结果，提升粮食（综合）生产能力可以从多方面着手。例如，季华初（1995）认为，2000 年的粮食生产能力要在 1995 年的基础上增加 5000 万吨，其路径包括开发宜农荒地增加耕地面积；改革耕作制度，发展间作套种提高复种指数，开发南方冬季农业扩大粮食作物面积；坡地改梯田、平整土地、改良土壤、完善排灌系统和培肥地力等措施改造中低产田，可使中低产田粮食作物的平均亩产提高 100 千克左右；推广高产优良品种、模式化栽培、地膜覆盖、配方施肥、旱作农业及节水农业、病虫害防治技术措施提高粮食产量。王渝陵（1999）认为，在粮食综合生产能力的形成过程中，劳动力要素、土地要素、农田水利设施、化肥施用、农业机械和农村电力等是影响粮食综合生产能力的主要因素。樊闽、程峰（2006）发现，粮食播种面积的变化是影响粮食生产能力变化的最直接因素，但耕地面积减少导致粮食的减少是刚性的；要稳定和提高粮食生产能力可通过稳定粮食播种面积、加大土地开发整理力度进一步提升粮食单产水平、加大粮食生产的政策保障等措施来实现。贾贵浩（2011）认为，粮食主产区生产能力问题，与地方政府受利益驱动对农业重视不够、国家支农资金总量不足且使用分散，主粮区财力有限对农业投入偏低、销区承担的扶农、护粮义务与经济总量不相称等有关。郝瑞彬（2016）认为，我国粮食单位面积生产能力快速提高受到各种作物单位面积生产能力整体提升和高产作物替代低产作物（结构效应）的共同驱动，有效灌溉面积和化肥施用量等物质、能量投入水平是影响粮食单位面积生产能力变化的决定性因素，受灾强度降低和抗灾能力提升对粮食单位面积生产能力的影响不容忽视，财政支农力度、种粮收益和预期种粮收益对单位面积生产能力变化的影响相对较小。杨卫明、李炳军（2018）利用 GM（1，1）模型研究了我国粮食生产影响因素认为，粮食产量普遍受粮食作物播种面积、单位面积产量、农业机械化水平、农业农村劳动力和农业总生产能力的影响最大，地区的差异性带来影响因素的差异性和相近地理区域的相似性。

（二）注重影响粮食生产能力的主因素研究

粮食（综合）生产能力是主因素作用的结果，抓好主因素利于提升粮食生产能力。第一类是生产要素方面的主因素，例如，石淑芹、陈佑启等（2008）评估了耕地面积与质量变化造成的耕地粮食生产能力降低，认为控制耕地面积减少和耕地质量退化利于提升粮食生产能力。刘兴土、闫百兴（2009）通过评估水土流失研究来估算耕地粮食生产能力的损失，认为治理水土流失利于提升粮食生产能力。王祖力、肖海峰（2008）认为，施用化肥对我国粮食产量有显著的正向影响。在我国耕地基础地力偏低的情况下，化肥施用对粮食增产的贡献在 40% 以上（农业部，2015）；化肥为粮食的"粮食"，属"增产型"技术，在促进粮食和农业生产发展中具有不可替代的作用（朱满德等，2017）；不施用化肥和施用化肥的作物单位面积生产量相差 55%~65%（张福锁，2017）。郭珍（2020）运用弹性脱钩指数研究不同时期稻谷、小麦和玉米这三种主要粮食作物化肥施用强度与单产增长的相互演进态势，稻谷化肥施用强度与单产增长之间的脱钩状态趋于好转，在化肥零增长行动后玉米化肥施用强度与单产增长实现强脱钩但脱钩状态不稳定；而小麦化肥施用强度与单产增长之间的脱钩状态最不理想。第二类是人文或管理要素方面的主因素，例如，雷玉桃、王雅鹏（2001）基于 2000 年粮食减产 0.125 亿吨的客观现实，认为稳定提高对我国粮食生产能力紧迫性的认识，对提升我国粮食生产能力及稳定产量很重要。张凤荣、王俊先（2004）认为，增加了优化粮食生产区域布局、继续实施良种补贴项目等措施对提升粮食总体生产能力很关键。唐轲等（2017）认为，农户耕地经营规模对粮食单产具有显著的负向影响，但耕地经营规模对粮食单产的这种负向影响力度随着时间的推移持续减弱；农户耕地经营规模对粮食单产和亩均生产成本的显著负向影响在地形以山地和丘陵为主，且机械化耕作程度相对滞后的湖北省和四川省等地区表现最突出。第三类是政策和供求关系方面的主因素，认为粮食生产能力要转变为实际产量，国家政策和供求关系等因素形成的粮食生产比较利益起决定作用，例如，农业农村部相关负责人曾提出要重点支持粮食主产区实现由传统的单一粮食观向多元化食品观转变、"藏粮于库"向"藏粮于地""藏粮于库"有机结合转变、一般化抓粮食生产向重点抓粮食主产区和优势产区转变"三个转变"（邵文杰，2003）；党的十六大对我国粮食经济运行的时代特点和粮食经济所面临的国内外环境提出保护和提高我国粮食综合生产能力（庞增安，2004）。2013年，国务院常务会议专题研究保护和提高粮食生产能力的对策，提出实行最严格的耕地保护制度，切实加强对土地开发利用的管理；加强对粮食主产区种粮农民的扶持，调动发展粮食生产的积极性；全面正确贯彻农业结构调整方针，不能把农业结构调整简单化为压缩粮食种植面积；加强农业科研和技术推广，进一步发挥科技进步在粮食生产中的作用努力提高单产和质量；增加各级财政对农业和农村的投入，进一步加强农业基础设施建设。

第二节　粮食生产能力

1949年以来，中国粮食生产完成了5个台阶的历史跨越。1970年突破2亿吨达20681.82亿吨，1982年突破3亿吨达30411.04万吨，1993年突破4亿吨，2004年在4亿吨以上稳定增长，2011年突破5亿吨达50280.4万吨，2014年突破6亿吨达60525.36万吨，2019年为66587.86万吨。粮食包含谷物、豆类和块根类。

一、谷物生产能力

（一）谷物生产量的变化特征

表3-1数据表明，我国谷物生产能力提升很快，1961年以来连上6个亿吨级台阶，2019年为61491.4万吨。其中，1963年生产总量突破1亿吨，1975年突破2亿吨，1984年首次突破3亿吨，1989年稳定在3亿吨以上，2008年突破4亿吨，2014年突破5亿吨，2015年突破6亿吨。

表 3-1　1961~2019 年我国谷物生产量　　　　单位：万吨

年份	生产量	年份	生产量	年份	生产量	年份	生产量
1961	9094.0	1976	20718.0	1991	33662.8	2006	39165.4
1962	9855.1	1977	19935.7	1992	34157.4	2007	39540.9
1963	11200.2	1978	22641.0	1993	34807.5	2008	41569.3
1964	12376.7	1979	24382.8	1994	33718.8	2009	41778.2
1965	13195.1	1980	23271.0	1995	35629.4	2010	43279.7
1966	14484.5	1981	23751.2	1996	38815.7	2011	45314.2
1967	14896.9	1982	26050.5	1997	37840.8	2012	47466.4
1968	14459.3	1983	28834.8	1998	39160.5	2013	48628.0
1969	14385.3	1984	30563.2	1999	38845.8	2014	55948.3
1970	16317.4	1985	28282.8	2000	34412.8	2015	62007.4
1971	17280.6	1986	29390.3	2001	33868.6	2016	61649.1
1972	16774.6	1987	30041.2	2002	34127.6	2017	61613.0
1973	18036.7	1988	29473.4	2003	32207.5	2018	61124.4
1974	19234.2	1989	30686.8	2004	35305.0	2019	61491.4
1975	20166.0	1990	34091.1	2005	36874.6		

资料来源：FAO。

增速具有年代差异。其中，1961~1969 年为 58.18%，1970~1979 年为 49.43%，1980~1989 年为 31.87%，1990~1999 年为 13.95%，2000~2009 年为 21.40%，2010~2019 年为 42.08%。1990~1999 年为低谷期，增速在之前的年代呈减小趋势，之后呈增大趋势。特别是 2010~2019 年，增速跨越式提升，从 4 亿吨级连跨 5 亿吨级和 6 亿吨级两个大台阶，在跨入 6 亿吨级后增速趋于稳定。

以年份（t）为自变量，以谷物生产量（Y）为因变量，采用多项式模拟谷物生产量 1961 年以来的变化过程，其曲线估计方程为：$Y = 0.0025 (t-1960)^4 + 0.4809 (t-1960)^3 - 54.669 (t-1960)^2 + 2165.5000 (t-1960) + 115.6500$，$R^2 = 0.9537$。变化过程如图 3-1 所示。生产量上涨趋势放缓。

（二）谷物单位播种面积产量的变化特征

表 3-2 表明，1961 年以来，我国谷物单位播种面积产量按照公顷统计，从 1961 年的每公顷产量为 1000 千克数量级到 2016 年每公顷产量突破 6000 千克数量级，2020 年每公顷产量为 6295.5 千克；按照传统的面积单位——"亩"统计，从 1961 年的每亩 80 千克到 2016 年每亩产量突破 400 千克数量级，2020 年

每亩产量为 420 千克。无论是按照公顷统计还是按照"亩"统计，2020 年谷物的单位面积产量相当于 1961 年的 5.25 倍。

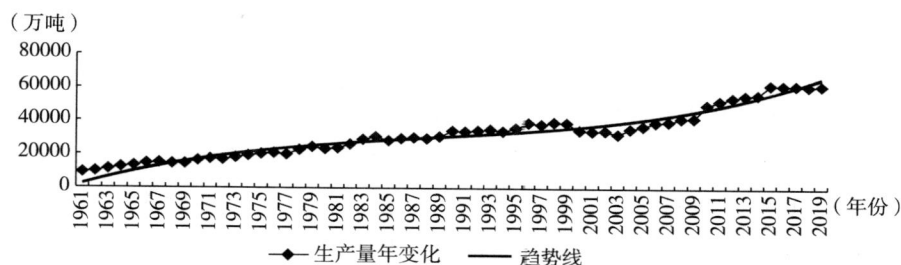

图 3-1　1961~2019 年我国谷物生产量及趋势

表 3-2　1961~2020 年我国谷物单位播种面积的产量

单位：千克/公顷

年份	单产量	年份	单产量	年份	单产量	年份	单产量
1961	1192.7	1976	2522.3	1991	4231.4	2006	5313.4
1962	1323.1	1977	2486.9	1992	4361.6	2007	5319.9
1963	1490.7	1978	2791.8	1993	4562.1	2008	5548.4
1964	1622.7	1979	3032.5	1994	4504.9	2009	5447.5
1965	1746.5	1980	2937.3	1995	4659.3	2010	5524.9
1966	1879.1	1981	3081.6	1996	4891.6	2011	5707.0
1967	1935.7	1982	3456.0	1997	4813.2	2012	5825.2
1968	1939.4	1983	3716.1	1998	4952.8	2013	5894.2
1969	1900.4	1984	3954.9	1999	4944.9	2014	5891.9
1970	2127.7	1985	3820.5	2000	4752.6	2015	5985.2
1971	2174.0	1986	3889.9	2001	4800.3	2016	6018.6
1972	2106.5	1987	3973.1	2002	4869.0	2017	6110.7
1973	2275.7	1988	3930.6	2003	4871.1	2018	6126.6
1974	2389.2	1989	4014.7	2004	5186.8	2019	6267.2
1975	2480.4	1990	4320.9	2005	5224.6	2020	6295.5

资料来源：FAO。

从发展过程来看，每亩产量跨越"百千克"台阶经历的年份数尽管有多有少，但跨越过程具有线性特征，且随着单位面积产量的提高，跨越"百千克"台阶需要的时间可能变得更长、难度变得更大。1963 年及以前每亩产量低于 100 千克；1964 年每亩产量跨越 100 千克台阶，1978 年每亩产量由 1964 年的 108 千克在波动中增长为 1978 年的 186 千克，历时 14 年；1979 年每亩产量跨越 200 千克台阶，由 1979 年的 202 千克在波动中增长为 1992 年的 291 千克，历时 13 年；1993 年每亩产量跨越 300 千克台阶，由 1993 年的 304 千克在波动中增长为 2015 年的 399 千克，历时 22 年；2016 年每亩产量跨域 400 千克台阶，由 2016 年的 401 千克增长为 2020 年的 420 千克。

以年份（t）表示自变量，以 Y 表示年度单位播种面积（公顷）产量，采用多项式模拟谷物单位播种面积（公顷）产量 1961 年以来的变化过程，其曲线估计方程为：$Y = -0.0086(t-1960)^3 + 0.2717(t-1960)^2 + 98.5500(t-1960) + 1130.6000$，$R^2 = 0.9892$。变化过程如图 3-2 所示。

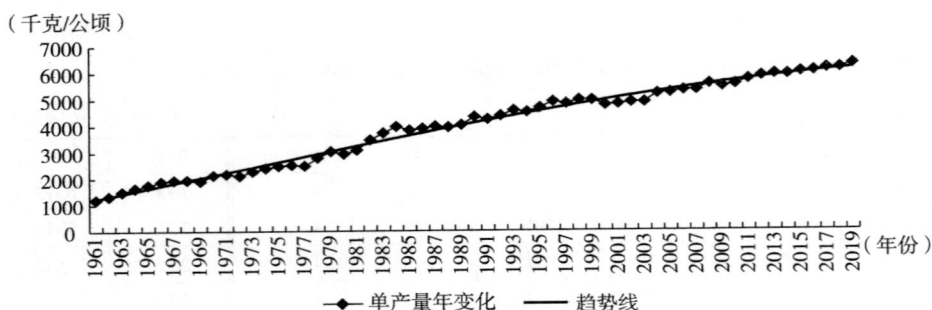

图 3-2　1961~2019 年我国谷物单位播种面积的产量与趋势

（三）谷物单位播种面积的产量分析

1961~2019 年谷物单位播种面积的产量按照一般时间序列分析寻找规律很困难，采用灰色数列 GM（1,1）方法分析其过去的变化规律并预测未来的趋势。根据本问题的特点，按照 5 年一个时段，将谷物单位播种面积的产量数据分组，分别构成步长为 5 年的 5 个数列，然后在 DPS7.05 平台上构建灰色数列 GM（1,1）模型（见表 3-3），拟合历史时期谷物单位播种面积的产量并预测未来变化值。5 个模型的评价值 C<0.35，P=1>0.95，评价都为"很好"，说明谷物单位播种面积的产量的灰色数列 GM（1,1）模型的精度较好，预测未来谷物单位播种面积的产量的信度较高。

基于谷物单位播种面积的产量的灰色数列 GM（1,1）模型，预测 2023~2050 年的谷物单位播种面积的产量如表 3-4 所示。2023~2030 年的预测值波动范围为 7266.4~8571.9 千克/公顷，其最大值比美国 2016 年的平均单产 8614.2 千克/公顷低 0.49%（相当于美国 2016 年产量的 99.51%），说明 2030 年前的谷物单产预测值是可靠的。2031～2035 年的谷物单产预测值波动范围为 8800.4～9584.3 千克/公顷，与美国 2016 年的单产量相比，其中有 4 年的预测值高 2.16%～2.96%，有 1 年的预测值高 11.27%，说明 2031～2035 年的谷物单位播种面积产量预测值是可行的。2036～2050 年的预测值，与美国 2016 年的单产量相比，有 14 年高出 11.50%～39.33%，有一定压力。综上所述，在后续关于耕地潜在需求量的运算中，2023～2035 年，谷物单产量按照预测值；2036～2050 年，谷物单产量取预测值的最小值。

表 3-3   谷物单位播种面积产量的灰色数列 GM（1，1）模型与评价

模型编号	模型	残差分析次数	拟合误差百分比范围	模型评价
3-1	$G_{t+1} = 21691.516591e^{0.102140t} - 20498.816591$	第 0 次	−24.1282% ～ 11.9847%	C = 0.2240，很好 P = 1.0000，很好
3-2	$G_{t+1} = 22513.267425e^{0.100876t} - 21190.167425$	第 0 次	−25.4766% ～ 9.9624%	C = 0.2337，很好 P = 1.0000，很好
3-3	$G_{t+1} = 25213.380074e^{0.095768t} - 23722.680074$	第 0 次	−30.6612% ～ 10.3383%	C = 0.2448，很好 P = 1.0000，很好
3-4	$G_{t+1} = 3965.344719e^{0.114937t} - 2614.398770$	第 1 次	−20.0433% ～ 1.9801%	C = 0.2398，很好 P = 1.0000. 很好
3-5	$G_{t+1} = 28143.643684e^{0.091079t} - 26397.143684$	第 0 次	−26.1298% ～ 10.5923%	C = 0.2300. 很好 P = 1.0000. 很好

表 3-4   2023～2050 年谷物单位播种面积的产量   单位：千克/公顷

年份	2023	2024	2025	2026	2027	2028	2029	2030	2031	2032
单产量	7266.4	7653.9	7308.6	7946.3	8017.4	7396.7	8571.9	8005.6	8800.8	8868.3
年份	2033	2034	2035	2036	2037	2038	2039	2040	2041	2042
单产量	8800.4	9584.3	8768.9	9747.2	9809.6	9684.9	10700.9	9605.1	10795.4	10850.8
年份	2043	2044	2045	2046	2047	2048	2049	2050		
单产量	10658.3	11932.6	10521.0	11956.3	12002.5	11729.5	13291.3	11524.2		

二、豆类生产能力

（一）豆类生产量分析

表 3-5 表明，2019 年较 1961 年的豆类生产量在波动中提升了 40.4%，但增量有限。到 2019 年，豆类生产量为 2076.7 万吨。

表 3-5　1961~2019 年我国豆类生产量　　　　　单位：万吨

年份	生产量	年份	生产量	年份	生产量	年份	生产量
1961	1478.5	1976	1307.3	1991	1249.1	2006	2004.6
1962	1778.0	1977	1335.1	1992	1258.6	2007	1720.8
1963	1577.7	1978	1412.1	1993	1954.5	2008	2044.1
1964	1735.0	1979	1423.2	1994	2097.9	2009	1931.2
1965	1565.8	1980	1471.8	1995	1799.0	2010	1897.4
1966	1535.1	1981	1579.2	1996	1790.0	2011	1909.5
1967	1536.5	1982	1539.1	1997	1877.3	2012	1732.8
1968	1433.6	1983	1578.8	1998	2001.8	2013	1643.7
1969	1372.2	1984	1606.6	1999	1894.9	2014	1638.5
1970	1570.1	1985	1604.3	2000	2010.7	2015	1608.5
1971	1515.3	1986	1705.2	2001	2053.5	2016	1745.0
1972	1253.7	1987	1757.8	2002	2242.0	2017	2045.8
1973	1476.3	1988	1773.1	2003	2128.5	2018	2119.7
1974	1376.4	1989	1505.7	2004	2232.9	2019	2076.7
1975	1352.7	1990	1714.5	2005	2158.4		

资料来源：FAO。

1961~2019 年，豆类生产量的增速呈现"两降—两增—降—增"变动。1961~1969 年和 1970~1979 年为两个连续的下降期，其中 1961~1969 年在波动中下降了 7.19 个百分点，1969 年的生产量仅相当于 1961 年的 92.81%；1970~1979 年在波动中下降了 9.36 个百分点，1979 年的生产量仅相当于 1970 年的 90.64%。1980~1989 年和 1990~1999 年为两个连续的增长期，其中 1980~1989 年在波动中上升了 2.30 个百分点，1989 年的生产量相当于 1980 年的 102.30%；1990~1999 年在波动中增长了 10.52 个百分点，1999 年的生产量相当于 1990 年的 110.52%。2000~2010 年为下降期。在波动中下降了 3.95 个百分点，2009 年的生产量相当于 2000 年的 96.04%。2010~2019 年为增长期。在波动中增长了 9.45 个百分点，2019 年的生产量相当于 2010 年的 109.45%。

以年份（t）为自变量，以豆类生产量（Y）为因变量，采用多项式模拟豆类生产量 1961 年以来的变化过程，其曲线估计方程为：$Y = 4 \times 10^{-6} (t-1960)^6 - 0.0007 (t-1960)^5 + 0.0399 (t-1960)^4 - 1.1068 (t-1960)^3 + 15.7990 (t-1960)^2 - 117.8000 (t-1960) + 1833.0000$，$R^2 = 0.6995$。变化过程如图 3-3 所示。

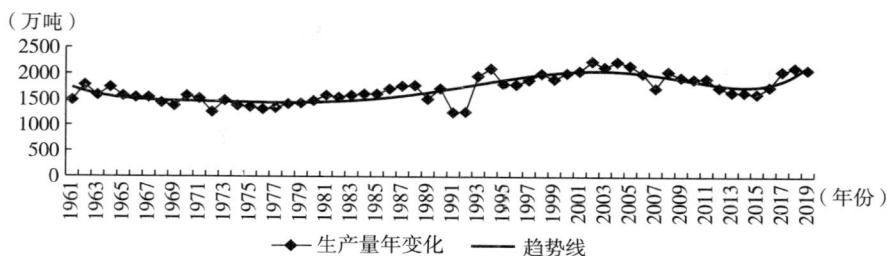

（万吨）

图 3-3　1961~2019 年我国豆类生产量及趋势

（二）豆类单位播种面积的产量年度变化分析

2020 年较 1961 年的豆类单位播种面积产量在波动中增长了 107.14%，或者说，2020 年的单位播种面积产量为 1961 年的 2.07 倍。2020 年，我国豆类每公顷产量为 1815.2 千克或每亩产量为 121.01 千克，仅为当年世界平均单产量（2784.2 千克/公顷）的 65.2%、阿根廷的 62.2%、美国的 53.7%。

按照年代统计豆类单位播种面积产量的增速，其波动较大，呈现"负—正—负—负—正—正"变动。1961~1969 年在波动中呈现负增长，1969 年较 1961 年减少了 8.71%；1971~1979 年在波动中正向增长，1979 年较 1970 年增长了 33.88%；1980~1989 年和 1990~1999 年在波动中负增长，其中，1989 年较 1980 年减少了 7.45%，1999 年较 1990 年减少了 9.83%；2000~2009 年和 2010~2019 年都在波动中正增长，其中，2009 年较 2000 年增加了 12.06%，2019 年较 2010 年增加了 27.47%。从变动趋势来看，2020 年后提升豆类单位面积产量具有较大压力。

以年份（t）为自变量，以豆类单位播种面积产量（Y）为因变量，采用多项式模拟 1961 年以来的变化过程，其曲线估计方程为：$Y = -1 \times 10^{-6} (t-1960)^6 + 0.0002 (t-1960)^5 - 0.0122 (t-1960)^4 + 0.3257 (t-1960)^3 - 3.1968 (t-1960)^2 + 18.159 (t-1960) + 886.79.0000$，$R^2 = 0.8987$。变化过程如图 3-4 所示。

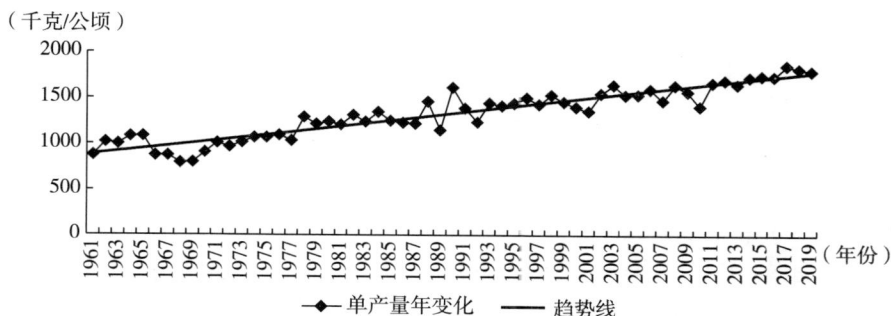

（千克/公顷）

图 3-4　1961~2019 年我国豆类单位播种面积产量及趋势

（三）豆类单位播种面积产量预测与分析

1961~2019 年，豆类单位播种面积产量（见表 3-6）按照一般时间序列分析寻找其变化规律很困难，采用灰色数列 GM（1，1）方法分析其过去的变化规律并预测其变化趋势。根据我国豆类实际情况，按照 5 年一个时段，将豆类单位播种面积的产量数据分组，构成步长为 5 年的 5 个数列，然后在 DPS7.05 平台上进行运算，建立灰色数列 GM（1，1）模型（见表 3-7）对 1961~2019 年的豆类单位播种面积的产量进行拟合，误差在允许范围内；4 个模型的评价值 C<0.35，p=1>0.95，评价值皆为"很好"；1 个模型的 C、P 评价值为"好"。拟合误差范围及模型评价值说明灰色数列 GM（1，1）模型的精度较好，预测未来豆类单位播种面积的产量的信度较高。

表 3-6　1961~2019 年我国豆类单位播种面积产量　单位：千克/公顷

年份	单产量	年份	单产量	年份	单产量	年份	单产量
1961	876.3	1976	1094.8	1991	1386.7	2006	1594.7
1962	1018.2	1977	1034.5	1992	1233.7	2007	1469.1
1963	1000.0	1978	1291.0	1993	1442.1	2008	1635.2
1964	1080.5	1979	1215.5	1994	1411.2	2009	1566.6
1965	1084.5	1980	1240.7	1995	1438.7	2010	1406.9
1966	875.0	1981	1207.5	1996	1498.8	2011	1664.5
1967	875.0	1982	1312.5	1997	1428.3	2012	1691.8
1968	794.9	1983	1239.6	1998	1531.1	2013	1644.9
1969	800.0	1984	1345.7	1999	1454.5	2014	1723.8
1970	907.9	1985	1250.0	2000	1398.0	2015	1741.2
1971	1009.4	1986	1227.3	2001	1353.3	2016	1731.9
1972	967.7	1987	1216.8	2002	1545.7	2017	1852.7
1973	1016.1	1988	1460.1	2003	1640.0	2018	1817.7
1974	1069.0	1989	1148.3	2004	1528.3	2019	1793.4
1975	1069.0	1990	1613.1	2005	1534.2		

资料来源：FAO。

基于豆类单位播种面积产量的灰色数列 GM（1，1）模型（见表 3-7），预测 2023~2050 年豆类单位播种面积产量（见表 3-8）。2023~2050 年的预测单产量介于 1968.8~3218.7 千克/公顷，其中，有 1 年低于 2000 千克/公顷、2 年高于 3000 千克/公顷，有 25 年介于 2000~3000 千克/公顷。那么，单产量预测值处于什么水平？美国大豆单产量 1977 年突破 2000 千克/公顷，1989 年稳定在 2000

千克/公顷以上，2014 年突破 3000 千克/公顷并稳定在以上，2016 年为 3493.6 千克/公顷，2020 年回落为 3378.5 千克/公顷；从世界平均水平来看，1994 年突破并稳定在 2000 千克/公顷以上，2017 年为 2856.6 千克/公顷，2020 年回落为 2784.2 千克/公顷。2023～2050 年我国豆类的预测单产量，有 23 年低于世界 2020 年的平均水平、有 25 年低于世界 2017 年的平均水平、全部年份低于美国 2020 年的水平，为此，单产目标的实现有一定压力但是可行的。

表 3-7　豆类单位播种面积产量的灰色数列 GM（1，1）模型与评价

模型编号	模型	残差分析次数	拟合误差百分比范围	模型评价
3-6	$G_{t+1} = 362.689473e^{0.126427t} - 251.237218$	第 1 次	−5.4949% ～ 8.6240%	C = 0.1882，很好 P = 1.0000，很好
3-7	$G_{t+1} = 1650.311122e^{0.049110t} - 1535.437759$	第 1 次	−8.8587% ～ 5.9518%	C = 0.1997，很好 P = 1.0000，很好
3-8	$G_{t+1} = 1298.417592e^{0.110730t} - 974.346145$	第 1 次	−16.715% ～ 8.4018%	C = 0.3432，很好 P = 1.0000，很好
3-9	$G_{t+1} = 718.524401e^{0.113197t} - 486.532493$	第 2 次	−8.8849% ～ 5.3278%	C = 0.2171，很好 P = 1.0000，很好
3-10	$G_{t+1} = 1791.523299e^{0.073808t} - 1568.606453$	第 1 次	−26.1298% ～ 10.5923%	C = 0.4808，好 P = 0.9091，好

表 3-8　2023～2050 年我国豆类单位播种面积的产量

单位：千克/公顷

年份	2023	2024	2025	2026	2027	2028	2029	2030	2031	2032
单产量	2165.3	2082.7	1968.8	2106.7	2110.4	2344.8	2263.5	2090.1	2260.8	2261.2
年份	2033	2034	2035	2036	2037	2038	2039	2040	2041	2042
单产量	2538.6	2458.3	2219.6	2426.5	2422.3	2747.9	2668.3	2356.4	2605.1	2594.3
年份	2043	2044	2045	2046	2047	2048	2049	2050		
单产量	2974.0	2894.6	2501.1	2797.6	2778.1	3218.7	3138.2	2654.1		

三、块根类生产能力

（一）块根类生产量的年度变化

表 3-9 表明，2019 年块根类生产量较 1961 年的增量有限，在波动中提升了 63.9%，2019 年生产量为 15096.8 万吨。1961～2019 年的生产量按照"年代"分

析，经历了"升—升—降—升—降—升"的变化过程。以年份（t）为自变量，以块根类生产量（Y）为因变量，豆类生产量（Y）随年份（t）的指数变化模型为：$Y = 8868.6 (t-1960)^{0.1568}$，$R^2 = 0.6398$。变化过程如图3-5所示。

表3-9　1961~2019年我国块根类的生产量　　　　单位：万吨

年份	生产量	年份	生产量	年份	生产量	年份	生产量
1961	9209.2	1976	13874.6	1991	14061.6	2006	14122.1
1962	9890.2	1977	15393.6	1992	14712.4	2007	14665.8
1963	8973.6	1978	16423.4	1993	16401.4	2008	15534.7
1964	8591.3	1979	14787.5	1994	15636.1	2009	15627.1
1965	10466.3	1980	14950.9	1995	16861.7	2010	14882.2
1966	11843.3	1981	13567.9	1996	18206.1	2011	15283.5
1967	11825.5	1982	14107.2	1997	16496.9	2012	15095.4
1968	11755.3	1983	15208.6	1998	18544.8	2013	14964.0
1969	12709.3	1984	14818.7	1999	18757.0	2014	14692.8
1970	13971.6	1985	13553.1	2000	18987.8	2015	14413.3
1971	13213.4	1986	13198.0	2001	18376.2	2016	14347.8
1972	12877.7	1987	14618.2	2002	18906.3	2017	14716.4
1973	16437.0	1988	13963.0	2003	18156.9	2018	15058.1
1974	14741.0	1989	14124.5	2004	18350.8	2019	15096.8
1975	14865.7	1990	14135.5	2005	17921.9		

资料来源：FAO。

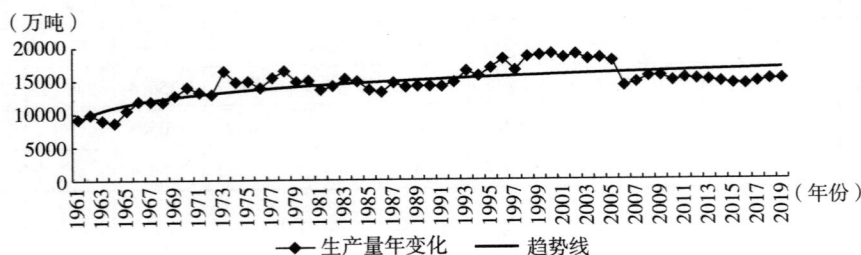

图3-5　1961~2019年我国块根类的生产量及趋势

　　1961~1969年和1970~1979年为块根类生产量在波动中的上升期，由1961年的9209.2万吨上升为1969年的12709.3万吨，1979年进一步增长为14787.5

万吨；1969 年较 1961 年增长了 38.0%，1979 年较 1969 年增长了 16.4%。1980～1989 年为生产量在波动中的下降期，1989 年的生产量下降为 14124.5 万吨，仅相当于 1979 年的 95.5%。1990～1999 年是总生产量在波动中的上升期，1999 年的生产量增加为 18757.0 万吨，相当于 1989 年的 132.8%，即在 1989 年生产量的基础上增长了 32.8%。2000～2009 年为总生产量在波动中的下降期，2009 年生产量下降为 15627.1 万吨，相当于 1999 年的 83.3%、2000 年的 82.3%。2010～2019 年生产量在波动中的上升期，2019 年的生产量为 15096.8 万吨，相当于 2010 年的 101.4%。同时要注意到，在 2010～2019 年的总增量约为 1.4%，总体上增幅较小，生产量进入相对稳定期。

（二）块根类单位播种面积的产量变化

表 3-10 表明，块根类农产品单位播种面积产量的折粮量，2020 年为 1961 年的 2.66 倍，在波动中增长了 165.93%。2020 年，每公顷（每亩）的产量（折粮

表 3-10　1961～2020 年我国块根类单位播种面积产量的折粮量

单位：千克/公顷

年份	单产量	年份	单产量	年份	单产量	年份	单产量
1961	1469.1	1976	2569.4	1991	2991.88	2006	3679.32
1962	1552.3	1977	2641.3	1992	3075.18	2007	3473.34
1963	1634.8	1978	2689.5	1993	3406.98	2008	3537.18
1964	1442.3	1979	2604.6	1994	3258.26	2009	3449.62
1965	1862.7	1980	2831.6	1995	3418.04	2010	3536.5
1966	1943.2	1981	2708.7	1996	3595.48	2011	3643.7
1967	2099.7	1982	2890.7	1997	3259.06	2012	3672.88
1968	2168.4	1983	3110.0	1998	3586.76	2013	3680.22
1969	2311.8	1984	3162.0	1999	3508.76	2014	3693.08
1970	2488.6	1985	3029.2	2000	3490.78	2015	3735.64
1971	2417.7	1986	2918.6	2001	3481.68	2016	3748.52
1972	2168.5	1987	3170.4	2002	3696.36	2017	3878.04
1973	2785.1	1988	2970.9	2003	3609.62	2018	3990.52
1974	2549.2	1989	2996.2	2004	3742.92	2019	3950.32
1975	2599.7	1990	2989.9	2005	3633.64	2020	3906.78

资料来源：FAO。

量），我国为 3906.78 千克（260.45 千克），澳大利亚为 7955.98 千克（530.40 千克）、美国为 9388.28 千克（625.88 千克）、欧洲为 4711.58 千克（314.11 千克）、阿根廷为 5018.62 千克（334.57 千克），世界平均水平为 2668.1 千克（177.87 千克）。也就是说，我国块根类单位播种面积的产量低于列举的这些国家/地区，仅比世界平均水平高 46.42%，说明我国块根类农产品单位播种面积产量（折粮量）有较大的提升潜力。

从单位播种面积产量的发展过程来看，每亩跨越"百千克"或每公顷跨越"千千克"台阶经历的年份数尽管有多有少，但跨越过程具有线性特征，且随着单位播种面积产量的提高，跨越"百千克"或"千千克"台阶需要的时间可能变得更长、难度变得更大。把表 3-10 中每年的单产量除以 15 得到亩产数据，1961~1964 年围绕亩产 100 千克波动，1965 年跨越亩产 100 千克台阶，1965~1982 年由亩产 124 千克在波动中增长为 193 千克，历时 17 年。1983 年跨越亩产 200 千克台阶后波动加剧，1983~1992 年波动范围为亩产 195~211 千克，波动期长达 9 年。1992 年以来，亩产量在 200 千克以上呈现波动增长趋势，由 1992 年的 205 千克增长为 2020 年的 260 千克，在 28 年中增长了 55 千克。

1961 年以来，块根类单位播种面积产量（折粮量）（Y）随年份（t）的多项式变化模型为：$Y = -0.0003 (t-1960)^4 + 0.0489 (t-1960)^3 - 3.2665 (t-1960)^2 + 123.9100 (t-1960) + 1309.5000$，$R^2 = 0.9604$。变化过程如图 3-6 所示。

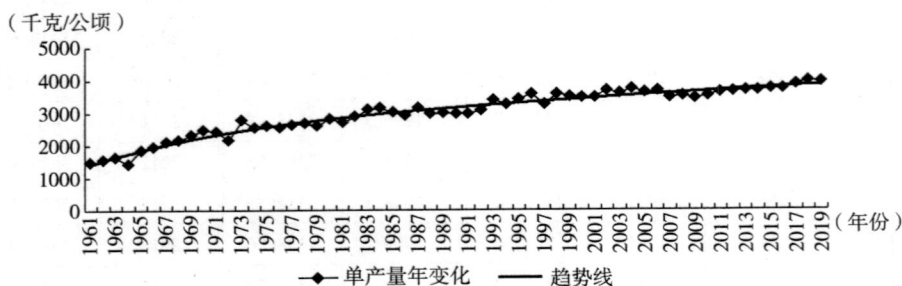

图 3-6　1961~2019 年我国块根类单位播种面积产量（折粮量）及趋势

（三）块根类单位播种面积的未来产量分析

1961~2019 年，块根类农产品单位播种面积产量（折粮量）（见表 3-10）按照一般时间序列分析寻找规律很困难，采用灰色数列 GM（1，1）方法分析其过去变化并预测趋势。根据本问题的特点，按照 5 年一个时段，将块根类农产品单位播种面积的产量数据分组，构成步长为 5 年的 5 个数列，然后在 DPS7.05 平台

上进行运算，建立灰色数列 GM（1，1）模型（见表 3-11）并拟合 1961~2019
年的单位播种面积产量。4 个模型的评价值 C<0.35，P＝1>0.95，评价为"很
好"；1 个模型的评价值为"好"，拟合误差和评价值说明灰色数列 GM（1，1）
模型的精度较好，预测未来单位播种面积的产量的信度较高。

表 3-11　块根类单位播种面积产量的灰色数列 GM（1，1）模型与评价

模型编号	模型	残差分析次数	拟合误差百分比范围	模型评价
3-11	$G_{t+1} = 25525.109347e^{0.010247t} - 25252.313337$	第 3 次	$-7.7753\% \sim$ 7.9073%	C＝0.2207，很好 P＝1.0000，很好
3-12	$G_{t+1} = -6100.954110e^{-0.143041t} + 6493.773905$	第 3 次	$-10.5765\% \sim$ 10.0161%	C＝0.3217，很好 P＝1.0000，很好
3-13	$G_{t+1} = 1331.684463e^{0.123359t} - 960.443753$	第 1 次	$-8.0630\% \sim$ 7.5691%	C＝0.2486，很好 P＝1.0000，很好
3-14	$G_{t+1} = 718.524401e^{0.113197t} - 486.532493$	第 2 次	$-8.8849\% \sim$ 5.3278%	C＝0.2171，很好 P＝1.0000，很好
3-15	$G_{t+1} = 1791.523299e^{0.073808t} - 1568.606453$	第 1 次	$-26.1298\% \sim$ 10.5923%	C＝0.4808，好 P＝0.9091，好

基于灰色数列 GM（1，1）模型预测 2023~2050 年的单位播种面积产量（折
粮量）如表 3-12 所示。单位播种面积产量为 1967.7~6596.4 千克/公顷，其中，
低于 2000 千克/公顷有 1 年，介于 2000~2999 千克/公顷的有 11 年，介于 3000~
3999 千克/公顷的有 1 年，介于 4000~4999 千克/公顷的有 5 年，介于 5000~5999
千克/公顷的有 7 年，介于 6000~6999 千克/公顷的有 3 年。预测值处于什么样的水
平？澳大利亚 1976 年就稳定在 4000 千克/公顷以上、1984 年稳定在 5000 千克/公
顷以上、2001 年稳定在 6000 千克/公顷以上、2012 年稳定在 7000 千克/公顷以
上，在 2016 年的单位播种面积产量高达 8057.92 千克/公顷。美国 1974~1984 年
稳定在 5000 千克/公顷以上、1985~1991 年稳定在 6000 千克/公顷以上、1992~
2003 年稳定在 7000 千克/公顷以上且个别年份突破 8000 千克/公顷、2004~2016
年稳定在 8000 千克/公顷以上、2017 年后稳定在 9000 千克/公顷以上。上述分析
表明，对 2023~2050 年的单位播种面积产量（折粮量）预测，通过提升产量是
可以达到的。

表 3-12　2023~2050 年我国块根类单位播种面积产量（折粮量）

单位：千克/公顷

年份	2023	2024	2025	2026	2027	2028	2029	2030	2031	2032
单产量	2526.3	2082.7	1967.7	4135.2	4558.7	4814.6	2263.5	2090.1	4625.0	4936.3
年份	2033	2034	2035	2036	2037	2038	2039	2040	2041	2042
单产量	5123.9	2458.3	2219.6	5185.8	5346.6	5456.5	2668.3	2356.4	5841.9	5791.9
年份	2043	2044	2045	2046	2047	2048	2049	2050		
单产量	5814.3	2894.6	2501.1	6596.4	6274.9	6199.9	3138.2	2654.1		

第三节　食用植物油、食糖和蔬菜的生产能力

一、食用植物油生产能力

（一）植物油生产量的变化特征

植物油主要包括胡麻籽油（linseed oil）、葵花籽油（sunflower oil）、芝麻油（sesame oil）、油菜籽油（rapeseed oil）、花生油（groundnut oil）、椰子油（coconut oil）、棉籽油（cottonseed oil）、玉米油（maize oil）、大豆油（soybean oil）、棕榈油（palm oil）和棕榈果油（palm kernel oil）等类型，其中，葵籽油、芝麻油、油菜籽油、花生油、玉米油、大豆油和棉籽油为从耕地农作物的果实、种子、胚芽中得到的油脂。我国植物油和以耕地农作物果实为原料的植物油生产量如表3-13 所示。

我国植物油生产量 2019 年为 2384.0 万吨，2019 年的生产量为 1961 年的 21.69 倍，较 1961 年增长了 2069.2%。1961~2019 年在波动中持续上涨，并在 2018 年创下新高。从 1961 年的 100 万吨关口到 1999 年的 1000 万吨关口历时 39 年，从 1000 万吨到 2010 年跨越 2000 万吨关口历时 11 年，植物油生产量增长 1000 万吨的时间在缩短。以年份（t）为自变量，以植物油生产量（Y）为因变量，采用二次曲线模拟植物油生产量 1961 年以来的变化过程，其曲线估计方程为：$Y = 0.9168 (t-1960)^2 - 11.7923 (t-1960) + 190.4506$，$R^2 = 0.9906$。变化过程如图 3-7 所示。

表 3-13　1961~2019 年我国植物油及与耕地有关植物油的产量　单位：万吨

年份	植物油产量	耕地油料植物油产量	年份	植物油产量	耕地油料植物油产量	年份	植物油产量	耕地油料植物油产量	年份	植物油产量	耕地油料植物油产量
1961	109.9	73.4	1976	211.7	148.9	1991	631.3	536.4	2006	1665.0	1557.1
1962	112.7	78.0	1977	223.1	155.9	1992	657.0	562.2	2007	1635.8	1533.5
1963	133.3	94.3	1978	269.1	196.0	1993	748.8	652.2	2008	1714.8	1606.9
1964	149.1	110.6	1979	292.5	215.7	1994	790.5	692.9	2009	1882.7	1772.5
1965	166.4	126.1	1980	346.3	271.9	1995	817.7	720.9	2010	2020.8	1904.8
1966	185.7	140.6	1981	394.1	316.8	1996	870.0	773.1	2011	2085.9	1975.6
1967	185.6	139.9	1982	452.2	374.3	1997	902.7	804.2	2012	2188.2	2092.7
1968	186.8	135.9	1983	474.3	398.0	1998	960.8	859.1	2013	2209.2	2075.3
1969	185.5	132.0	1984	528.6	449.7	1999	1036.7	931.1	2014	2312.6	2233.8
1970	199.7	144.4	1985	547.0	456.6	2000	1174.2	1067.9	2015	2447.0	2364.8
1971	199.8	142.7	1986	520.6	440.1	2001	1247.3	1147.2	2016	2343.8	2262.0
1972	200.5	139.3	1987	543.1	454.1	2002	1392.9	1293.9	2017	2470.0	2389.9
1973	213.9	149.9	1988	520.4	431.6	2003	1407.8	1303.7	2018	2523.2	2440.3
1974	221.9	156.1	1989	508.2	413.4	2004	1464.8	1358.9	2019	2384.0	2302.1
1975	226.7	161.8	1990	624.6	531.9	2005	1611.2	1500.4			

资料来源：FAO。

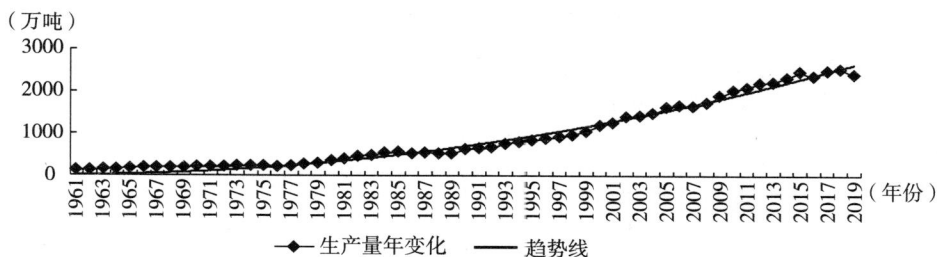

图 3-7　1961~2019 年我国植物油生产量及趋势

　　以耕地农作物果实为原料的植物油总产量，2019 年为 2302.1 万吨，2019 年为 1961 年的 31.36 倍，较 1961 年增长了 3036.64%。以耕地农作物果实为原料的植物油生产量占植物油生产量的比例，1961 年仅为 66.79%，2019 年提升为 96.52%，说明以耕地以外的农用地油料生产植物油的地位在不断下降，耕地在植物油原料供应及植物油供应中的地位在不断上升。2000 年以来，耕地油料植物油生产量占植物油生产量的比例已经稳定在 90% 以上，且比例在逐年提升，2014 年以来稳定在 96.5%~96.7%。以年份（t）为自变量，以比例（Y）为因变量，采用多项式模拟其占比的变化过程，其曲线估计方程为：$Y=-0.0003$ （t-1960）^{3}+0.0300 （t-1960）^{2}-0.1389 （t-1960）+70.9470，R^2=0.9401，变化过程如图 3-8 所示。

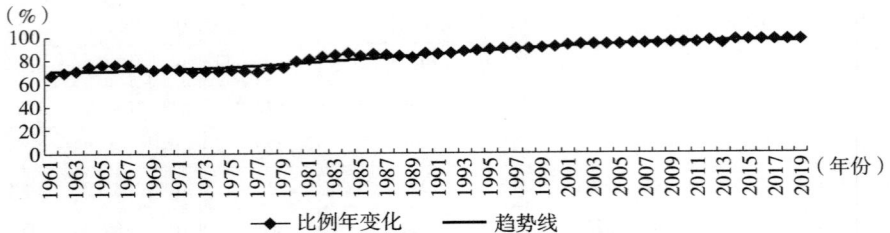

图 3-8　1961~2019 年我国耕地油料植物油生产量的比例及趋势

（二）耕地油料植物油单位播种面积产量的年度变化

1. 计算方法的说明

我国在耕地上收获农作物的果实、种子、胚芽等产品而生产的植物油包括葵花籽油、芝麻油、油菜籽油、花生油、玉米油、大豆油、棉籽油等。值得注意的是，除了油菜籽外，葵花籽、芝麻、花生、玉米、大豆和棉籽等农产品果实，不完全用于植物油生产。在已知（统计资料查询）农作物的播种面积、农作物果实的总产量和单位面积产量、某种植物油总产量的前提下，计算单位播种面积的植物油产量的流程如图 3-9 所示。根据相关研究，植物油料的出油率，花生为40%~50%、玉米为 3%~3.5%、油菜籽为 30%~45%、芝麻为 45%~55%、大豆为32%~42%、葵花籽为 32%~42%、棉花籽为 12%~18%。为了确保不受生产环境、生产技术与设备、生产环节的各种损耗等因素的影响，在计算时出油率取下限。

2. 耕地植物油单位播种面积加权平均产量

根据 FAO 数据结合国内统计年鉴校正，按照图 3-9 的流程和方法，计算得到 1961~2019 年我国单位播种面积的植物油加权平均产量（见表 3-14）。

在包含棉籽油的情况下，2019 年耕地植物油单位播种面积的加权平均产量为 662.6 千克/公顷，是 1961 年的 3.47 倍，较 1961 年增长了 246.5%。其中，1961~1969 年的增长率为 28.3%、1970~1979 年为 5.9%、1980~1989 年为21.9%、1990~1999 年为 31.6%、2000~2010 年为 0.79%、2010~2019 年为6.4%。以年份（t）为自变量，以加权平均产量（Y）为因变量，采用多项式模型模拟其变化过程，其曲线估计方程为：$Y=-0.0489$ （t-1960）^{2}+11.9410 （t-1960）+150.7600，R^2=0.9511。变化过程如图 3-10 所示。

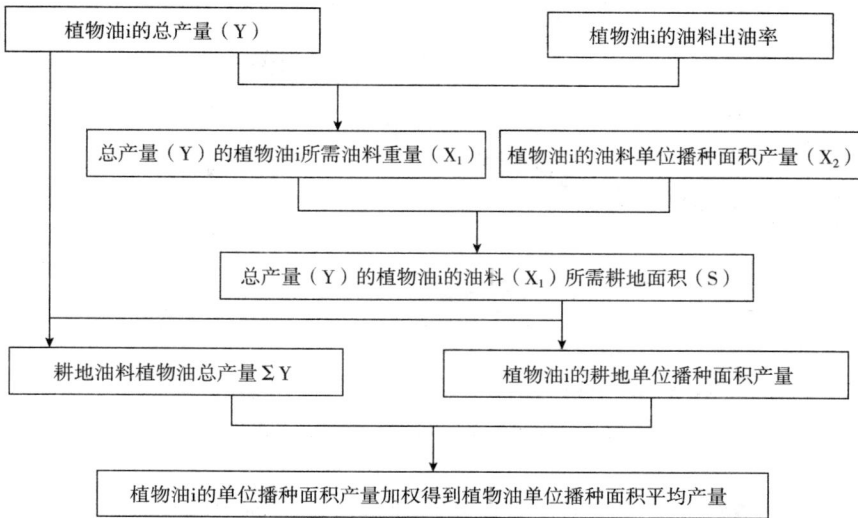

图 3-9 耕地油料植物油单位播种面积产量计算流程

表 3-14 1961~2019 年我国耕地单位播种面积的植物油加权平均产量

单位：千克/公顷

年份	含棉籽油	不含棉籽油	年份	含棉籽油	不含棉籽油	年份	含棉籽油	不含棉籽油	年份	含棉籽油	不含棉籽油
1961	191.2	183.6	1976	245.9	226.5	1991	445.6	411.7	2006	600.3	571.6
1962	201.8	194.9	1977	267.6	248.9	1992	434.9	409.4	2007	576.4	540.6
1963	209.4	197.8	1978	291.0	274.4	1993	504.6	477.8	2008	604.9	569.2
1964	225.9	208.8	1979	307.9	291.1	1994	538.1	510.9	2009	600.7	570.6
1965	225.9	202.4	1980	326.2	307.7	1995	558.5	529.9	2010	622.7	599.4
1966	261.8	235.3	1981	359.8	341.8	1996	584.2	560.1	2011	639.6	615.8
1967	260.3	234.1	1982	391.5	371.6	1997	566.5	536.5	2012	642.4	614.5
1968	252.1	224.6	1983	402.3	372.4	1998	584.8	557.2	2013	640.2	612.7
1969	245.3	222.5	1984	423.9	381.6	1999	604.8	579.6	2014	635.1	610.9
1970	290.8	266.6	1985	439.2	414.6	2000	596.0	570.9	2015	637.4	616.0
1971	296.4	275.2	1986	422.2	400.0	2001	598.7	572.7	2016	640.3	621.2
1972	253.9	235.0	1987	448.5	421.0	2002	625.2	595.1	2017	644.4	632.3
1973	279.1	249.3	1988	408.8	384.6	2003	568.0	545.3	2018	657.2	638.5
1974	281.8	255.8	1989	397.6	375.2	2004	632.3	605.9	2019	662.6	643.5
1975	274.2	250.5	1990	459.7	429.6	2005	606.1	578.2			

资料来源：FAO。

（千克/公顷）

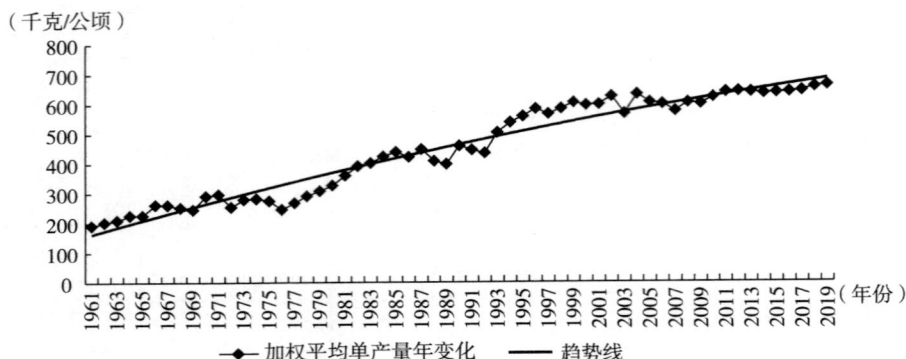

图 3-10　1961~2019 年我国耕地植物油（含棉籽油）
单位播种面积的加权平均产量及趋势

在不包含棉籽油的情况下，耕地植物油单位播种面积的加权平均产量 2019
年为 643.5 千克/公顷，是 1961 年的 3.5 倍，较 1961 年增长了 250.5%。其中，
1961~1969 年的增长率为 21.2%、1970~1979 年为 9.2%、1980~1989 年为
21.9%、1990~1999 年为 34.9%、2000~2019 年为 -0.06%、2010~2019 年为
7.4%。以年份（t）为自变量，以加权平均产量（Y）为因变量，采用多项式模
型模拟其变化过程，其曲线估计方程为：$Y = -0.0369 (t-1960)^2 + 11.1090 (t-1960) + 137.3500$，$R^2 = 0.9522$。变化过程如图 3-11 所示。

（千克/公顷）

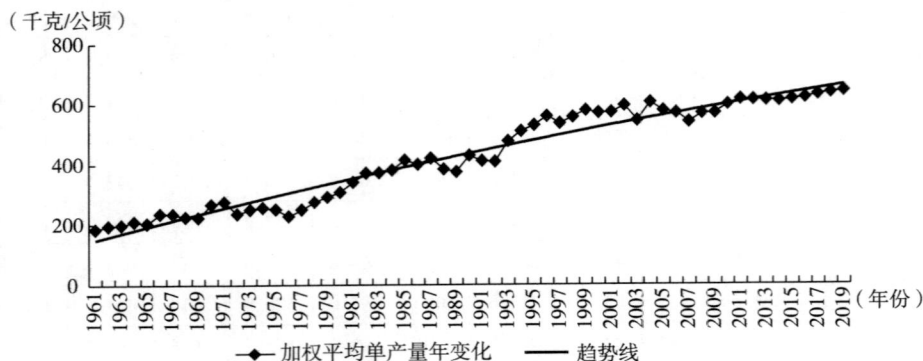

图 3-11　1961~2019 年我国耕地植物油（不含棉籽油）
单位播种面积的加权平均产量及趋势

总体来看，上述两种情况的增长波动具有相似性。进一步分析变化数据，扣
除棉籽油的影响，加权平均产量的增长相对更为平稳。

（三）耕地植物油单位面积产量预测与分析

1961～2019 年我国耕地植物油单位播种面积的加权平均产量（见表 3-14）按照一般时间序列分析寻找规律很困难，采用灰色数列 GM（1，1）方法分析其变化并预测未来趋势。根据本问题的特点，按照 5 年一个间距将植物油单位播种面积的产量数据进行分组，构成步长为 5 年的 5 个数列，然后在 DPS7.05 平台上进行运算，建立灰色数列 GM（1，1）模型拟合过去的历时数据并预测未来的产量。尽管棉籽油以耕地农产品（棉花籽）为原料，但不作为食用油，因此在后续运算中专门研究了除棉籽油外的耕地植物油单位播种面积产量。

表 3-15 为植物油（含棉籽油）单位播种面积产量的灰色数列 GM（1，1）模型与评价信息。模型对 1961～2019 年的单位播种面积产量进行了拟合，误差在允许范围内；5 个模型的评价值 C<0.35，P = 1>0.95，评价为"很好"，灰色数列 GM（1，1）模型的精度较好，预测未来单位播种面积的产量的信度较高。

表 3-15　植物油（含棉籽油）单位播种面积产量的灰色数列 GM（1，1）模型与评价

模型编号	模型	残差分析次数	拟合误差百分比范围	模型评价
3-16	$G_{t+1} = 2858.111765e^{0.093496t} - 2666.911765$	第 0 次	-37.3353% ~ 15.9770%	C = 0.3075，很好 P = 1.0000，很好
3-17	$G_{t+1} = 2907.836576e^{0.092748t} - 2706.036576$	第 0 次	-22.1194% ~ 13.4819%	C = 0.3185，很好 P = 1.0000，很好
3-18	$G_{t+1} = 3085.135497e^{0.090189t} - 2875.735497$	第 0 次	-19.8407% ~ 14.4609%	C = 0.2761，很好 P = 1.0000，很好
3-19	$G_{t+1} = 3306.635910e^{0.087830t} - 3080.735910$	第 0 次	-23.7497% ~ 14.9851%	C = 0.3473，很好 P = 1.0000，很好
3-20	$G_{t+1} = 3327.938843e^{0.089806t} - 3102.038843$	第 0 次	-24.7560% ~ 12.2925%	C = 0.3117，很好 P = 1.0000，很好

表 3-16 为植物油（不含棉籽油）单位播种面积产量的灰色数列 GM（1，1）模型与评价信息。模型对 1961～2019 年植物油（不含棉籽油）单位播种面积的产量进行了拟合，误差在允许范围内；5 个模型的评价值 C<0.35，P = 1>0.95，评价为"很好"，灰色数列 GM（1，1）模型的精度较好，预测未来单位播种面积的产量的信度较高。

基于表 3-15 的灰色数列 GM（1，1）模型预测的植物油（含棉籽油）单位播种面积的产量如表 3-17 所示，基于表 3-16 的灰色数列 GM（1，1）模型预测

的植物油（不含棉籽油）单位播种面积的产量如表 3-18 所示。

表 3-16　植物油（不含棉籽油）单位播种面积产量的灰色数列 GM（1，1）模型与评价

模型编号	模型	残差分析次数	拟合误差 百分比范围	模型评价
3-21	$G_{t+1} = 2509.095417e^{0.098157t} - 2325.495417$	第 0 次	$-39.0322\%\sim$ 16.7405%	$C = 0.3067$，很好 $P = 1.0000$，很好
3-22	$G_{t+1} = 2543.757115e^{0.097463t} - 2348.857115$	第 0 次	$-27.1392\%\sim$ 13.4331%	$C = 0.3063$，很好 $P = 1.0000$，很好
3-23	$G_{t+1} = 2670.915806e^{0.095378t} - 2473.115806$	第 0 次	$-19.0081\%\sim$ 14.9823%	$C = 0.2727$，很好 $P = 1.0000$，很好
3-24	$G_{t+1} = 2867.438026e^{0.092980t} - 2658.638026$	第 0 次	$-25.5747\%\sim$ 15.7851%	$C = 0.3384$，很好 $P = 1.0000$，很好
3-25	$G_{t+1} = 2927.103817e^{0.094414t} - 2724.703817$	第 0 次	$-27.1555\%\sim$ 12.3072%	$C = 0.3029$，很好 $P = 1.0000$，很好

表 3-17　2023～2050 年我国植物油（含棉籽油）单位播种面积的产量

单位：千克/公顷

年份	2023	2024	2025	2026	2027	2028	2029	2030	2031	2032
单产量	785.3	797.7	767.6	860.2	860.0	859.4	870.9	839.7	944.5	943.6
年份	2033	2034	2035	2036	2037	2038	2039	2040	2041	2042
单产量	940.5	950.9	918.6	1037.0	1035.3	1029.3	1038.1	1004.9	1138.7	1135.9
年份	2043	2044	2045	2046	2047	2048	2049	2050		
单产量	1126.4	1133.5	1099.4	1250.2	1246.3	1232.7	1237.5	1202.7		

表 3-18　2023～2050 年我国植物油（不含棉籽油）单位播种面积的产量

单位：千克/公顷

年份	2023	2024	2025	2026	2027	2028	2029	2030	2031	2032
单产量	763.1	777.0	745.0	840.3	838.6	839.5	852.7	818.8	924.5	936.3
年份	2033	2034	2035	2036	2037	2038	2039	2040	2041	2042
单产量	923.5	935.8	899.8	1022.6	1019.1	1016.0	1026.9	988.9	1128.1	1123.5
年份	2043	2044	2045	2046	2047	2048	2049	2050		
单产量	1117.6	1127.0	1086.9	1244.4	1238.5	1229.5	1236.8	1194.5		

2009~2019 年包含棉籽油的单位播种面积产量增速为 6.4%、不包含棉籽油的单位播种面积产量增速为 12.77%。按照 2009~2019 年的平均增速，2049 年包含棉籽油的单位播种面积产量为 798.13 千克/公顷、不包含棉籽油的单位播种面积产量为 925.18 千克/公顷，实现预测的单位播种面积产量有难度。如果需要实现预测值，那么通过调整葵籽油、芝麻油、油菜籽油、花生油、玉米油和大豆油等油料作物的种植结构，加大出油率高的油料作物播种面积是可行的。

二、食糖生产能力

（一）食糖生产量变化分析

2019 年食糖生产量为 1961 年的 8.75 倍，1961~2019 年在波动中增长了 778.1%。每个年代都在不同程度地增长。2019 年，食糖生产量为 1408.5 万吨（见表 3-19）。年份（t）为自变量，以食糖生产量（Y）为因变量，采用多项式模拟在 1961 年以来食糖生产量的变化过程，其曲线估计方程为：$Y = -0.0153(t-1960)^3 + 1.4914(t-1960)^2 - 13.8780(t-1960) + 249.4170$，$R^2 = 0.9238$。变化过程如图 3-12 所示。

表 3-19　1961~2019 年我国食糖的生产量　　　　　　　单位：万吨

年份	生产量	年份	生产量	年份	生产量	年份	生产量
1961	160.4	1976	305.7	1991	982.7	2006	1406.5
1962	131.6	1977	361.2	1992	972.1	2007	1726.9
1963	158.2	1978	363.3	1993	778.8	2008	1500.2
1964	230.8	1979	408.1	1994	717.4	2009	1322.0
1965	296.8	1980	418.7	1995	801.4	2010	1316.1
1966	308.9	1981	477.7	1996	848.7	2011	1445.6
1967	262.0	1982	561.1	1997	980.3	2012	1613.0
1968	276.7	1983	519.4	1998	1083.8	2013	1685.4
1969	235.0	1984	604.7	1999	851.9	2014	1724.3
1970	239.4	1985	687.7	2000	775.3	2015	1415.1
1971	269.3	1986	703.8	2001	1019.5	2016	1196.5
1972	279.2	1987	603.5	2002	1255.2	2017	1250.5
1973	322.4	1988	675.8	2003	1195.8	2018	1370.3
1974	327.8	1989	707.9	2004	1085.9	2019	1408.5
1975	303.8	1990	812.6	2005	1062.9		

资料来源：FAO。

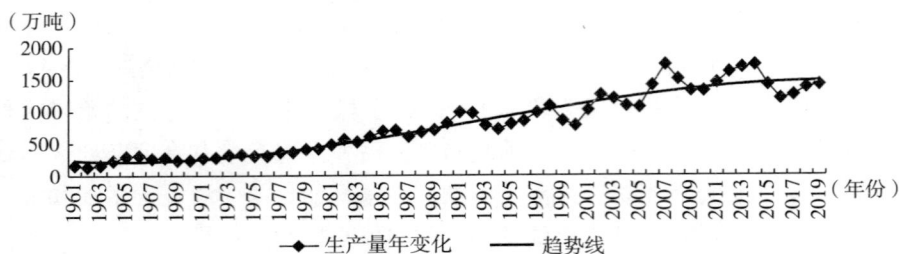

图 3-12　1961~2019 年我国的食糖生产量及趋势

（二）单位播种面积的食糖产量年度变化分析

糖（sugar raw centrifugal）是由以耕地为种植场所的甘蔗（sugar cane）和甜菜（sugar beet）等糖料（sugar crops primary）经过加工提炼而成的食用物质。FAO 统计了甘蔗、甜菜和糖料播种面积、总产量、单位面积产量及糖总产量，缺失单位面积耕地上糖的产量数据。

1. 糖单产量的计算方法

已知糖料及分要素甘蔗、甜菜的各自播种面积、总产量、单位面积产量，糖总产量数据，构建"糖单产量"的计算流程（见图 3-13），按照计算流程的思路和现实数据获取情况，设计表 3-20 中的计算方法如模型 3-26、模型 3-27、模型 3-28 所示。

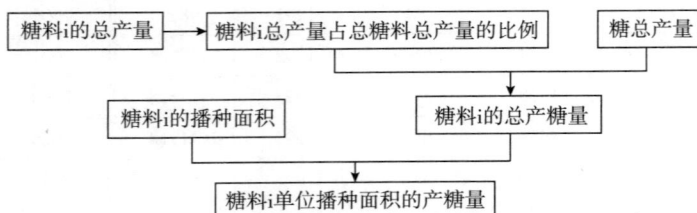

图 3-13　糖单产量的计算流程

表 3-20　糖单产量计算方法

模型编号	计算公式
3-26	$\dfrac{糖料 i（注：i 为甘蔗或甜菜）总产量}{糖料总产量}$＝糖料 i 总产量占糖料总产量的比例
3-27	糖料 i 总产量占当年糖料总产量的比例×糖总产量＝糖料 i 的总产糖量
3-28	$\dfrac{糖料 i 的总产糖量}{糖料 i 的播种面积}$＝糖料 i 的单位播种面积的糖产量

2. 单位播种面积的糖产量

根据 FAO 统计数据库中的甘蔗、甜菜和糖料播种面积、总产量、单位面积产量及糖总产量等数据，按照表 3-20 的计算方法，计算"糖料 i 的单位播种面积的糖产量"。

（1）甜菜糖的单产量。1961～2019 年我国甜菜糖的单产量如表 3-21 所示。

表 3-21　1961～2019 年我国甜菜单位播种面积的糖产量

年份	千克/公顷	千克/亩	年份	千克/公顷	千克/亩	年分	千克/公顷	千克/亩	年份	千克/公顷	千克/亩
1961	417.2	27.8	1976	760.7	50.7	1991	2108.2	140.5	2006	4945.7	329.7
1962	457.2	30.5	1977	695.8	46.4	1992	2168.1	144.5	2007	5462.2	364.1
1963	572.3	38.2	1978	828.8	55.3	1993	1733.3	115.6	2008	4099.8	273.3
1964	1028.9	68.6	1979	1013.4	67.6	1994	1455.9	97.1	2009	3661.2	244.1
1965	1239.4	82.6	1980	1376.5	91.8	1995	1723.5	114.9	2010	4018.8	267.9
1966	1630.6	108.7	1981	1381.1	92.1	1996	2131.1	142.1	2011	4732.4	315.5
1967	1536.0	102.4	1982	1386.7	92.4	1997	2278.9	151.9	2012	5240.6	349.4
1968	1542.7	102.8	1983	1606.1	107.1	1998	2451.5	163.4	2013	5497.4	366.5
1969	1353.2	90.2	1984	1618.3	107.9	1999	2254.8	150.3	2014	6334.4	422.3
1970	1022.3	68.2	1985	1476.4	98.4	2000	2168.8	144.6	2015	5524.0	368.3
1971	992.5	66.2	1986	1566.1	104.4	2001	2857.4	190.5	2016	4773.4	318.2
1972	822.7	54.8	1987	1403.9	93.6	2002	3396.2	226.4	2017	4826.2	321.7
1973	988.5	65.9	1988	1495.8	99.7	2003	2806.2	187.1	2018	4974.0	331.6
1974	900.9	60.1	1989	1586.5	105.8	2004	3174.1	211.6	2019	5203.3	346.9
1975	807.5	53.8	1990	2055.5	137.0	2005	3799.7	253.3			

资料来源：FAO。

按播种面积统计，2019 年以甜菜为原料的糖单产量为 5203.3 千克/公顷或 346.9 千克/亩，是 1961 年的 12.47 倍；2019～1961 年在波动中增长了 1147.3%（见表 3-21）。单产量提升巨大。

按照年代分析增率情况，每个年代的增率差异很大。1961～1969 年为 224.36%，1970～1979 年为 -0.88%，1980～1989 年为 15.25%，1990～1991 年为 9.70%，2000～2009 年为 68.81%，2010～2019 年为 29.48%。

以年份（t）为自变量，以播种面积的单产量（Y）为因变量，采用多项式模拟以甜菜为原料的糖单产量在 1961 年以来的变化过程，其曲线估计方程为：$Y = -0.0043 (t-1960)^4 + 0.5132 (t-1960)^3 - 17.6020 (t-1960)^2 + 226.2300 (t-1960) + 249.4200$，$R^2 = 0.9258$。变化过程如图 3-14 所示。总产量上涨趋势放缓。

图 3-14　1961～2019 年我国以甜菜为原料的糖单产量及趋势

（2）甘蔗糖的单产量。按播种面积统计，2019 年以甘蔗为原料的糖单产量为 7592.6 千克/公顷或 506.2 千克/亩（见表 3-22），是 1961 年的 1.65 倍；2019～1961 年在波动中增长了 65.48%。单产量提升较少，较稳定。

表 3-22　1961～2019 年我国甘蔗单位播种面积的糖产量

年份	千克/公顷	千克/亩	年份	千克/公顷	千克/亩	年份	千克/公顷	千克/亩	年份	千克/公顷	千克/亩
1961	4588.3	305.9	1976	3623.8	241.6	1991	6006.7	400.4	2006	8756.5	583.8
1962	4388.9	292.6	1977	4597.4	306.5	1992	5717.5	381.2	2007	9408.7	627.2
1963	4429.0	295.3	1978	4526.3	301.8	1993	5156.5	343.8	2008	7164.5	477.6
1964	4646.5	309.8	1979	5313.3	354.2	1994	4817.4	321.2	2009	6467.9	431.2
1965	5307.6	353.8	1980	5222.2	348.1	1995	5073.5	338.2	2010	6216.5	414.4
1966	5447.0	363.1	1981	5516.8	367.8	1996	5075.3	338.4	2011	6647.7	443.2
1967	4910.9	327.4	1982	5717.1	381.1	1997	5676.1	378.4	2012	7218.8	481.3
1968	5461.5	364.1	1983	4901.8	326.8	1998	5948.5	396.6	2013	7615.4	507.7
1969	4382.7	292.2	1984	5587.1	372.5	1999	5167.6	344.5	2014	7838.6	522.6
1970	3985.5	265.7	1985	5170.7	344.7	2000	5155.6	343.7	2015	7558.7	503.9
1971	4201.4	280.1	1986	5439.2	362.6	2001	6487.3	432.5	2016	6325.0	421.7
1972	3922.4	261.5	1987	4894.6	326.3	2002	7290.2	486.0	2017	6816.0	454.4
1973	4289.1	285.9	1988	4886.5	325.8	2003	7235.1	482.3	2018	7324.9	488.3
1974	4499.6	300.0	1989	5277.7	351.8	2004	6729.4	448.6	2019	7592.6	506.2
1975	3872.0	258.1	1990	5586.1	372.4	2005	6493.5	432.9			

资料来源：FAO。

按照年代分析增率情况，每个年代的增率差异很大。1961～1969 年为 −4.48%，1970～1979 年为 33.32%，1980～1989 年为 1.06%，1990～1999 年为

−7.49%，2000~2009 年为 25.45%，2010~2019 年为 22.14%。

以年份（t）为自变量，以播种面积的单产量（Y）为因变量，采用多项式模拟以甘蔗为原料的糖单产量在 1961 年以来的变化过程，其曲线估计方程为：$Y = -0.0001(t-1960)^5 + 0.0176(t-1960)^4 - 0.7979(t-1960)^3 + 19.198(t-1960)^2 - 237.5000(t-1960) + 4529.5000$，$R^2 = 0.8349$。变化过程如图 3-15 所示。

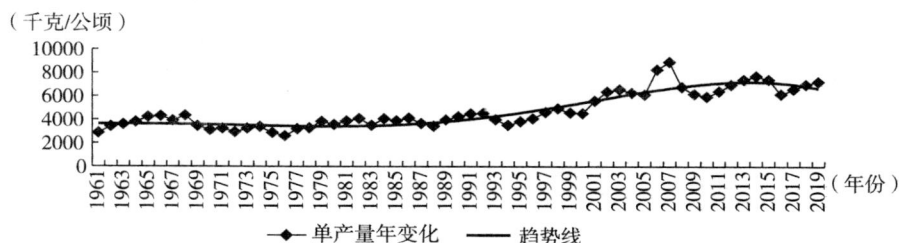

图 3-15　1961~2019 年我国以甘蔗为原料的糖单产量及趋势

（3）糖料糖的单产量。按播种面积统计，2019 年以糖料为原料的糖单产量为 7258.0 千克/公顷或 483.9 千克/亩，是 1961 年的 2.54 倍；2019~1961 年在波动中增长 153.55%（见表 3-23）。单产量提升有限。

表 3-23　1961~2019 年我国单位播种面积的糖产量

年份	千克/公顷	千克/亩	年份	千克/公顷	千克/亩	年份	千克/公顷	千克/亩	年份	千克/公顷	千克/亩
1961	2862.5	190.8	1976	2613.4	174.2	1991	4487.5	299.2	2006	8300.6	553.4
1962	3411.0	227.4	1977	3199.2	213.3	1992	4528.3	301.9	2007	8938.5	595.9
1963	3594.5	239.6	1978	3290.5	219.4	1993	3986.2	265.7	2008	6787.0	452.5
1964	3796.2	253.1	1979	3838.2	255.9	1994	3525.9	235.1	2009	6191.9	412.8
1965	4214.3	281.0	1980	3576.6	238.4	1995	3836.1	255.7	2010	5965.4	397.7
1966	4306.1	287.1	1981	3869.6	258.0	1996	4086.2	272.4	2011	6425.9	428.4
1967	3907.0	260.5	1982	4079.1	271.9	1997	4623.3	308.2	2012	6990.1	466.0
1968	4334.1	288.9	1983	3516.1	234.4	1998	4944.9	329.7	2013	7423.5	494.9
1969	3463.3	230.9	1984	4075.1	271.7	1999	4578.6	305.2	2014	7729.2	515.3
1970	3114.8	207.7	1985	3887.6	259.2	2000	4522.2	301.5	2015	7435.2	495.7
1971	3248.6	216.6	1986	4129.9	275.3	2001	5613.4	374.2	2016	6172.4	411.5
1972	2937.8	195.9	1987	3674.5	245.0	2002	6395.2	426.3	2017	6592.8	439.5
1973	3233.8	215.6	1988	3437.2	229.1	2003	6581.3	438.8	2018	7013.4	467.6
1974	3388.1	225.9	1989	3963.9	264.3	2004	6302.7	420.2	2019	7258.0	483.9
1975	2873.4	191.6	1990	4232.1	282.1	2005	6134.4	409.0			

资料来源：FAO。

　　按照年代分析增率情况，每个年代的增率差异很大。1961～1969 年为 0.41%，1970～1979 年为 23.22%，1980～1989 年为 10.83%，1990～1999 年为 8.19%，2000～2009 年为 36.92%，2010～2019 年为 21.67%。显然，以糖料为原料的糖单产量的年代波动是最小的。

　　以年份（t）为自变量，播种面积的单产量（Y）为因变量，采用多项式模拟糖单产量 1961～2019 年的变化过程，其曲线估计方程为：$Y = 1 \times 10^{-6} (t-1960)^6 - 0.0002 (t-1960)^5 + 0.0206 (t-1960)^4 - 0.7636 (t-1960)^3 + 14.8480 (t-1960)^2 - 127.7000(t-1960) + 4944.0000$，$R^2 = 0.7122$。变化过程如图 3-16 所示。

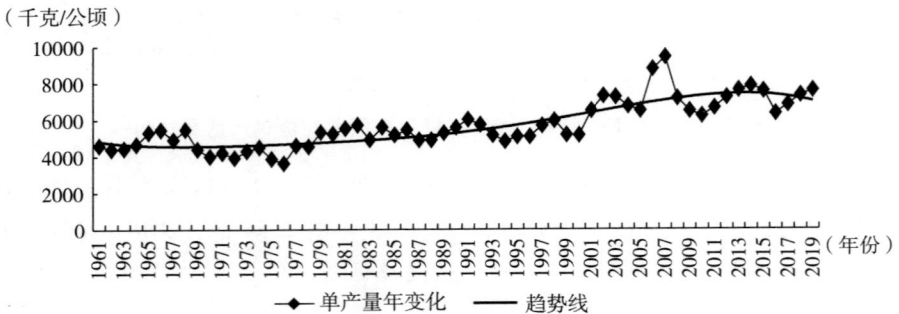

（千克/公顷）

图 3-16　1961～2019 年我国以糖料为原料的糖单产量及趋势

（三）糖类单位播种面积产量预测与分析

　　1961～2019 年，糖类单位播种面积的产量按照一般时间序列分析寻找规律很困难，采用灰色数列 GM（1，1）方法分析其过去变化并预测未来趋势。根据本问题的特点，按照 5 年一个时段，将糖类单位播种面积的产量数据分组，构成步长为 5 年的 5 个数列，然后在 DPS7.05 平台上进行运算，建立灰色数列 GM（1，1）模型（见表 3-24），对 1961～2019 年糖类单位播种面积的产量进行拟合，误差及其模型的 C、P 评价值都在允许范围内，灰色数列 GM（1，1）模型可以用来预测未来单位播种面积的产量。

　　基于表 3-24 的灰色数列 GM（1，1）模型预测未来糖类单位播种面积的产量如表 3-25 所示。预测值介于 7177.3～13124.8 千克/公顷。预测的单位播种面积的产量超过 9000 千克/公顷的年份数为 57%，而表 3-23 中 2007 年的单位播种面积的产量是 8938.5 千克/公顷，为历年最高值。所以，部分年份要实现预测值有一定难度。

表 3-24　糖类单位播种面积产量的灰色数列 GM（1，1）模型与评价

模型编号	模型	残差分析次数	拟合误差百分比范围	模型评价
3-29	$G_{t+1}=-47086.809537e^{-0.093849t}+50027.549072$	第 2 次	$-38.9562\%\sim$ 21.3060%	C=0.5417，一般 P=0.8182，好
3-30	$G_{t+1}=-25176.090175e^{-0.059082t}+26076.345322$	第 1 次	$-21.9164\%\sim$ 11.6672%	C=.3194，很好 P=1.0000，很好
3-31	$G_{t+1}=-18600.842456e^{-0.123538t}+19358.661054$	第 1 次	$-23.9386\%\sim$ 12.3860%	C=0.3727，好 P=1.0000，很好
3-32	$G_{t+1}=-16306.192339e^{-0.106827t}+16931.002387$	第 1 次	$-19.0083\%\sim$ 18.4594%	C=0.3847，好 P=1.0000，很好
3-33	$G_{t+1}=-32668.38874e^{-0.076970t}+34402.270396$	第 2 次	$-33.7231\%\sim$ 16.6202%	C=0.40358，好 P=0.90000，好

表 3-25　2023～2050 年我国糖类单位播种面积的产量

单位：千克/公顷

年份	2023	2024	2025	2026	2027	2028	2029	2030	2031	2032
单产量	8166.4	7436.8	7236.9	7177.3	8984.2	8953.0	8126.6	7997.2	7876.9	9855.8
年份	2033	2034	2035	2036	2037	2038	2039	2040	2041	2042
单产量	9833.8	8896.7	8850.9	8676.7	10820.5	10816.5	9753.9	9806.9	9583.8	11887.2
年份	2043	2044	2045	2046	2047	2048	2049	2050		
单产量	11910.2	10706.0	10874.7	10606.4	13065.7	13124.8	11761.5	12065.3		

三、蔬菜的耕地生产能力

（一）国内蔬菜生产量分析

蔬菜是指可以做菜、烹饪成为食品的植物或菌类，有的以根部为产品（根菜类）、有的以茎部为产品（茎菜类）、有的以鲜嫩叶片及叶柄为产品（叶菜类）、有的以花器或花枝为产品（花菜类）、有的以果实及种子为产品（果菜类）；食用形式有的为新鲜产品，如叶菜类或大部分花菜类；有的可以存放较长时间，如部分茎菜类、根菜类或果菜类，有的可以制成干货，如部分茎菜类、根菜类或果菜类。

2019 年，蔬菜类的生产量为 1961 年的 11.26 倍，2019 年较 1961 年的增长率为 1026.5%。2019 年的生产量为 66517.4 万吨（见表 3-26）。蔬菜类生产量具有年代差异性，1961～1969 年为生产量下降期，1970～2019 年为在波动中的连续上

升期。以年份（t）为自变量，以生产量（Y）为因变量，采用多项式模拟食用蔬菜生产量的变化过程，其曲线估计方程为：$Y=-0.0321(t-1960)^4+3.4039(t-1960)^3-82.233(t-1960)^2+622.73(t-1960)+3902.2$，$R^2=0.996$。变化过程如图 3-17 所示。

表 3-26　1961~2019 年我国蔬菜类及新鲜蔬菜的生产量　　单位：万吨

年份	蔬菜类	新鲜蔬菜	年份	蔬菜类	新鲜蔬菜	年份	蔬菜类	新鲜蔬菜	年份	蔬菜类	新鲜蔬菜
1961	5904.8	1281.1	1976	4950.1	1261.6	1991	13505.8	5896.3	2006	46206.1	14553.2
1962	5520.7	1329.7	1977	5200	1330.3	1992	15141.2	6889.2	2007	48707.4	14688.1
1963	4904.2	1121.9	1978	5748.6	1525.3	1993	17716.1	7801.7	2008	51202.3	14787.7
1964	4405.9	996.4	1979	5815.4	1628.2	1994	19402.6	8335.4	2009	52267.7	14888.5
1965	4666.6	1094.5	1980	5656	1495.4	1995	20919.9	8896.9	2010	54543.6	15382.4
1966	4609.4	1082.2	1981	6477.3	1884.3	1996	23340.3	9222.7	2011	56425.5	15938.3
1967	4701.7	1115.4	1982	6966.2	2115.1	1997	25039.5	9354.5	2012	57052.3	16091.7
1968	4959	1168.0	1983	7846.1	2791.5	1998	26002	9599.7	2013	58332.8	16193.7
1969	5130.9	1190.9	1984	8880.8	3546.6	1999	28953.6	10148.0	2014	58118.8	16327.4
1970	4201.7	1114.2	1985	9614.9	3533.4	2000	36002	12147.9	2015	61150.6	17048.4
1971	4677.9	1234.3	1986	11285.9	5017.5	2001	38385.1	12889.7	2016	62151.9	16526.2
1972	4287.2	1106.3	1987	11844	5244.7	2002	41341.4	13603.0	2017	63755.9	17259.1
1973	4781.2	1250.9	1988	12676.3	5849.7	2003	41970.4	13800.1	2018	65137.3	16950.1
1974	4801.4	1235.9	1989	12855.2	6067.4	2004	42779.4	13996.7	2019	66517.4	16908.1
1975	4976.7	1283.0	1990	13186.4	6166.6	2005	44382.8	14185.5			

资料来源：FAO。

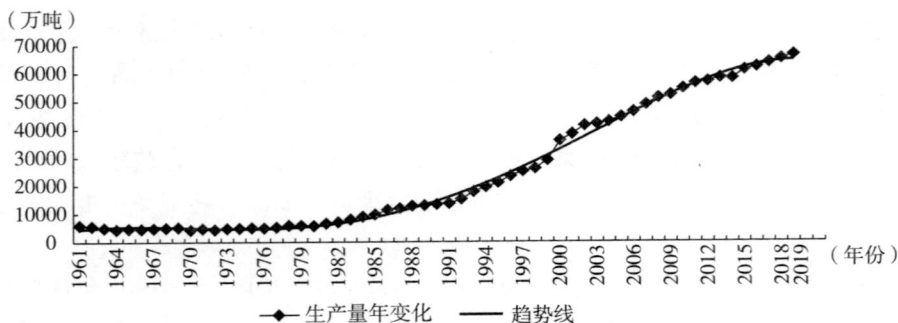

图 3-17　1961~2019 年的蔬菜类生产量及趋势

新鲜蔬菜占蔬菜类的比例变化范围为 21.7%~47.2%。整体来说，新鲜蔬菜的生产量占蔬菜类生产量的比例不低于 1/4，最多的年份超过了 50%。以年份（t）为自变量，以新鲜蔬菜占蔬菜类的比例（Y）为因变量，采用多项式模拟新鲜蔬菜占比的变化过程，其曲线估计方程为：$Y = -2 \times 10^{-7}(t-1960)^6 + 3 \times 10^{-5}(t-1960)^5 - 0.0021(t-1960)^4 + 0.0657(t-1960)^3 - 0.8887(t-1960)^2 + 4.8843(t-1960) + 15.972$，$R^2 = 0.92$。变化过程如图 3-18 所示。

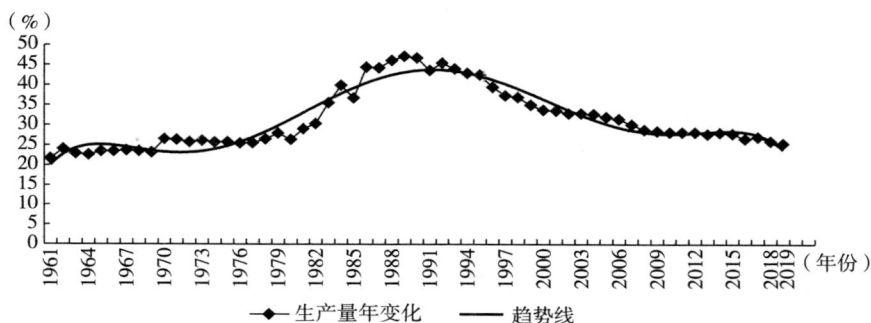

图 3-18　1961~2019 年我国新鲜蔬菜生产量占蔬菜类的比例及趋势

（二）蔬菜单位播种面积产量的年度变化

新鲜蔬菜单位播种面积产量的年度变化较蔬菜类更小、更稳定。

2019 年蔬菜类单位播种面积的产量为 25250.8 千克/公顷，是 1961 年的 2.5 倍，较 1961 年的增长率为 151.7%（见表 3-27）。单位播种面积的产量增长率的年代差异性十分显著、波动性大，1961~1969 年的增长率为 30.71%，1970~1979 年仅为 0.66%，1980~1989 年为 15.90%，1990~1999 年为 -3.05%，2000~2010 年为 17.03%，2010~2019 年为 12.65%。以年份（t）为自变量，以单位播种面积产量（Y）为因变量，采用二次曲线模拟 1961~2019 年的变化过程，其曲线估计方程为：$Y = 1.2765(t-1960)^2 + 160.0000(t-1960) + 10971.0000$，$R^2 = 0.9658$。变化过程如图 3-19 所示。

2019 年新鲜蔬菜单位播种面积产量为 16598.4 千克/公顷（1105.9 千克/亩），是 1961 年的 1.4 倍（见表 3-26），较 1961 年的增长率为 40.7%。按年代分析单位播种面积产量的增长率，整体呈下降趋势，其中，1961~1969 年的增长率为 16.98%，1970~1979 年仅为 4.25%，1980~1989 年为 4.83%，1990~1999 年为 -7.01%，2000~2009 年为 -9.27%，2010~2019 年为 0.93%。以年份（t）为自变量，以单位面积产量（Y）为因变量，采用多项式模拟 1961~2019 年的变化过程，其曲线估计方程为：$Y = -9 \times 10^{-6}(t-1960)^6 + 0.0015(t-1960)^5 - 0.0874(t-1960)^4 + 1.8334(t-1960)^3 - 8.4774(t-1960)^2 + 232.0800(t-1960) + 11065.0000$，$R^2 = 0.8908$。变化过程如图 3-20 所示。

表 3-27　1961~2019 年我国蔬菜单位播种面积的产量

单位：千克/公顷

年份	蔬菜类	新鲜蔬菜	年份	蔬菜类	新鲜蔬菜	年份	蔬菜类	新鲜蔬菜	年份	蔬菜类	新鲜蔬菜
1961	10029.5	11844.2	1976	14202.2	15047.0	1991	16869.7	17988.7	2006	20217.2	17404.3
1962	10485.2	11207.6	1977	14229.9	15099.1	1992	18131.2	19710.6	2007	21092.4	17154.0
1963	10734.5	11289.1	1978	14070.8	15043.2	1993	17904.1	19269.3	2008	22280.1	17069.0
1964	10745.1	11297.3	1979	14357.8	16170.3	1994	18002.5	19065.1	2009	22348.4	16423.5
1965	11185.0	11723.9	1980	14273.8	15952.4	1995	18199.8	19070.6	2010	22415.4	16427.2
1966	11423.6	11975.5	1981	15062.2	17699.0	1996	18254.7	19200.3	2011	22744.2	16437.0
1967	11643.6	12319.7	1982	14738.1	16734.6	1997	17516.6	18466.2	2012	22971.1	16568.0
1968	12558.7	13168.5	1983	15777.3	19486.6	1998	16990.9	17890.2	2013	23459.3	16584.8
1969	13109.4	13854.8	1984	17349.3	21590.1	1999	16542.1	16728.0	2014	23602.3	16340.2
1970	14264.0	15358.4	1985	15752.8	17695.2	2000	19096.2	18065.4	2015	23883.0	16205.5
1971	14367.4	15510.8	1986	16935.5	20163.4	2001	19108.1	18102.1	2016	24341.5	16367.7
1972	13669.5	14663.8	1987	16704.8	19580.5	2002	19709.3	18452.2	2017	24858.6	16910.9
1973	13884.7	15003.3	1988	16724.8	18997.0	2003	19869.6	18244.4	2018	24889.6	16493.3
1974	14282.2	14991.3	1989	16542.7	18553.6	2004	19476.2	17355.9	2019	25250.8	16589.4
1975	14276.2	15150.4	1990	17063.0	19279.0	2005	19665.8	17163.6			

资料来源：FAO。

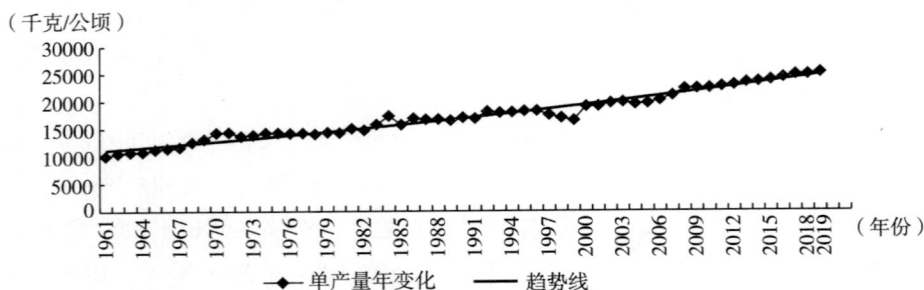

图 3-19　1961~2019 年我国蔬菜类单位播种面积的产量及趋势

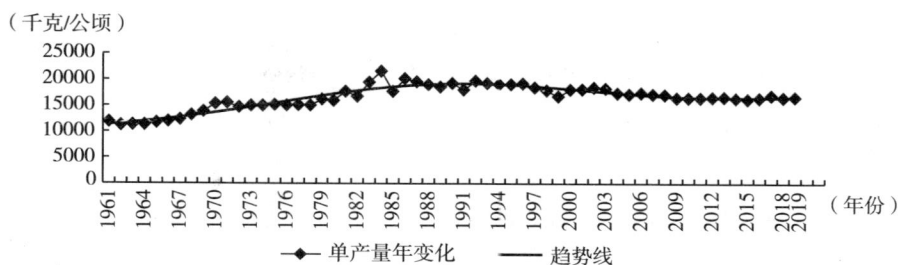

图 3-20　1961~2019 年我国新鲜蔬菜单位播种面积产量及趋势

（三）蔬菜单位播种面积的产量预测与分析

1961~2019 年，蔬菜单位播种面积的产量按照一般时间序列分析寻找规律很困难，采用灰色数列 GM（1，1）方法分析其过去变化并预测未来趋势。根据本问题的特点，按照 5 年一个时段，将蔬菜单位播种面积的产量数据分组，构成步长为 5 年的 5 个数列，然后在 DPS7.05 平台上进行运算，建立灰色数列 GM（1，1）模型模拟 1961~2019 年的变化过程和预测未来趋势。

表 3-28 为蔬菜类单位播种面积产量的灰色数列 GM（1，1）模型与评价信息。对 1961~2019 年的蔬菜类单位播种面积的产量进行拟合，误差在允许范围内；5 个模型的评价值 C<0.35，P=1>0.95，评价为"很好"，灰色数列 GM（1，1）模型的精度较好，预测未来单位播种面积的产量的信度较高。

表 3-28　蔬菜类单位播种面积产量的灰色数列 GM（1，1）模型与评价

模型编号	模型	残差分析次数	拟合误差百分比范围	模型评价
3-34	$G_{t+1}=4711940.068306e^{0.000224t}-4710964.605496$	第 1 次	-9.257.%~9.43960%	C=0.1346，很好 P=1.0000，很好
3-35	$G_{t+1}=41753.850046e^{0.014245t}-41171.827691$	第 1 次	-1.8382%~6.2567%	C=0.1021，很好 P=1.0000，很好
3-36	$G_{t+1}=-28459.531571e^{-0.051290t}+29351.198061$	第 1 次	-5.0010%~5.9404%	C=0.1362，很好 P=1.0000，很好
3-37	$G_{t+1}=-38831.405347e^{-0.065604t}+40269.976542$	第 1 次	-7.9984%~8.7220%	C=0.2378，很好 P=1.0000，很好
3-38	$G_{t+1}=-15562.074895e^{-0.047565t}+16166.796071$	第 2 次	-2.2043%~2.9288%	C=0.0742，很好 P=1.0000，很好

表 3-29 为新鲜蔬菜单位播种面积的产量的灰色数列 GM（1，1）模型与评价信息。对 1961~2019 年的新鲜蔬菜单位播种面积的产量进行拟合，误差在允许范围内；5 个模型的评价值 C＜0.35，P＝1＞0.95，评价为"很好"，灰色数列 GM（1，1）模型的精度较好，预测未来单位播种面积的产量的信度较高。

表 3-29　新鲜蔬菜单位播种面积产量的灰色数列 GM（1，1）模型与评价

模型编号	模型	残差分析次数	拟合误差百分比范围	模型评价
3-39	$G_{t+1} = -1936.886226e^{-0.197189t} + 2184.044924$	第 4 次	−1.0598% ~ 1.5075%	C = 0.1118，很好 P = 1.0000，很好
3-40	$G_{t+1} = 388.580573e^{0.150621t} - 281.879009$	第 9 次	−0.3726% ~ 0.3924%	C = 0.0425，很好 P = 1.0000，很好
3-41	$G_{t+1} = 2224.971119e^{0.041609t} - 2090.998549$	第 4 次	−0.5870% ~ 0.4916%	C = 0.0586，很好 P = 1.0000，很好
3-42	$G_{t+1} = -2188.359219e^{-0.142440t} + 2388.293165$	第 6 次	−1.0918% ~ 0.8403%	C = 0.0628，很好 P = 1.0000，很好
3-43	$G_{t+1} = -2309.452654e^{-0.127729t} + 2524.508093$	第 7 次	−1.0114% ~ 0.8193%	C = 0.0972，很好 P = 1.0000，很好

基于表 3-28 的灰色数列 GM（1，1）模型预测未来蔬菜类单位播种面积的产量如表 3-30 所示，2023~2050 年的蔬菜类单产量介于 26059.7~37422.3 千克/公顷。基于表 3-29 的灰色数列 GM（1，1）模型预测未来新鲜蔬菜单位播种面积的产量如表 3-31 所示。

表 3-30　2023~2050 年我国蔬菜类单位播种面积的产量

单位：千克/公顷

年份	2023	2024	2025	2026	2027	2028	2029	2030	2031	2032
单产量	26433.9	26059.7	26301.2	27318.5	28324.1	28267.3	27736.7	28019.0	29164.2	30367.7
年份	2033	2034	2035	2036	2037	2038	2039	2040	2041	2042
单产量	30235.2	29535.3	29865.5	31135.1	32558.1	32346.8	31463.1	31847.8	33239.4	34905.9
年份	2043	2044	2045	2046	2047	2048	2049	2050		
单产量	34612.1	33528.1	33973.6	35486.4	37422.3	37041.6	35738.8	36251.2		

表 3-31　2023~2050 年我国新鲜蔬菜单位播种面积的产量

单位：千克/公顷

年份	2023	2024	2025	2026	2027	2028	2029	2030
单产量	16200.1	15534.7	15222.0	14798.6	15792.3	15913.8	15335.5	14896.8

续表

年份	2031	2032	2033	2034	2035	2036	2037	2038	2039	2040
单产量	14285.3	15542.2	15660.6	15202.2	14638.9	13793.7	15356.2	15443.8	15143.3	14452.2
年份	2041	2042	2043	2044	2045	2046	2047	2048	2049	2050
单产量	13321.9	15242.2	15266.9	15170.0	14342.6	12868.4	15209.8	15134.5	15296.4	14317.2

第四节　食品作物播耕强度指数及灾后系数

一、耕地面积的变化

计算食品作物播耕强度指数或倒数涉及耕地面积，需研究耕地面积的变化特点。

（一）耕地面积校正

我国的耕地面积统计，1996 年以前同 1996 年以后相比存在很大的差别，须对 1996 年以前的耕地面积统计数据进行校正（冉清红等，2010）。利用 1983~1995 年的数据，建模预测 1996 年的耕地数量，再根据 1996 年的实际耕地面积与预测面积的差值，对 1995 年及以前的耕地面积数据进行修正。用 $S_{耕}$ 表示耕地面积、T 代表时间变量，以耕地面积（$S_{耕}$）为因变量，以时间（T）为自变量进行曲线估计，比较各种曲线估计的 R、R^2、调整后的 R 和标准误差（Std. Error）四个指标（见表 3-32）。

表 3-32　1983~1995 年我国耕地年变化的曲线估计系数比较

模型名称	R	R^2	调整后的 R	Std. Error
Linear	0.904	0.817	0.801	474.846
Logarithmic	0.981	0.962	0.958	217.913
Inverse	0.929	0.863	0.850	411.805
Quadratic	0.967	0.935	0.922	296.857
Cubic	0.990	0.979	0.972	177.305
Compound	0.906	0.821	0.804	0.005
Power	0.981	0.962	0.959	0.002
S	0.927	0.860	0.847	0.040
Growth	0.906	0.821	0.804	0.005
Exponential	0.906	0.821	0.804	0.005
Logistic	0.906	0.821	0.804	0.005

从表 3-32 中的 R、R^2 及调整后的 R、标准误差（Std. Error）四个指标来看，三次曲线估计模型模拟 1983~1995 年的变化过程的效果最好（见图 3-21）。

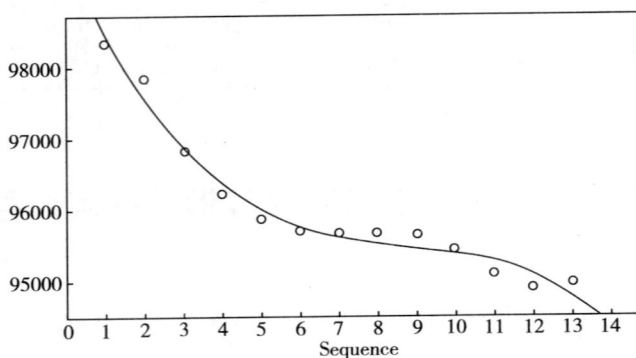

图 3-21　1983~1995 年我国耕地面积变化的三次曲线拟合

三次曲线估计模型拟合值与 1983~1995 年统计面积值之间的拟合误差百分数介于 -0.2916%~0.2020%，误差值年际变化如图 3-22 所示。

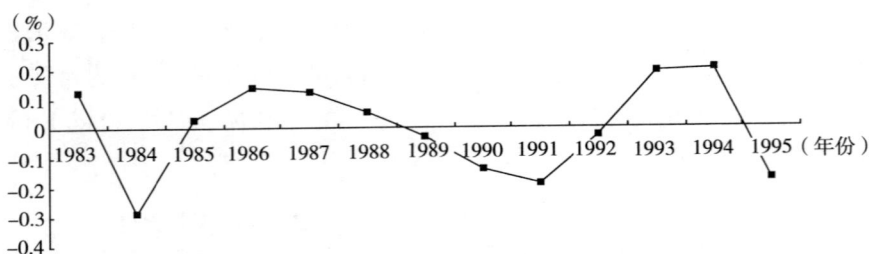

图 3-22　1983~1995 年我国耕地三次曲线估计的误差值

建立 1983~1995 年耕地数量变化的三次曲线估计模型：$S_{耕} = 99646.289 - 1300.305（T-1982）+141.456（T-1982）^2 - 5.390（T-1982）^3$，$R^2 = 0.979$。用该模型预测 1996 年的耕地面积，计算预测值与同年的统计面积之差为 35661.97 万公顷，用该差值修正 1983~1995 年统计耕地的总面积。

（二）耕地面积变化

从整体上看，1983~2019 年我国的耕地面积呈减少趋势。变化过程经历了以下三个阶段：①2008 年以前的下降时期，由 1983 年的 13402.16 万公顷逐步下降为 2008 年的 12171.59 万公顷；②2009~2018 年的耕地面积"补偿+

减少"时期，通过补充 2009 年耕地为 135384.6 万公顷，2018 年达到134881.2 万公顷；③2019 年开始的再次下降时期，当年耕地面积为12786.19 万公顷[①]。

以时间（t）为自变量，以耕地面积（Y）为因变量，多项式模拟 1983~2019 年耕地面积的变化过程（见图 3-23）。$Y = 1 \times 10^{-4}(t-1983)^6 - 0.0366(t-1983)^5 + 2.6922(t-1983)^4 - 76.1370(t-1983)^3 + 917.0400(t-1983)^2 - 4586.8(t-1983) + 139001.0000$，$R^2 = 0.7256$，总体上看，趋势线能够基本反映耕地面积的变化过程。

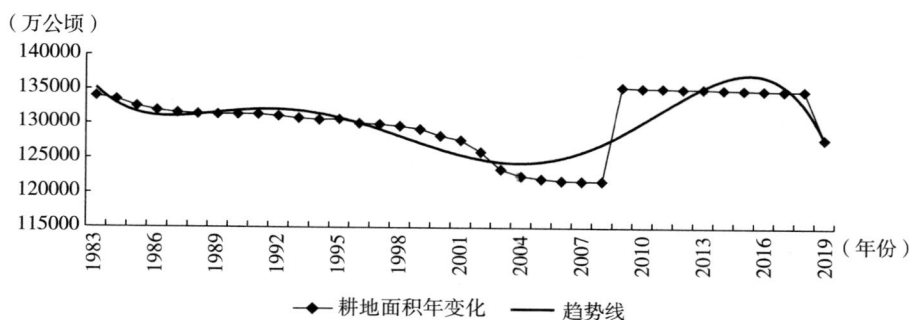

图 3-23　1983~2019 年我国耕地面积及趋势

资料来源：1983~1995 年耕地面积为根据中国农业部《中国农业年鉴》（2007 年）进行修正后的数据，1996~2019 年耕地面积数据来源于《中国统计年鉴》（1996~2020 年），人均耕地面积为计算结果。

二、食品作物播耕强度指数

（一）耕地占农地比例下降

农地农作物包括耕地农作物和园地农作物。园地农作物包括果园和茶园。1978 年以来，进行农地利用结构调整，将耕地调整为园地。直接表现为，耕地农作物播种面积（$S_{耕农播}$）占农地农作物播种面积（$S_{农播}$）的比例$\left(\dfrac{S_{耕农播}}{S_{农播}}\right)$由 1978 年的 98.2%减少到 2019 年的 90.7%（见图 3-24）；园地农作物播种面积占农地农作物播种面积的比例由 1978 年的 1.8%（100%-98.2%）增加到 2019 年的 9.3%（100%-90.7%）。

[①]　第三次全国国土调查。

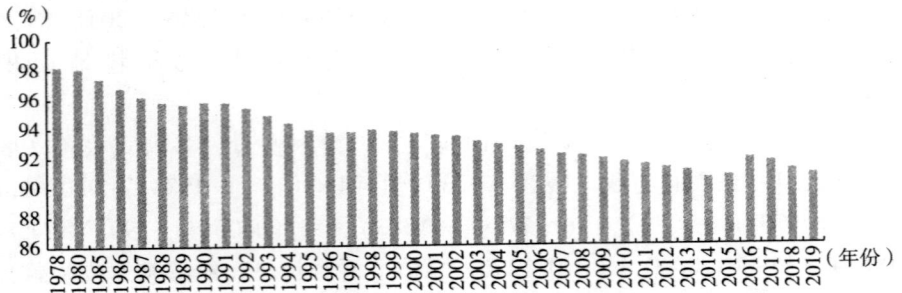

图 3-24　1978~2019 年耕地农作物占农作物播种面积的比例

（二）食品农作物占耕地农作物的比例增高

耕地农作物包括粮食、植物油、食糖与蔬菜等食品作物，以及棉花、麻类和烟叶等经济作物。鉴于农业经济发展的需要，我国耕地利用多年来坚持"食品作物+非食品作物"的思路进行多种经营。耕地农作物播种面积年际变化如图 3-25 所示。

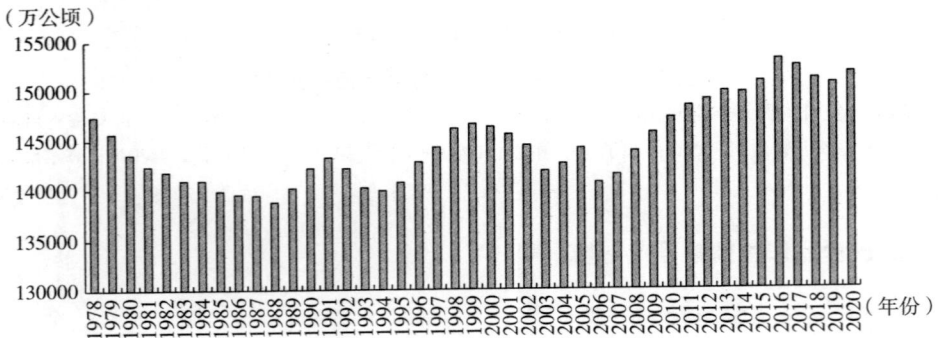

图 3-25　1978~2020 年耕地农作物播种面积

用 $S_{耕食播}$ 表示耕地食品作物播种面积，耕地食品作物播种面积占耕地农作物播种面积的比例为 $\dfrac{S_{耕食播}}{S_{耕农播}}$。1978~2019 年，$\dfrac{S_{耕食播}}{S_{耕农播}}$ 波动范围为 93.4%~97.2%（见图 3-26），1978 年为 95.7%，2019 年增长到 97.1%。显然，在耕地农作物中，非食品作物的比例越来越低，耕地利用主要围绕食品作物展开。

（三）食品作物播耕强度指数较大

耕地农作物播种面积与耕地面积的比例称为耕地复种指数或耕地种植指数，

即 $\dfrac{S_{农播}}{S_{耕}}$。同理，耕地食品作物播种面积与耕地面积的比例为食品作物播耕强度指

数（B）或食品作物种植指数，即 $\dfrac{S_{耕食播}}{S_{耕}}$。食品作物播耕强度指数不同于耕地复

种指数，其既受到耕作制度的制约，又受到农业结构调整的影响，食品作物播耕

强度指数与耕地复种指数呈正相关关系，耕地复种指数与食品作物播种面积占农

作物播种面积的比重之乘积就是食品作物播耕强度指数，即 $\dfrac{S_{农播}}{S_{耕}} \times \dfrac{S_{耕食播}}{S_{农播}} = \dfrac{S_{耕食播}}{S_{耕}}$。

依据耕地面积数据（见图 3-23）和食品作物播种面积的数据（见图 3-27），容

易得到食品作物播耕强度指数。

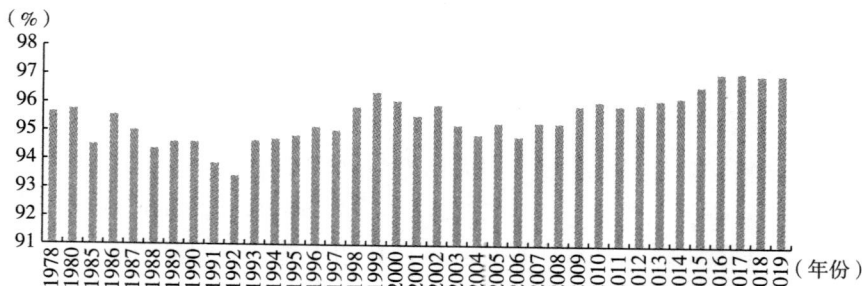

图 3-26　1978~2019 年食品作物播种面积占农作物总播种面积的比例

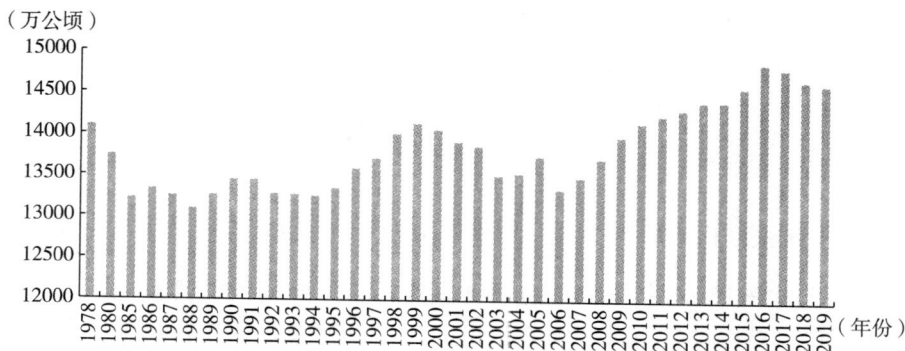

图 3-27　1978~2019 年食品作物播种面积

1985~2019 年，我国的食品作物播耕强度指数如表 3-33 所示。其中，除
1985 年和 1988 年，其他年份的食品作物播耕强度指数皆大于 1。据此，将计算
的食品作物播耕强度指数的倒数列在表 3-33 中。

表 3-33　1985~2019 年食品作物播耕强度指数及其倒数

年份	B	1/B	年份	B	1/B	年份	B	1/B	年份	B	1/B
1985	0.9974	1.0026	1994	1.0144	0.9858	2003	1.0940	0.9140	2012	1.0582	0.9450
1986	1.0108	0.9893	1995	1.0211	0.9793	2004	1.1044	0.9054	2013	1.0655	0.9386
1987	1.0070	0.9931	1996	1.0443	0.9576	2005	1.1251	0.8888	2014	1.0665	0.9377
1988	0.9965	1.0035	1997	1.0552	0.9477	2006	1.0946	0.9135	2015	1.0791	0.9267
1989	1.0094	0.9907	1998	1.0804	0.9256	2007	1.1072	0.9032	2016	1.1011	0.9082
1990	1.0237	0.9769	1999	1.0934	0.9146	2008	1.1260	0.8881	2017	1.0969	0.9117
1991	1.0236	0.9770	2000	1.0959	0.9125	2009	1.0320	0.9690	2018	1.0866	0.9203
1992	1.0126	0.9875	2001	1.0896	0.9178	2010	1.0453	0.9567	2019	1.1428	0.8751
1993	1.0144	0.9858	2002	1.1002	0.9089	2011	1.0523	0.9503			

　　资料来源：1983~2006 年耕地面积，农作物播种总面积，粮食、油料、糖料以及蔬菜等作物播种面积相关数据来源于《中国农业年鉴》（2007 年）；2007~2019 年相关数据来源于《中国统计年鉴》（2007~2020 年）。

　　食品作物播耕强度指数反映了在以年为单位的时间内，食品作物对耕地的利用强度，在一定程度上揭示了耕地紧张程度。如果 B<1，则食品作物播种面积小于耕地面积，种植业结构具有多样性，食品作物用地增加的空间较大；若 B>1，则食品作物播种面积大于耕地面积，种植业结构中的食品作物种植比重较高，耕地的主要功能是生产食品，农业结构调整困难。

　　（四）食品作物播耕强度指数的倒数及预测分析

　　鉴于食品作物播耕强度指数的倒数是 $S_{耕}$ 与 $S_{耕食播}$ 的比值，即 $\frac{1}{B} = \frac{S_{耕}}{S_{耕食播}}$，据式

（1-6）区域最小人均耕地面积模型：$S_{min}^{t} = \frac{S_{耕}}{S_{耕食播}} \sum_{i=1}^{n} \frac{\beta_i \times G_i}{P_i} \times (1+H)$ （$1 \leq t \leq n$），

食品作物播耕强度指数的倒数 $\left(\frac{1}{B}\right)$ 是模型中的一个参数，需要对该参数的未来情况进行预测分析。分析该参数有两种思路：一是分别预测耕地面积和食品作物播种面积，在此基础上计算未来年份的食品作物播耕强度指数的倒数；二是基于历年的食品作物播耕强度指数的倒数数据，采用时间序列中的灰色模型预测未来年份的食品作物播耕强度指数的倒数。本书采用第二种思路。

　　表 3-33 中的 1985~2019 年的 1/B 值按照一般时间序列分析寻找规律很困难，采用灰色数列 GM（1，1）方法分析其过去变化并预测未来趋势。根据本问题的特点，按照 5 年一个时段，将 1/B 值分组，构成步长为 5 年的 5 个数列，然

后在 DPS7.05 平台上进行运算，建立灰色数列 GM（1，1）模型模拟 1985 年来的变化过程和预测未来变化。灰色数列 GM（1，1）模型与评价信息见表 3-34，模型对 1985~2019 年的 1/B 值进行拟合，5 个模型的拟合误差很小，在允许范围内；模型评价值 C<0.35，P=1>0.95，评价为"很好"，灰色数列 GM（1，1）模型的精度较好，预测未来年份 1/B 的信度较高。

表 3-34　食品作物播耕强度指数倒数的灰色数列 GM（1，1）模型与评价

模型编号	模型	残差分析次数	拟合误差百分比范围	模型评价
3-44	$G_{t+1}=0.000023e^{0.178499t}-0.000012$	第 28 次	-0.0006%~0.0006%	C=0.0001，很好 P=1.0000，很好
3-45	$G_{t+1}=0.001114e^{0.158599t}-0.000618$	第 14 次	-0.0242%~0.0219%	C=0.0066，很好 P=1.0000，很好
3-46	$G_{t+1}=0.095447e^{0.036362t}-0.091054$	第 7 次	-0.4182%~0.3127%	C=0.0677，很好 P=1.0000，很好
3-47	$G_{t+1}=0.018482e^{0.166064t}-0.010804$	第 6 次	-0.4258%~0.4021%	C=0.0773，很好 P=1.0000，很好
3-48	$G_{t+1}=0.013546e^{0.156986t}-0.007559$	第 8 次	-0.3239%~0.2901%	C=0.0607，很好 P=1.0000，很好

基于表 3-34 的灰色数列 GM（1，1）模型预测未来食品作物播耕强度指数的倒数如表 3-35 所示。

表 3-35　2023~2049 年食品作物播耕强度指数的倒数

年份	2023	2024	2025	2026	2027	2028	2029	2030	2031	2032
1/B 值	0.86351	0.86686	0.88317	0.87262	0.85672	0.85395	0.85746	0.88135	0.86463	0.84811
年份	2033	2034	2035	2036	2037	2038	2039	2040	2041	2042
1/B 值	0.84632	0.85013	0.88256	0.85831	0.84148	0.84051	0.84486	0.88707	0.85376	0.83689
年份	2043	2044	2045	2046	2047	2048	2049			
1/B 值	0.83649	0.84172	0.89525	0.85114	0.83448	0.83432	0.84087			

三、灾害影响系数

（一）受灾与成灾情况

我国地域辽阔，是一个自然灾害多发的国家，旱灾、水灾、风灾、雹灾、雪

灾等气象灾害种类多而发生频繁，水土流失、盐碱化等农业地质灾害也非常频繁，每年都会在大范围内对农业产生不利影响，全国几乎半数以上的耕地因为缺乏水利设施，或因水利设施老化、年久失修，灌溉得不到保障，抗灾能力弱，靠天吃饭的农业用地比例较高，农业生产难以摆脱灾害的影响。1983～2020 年，我国每年的受灾面积介于 3189 万～5547 万公顷，成灾面积（见图 3-28）占受灾面积的比例高达 43.92%～62.9%。

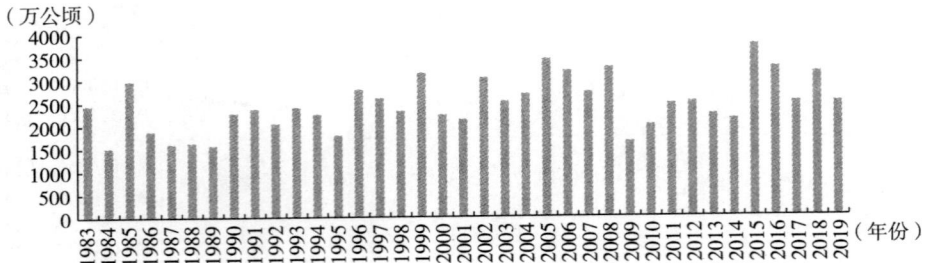

图 3-28　1983～2019 年我国农作物成灾面积

（二）灾害系数及年际变化分析

用 $S_{农播}$ 表示耕地农作物播种面积，$S_{成灾}$ 表示农作物成灾面积，$S_{耕食播}$ 表示食品作物播种面积，则灾害系数（H）计算式为：

$$H = \frac{S_{成灾}}{S_{农播}} \times \frac{S_{耕食播}}{S_{农播}}$$

根据灾害系数计算式，利用图 3-25 所示的耕地农作物播种面积、图 3-27 所示的食品作物播种面积和图 3-28 所示的农作物成灾面积数据，计算得到 1978～2020 年的灾害系数（见表 3-36），灾害系数的波动范围为 0.0996～0.2444，均值为 0.1588。

（三）灾害系数预测与分析

表 3-36 中的灾害系数按照一般时间序列分析寻找规律很困难，采用灰色数列 GM（1，1）方法分析其过去变化并预测未来趋势。根据本问题的特点，按照 5 年一个时段分组，构成步长为 5 年的 5 个数列，然后在 DPS7.05 平台上进行运算，建立灰色数列 GM（1，1）模型模拟变化过程和预测未来年份的灾害系数。灰色数列 GM（1，1）模型与评价信息见表 3-37，对 1985～2020 年的灾害系数进行拟合，拟合误差很小，在允许范围内；模型评价值 C<0.35，P=1>0.95，评价为"很好"，灰色数列 GM（1，1）模型的精度较好，预测未来年份灾害影响

系数的信度较高。

表 3-36   1978~2020 年食品作物播种面积的灾害系数

年份	H	年份	H	年份	H	年份	H
1978	0.1587	1989	0.1516	2000	0.2258	2011	0.2444
1979	0.0996	1990	0.1186	2001	0.2088	2012	0.2100
1980	0.1986	1991	0.1823	2002	0.1805	2013	0.1608
1981	0.1259	1992	0.1702	2003	0.2184	2014	0.2012
1982	0.1074	1993	0.1562	2004	0.1085	2015	0.1600
1983	0.1094	1994	0.2126	2005	0.1321	2016	0.1395
1984	0.1045	1995	0.1501	2006	0.1661	2017	0.1664
1985	0.1534	1996	0.1416	2007	0.1690	2018	0.1178
1986	0.1620	1997	0.1997	2008	0.1477	2019	0.1337
1987	0.1390	1998	0.1652	2009	0.1399	2020	0.1241
1988	0.1628	1999	0.1758	2010	0.2258		

基于表 3-37 的灰色数列 GM（1，1）模型预测 2023~2049 年的灾害系数如表 3-38 所示。

表 3-37   影响耕地食品作物的灾害系数灰色数列 GM（1，1）模型与评价

模型编号	模型	残差分析次数	拟合误差百分比范围	模型评价
3-49	$G_{t+1} = -0.059729e^{-0.055444t} + 0.062580$	第 6 次	-1.2283% ~ 1.2259%	C=0.0679，很好 P=1.0000，很好
3-50	$G_{t+1} = -0.022680e^{-0.151437t} + 0.025118$	第 6 次	-1.1966% ~ 1.1155%	C=0.0642，很好 P=1.0000，很好
3-51	$G_{t+1} = -0.029371e^{-0.188394t} + 0.033024$	第 6 次	-1.3465% ~ 1.6059%	C=0.0659，很好 P=1.0000，很好
3-52	$G_{t+1} = 0.022851e^{0.185764t} - 0.011270$	第 6 次	-3.1933% ~ 3.9488%	C=0.1188，很好 P=1.0000，很好
3-53	$G_{t+1} = 0.098953e^{0.166840t} - 0.058116$	第 28 次	-17.9735% ~ 12.6397%	C=0.3135，很好 P=1.0000，很好

表 3-38　2023~2049 年我国影响食品作物生产的灾害系数

年份	2023	2024	2025	2026	2027	2028	2029	2030	2031	2032
灾害系数	0.07919	0.18999	0.17999	0.15732	0.19522	0.07008	0.20628	0.18375	0.17233	0.21226
年份	2033	2034	2035	2036	2037	2038	2039	2040	2041	2042
灾害系数	0.06389	0.22682	0.18825	0.19451	0.23351	0.06059	0.25232	0.19345	0.22574	0.25973
年份	2043	2044	2045	2046	2047	2048	2049			
灾害系数	0.06019	0.28365	0.19934	0.26854	0.29188	0.06280	0.32185			

第五节　本章小结

本章从食品作物生产能力研究现状，三大类粮食、植物油、糖及蔬菜类的生产能力，影响生产能力的播耕强度和灾害因素等方面展开研究。

生产能力研究集中在耕地粮食植物方面，对粮食以外的食品作物的研究较少。研究工作主要集中在以下几个方面：①耕地粮食作物综合生产能力的内涵，尽管不同学者对生产能力的描述有一定的差异，但对耕地粮食（综合）生产能力内涵的认识基本一致；从历史角度看，耕地粮食（综合）生产能力建设一直受到党和国家及各级政府的关心和重视。②耕地粮食（综合）生产能力定量研究方法及应用，20 世纪 60 年代以来，国外研究方法归纳为机制法、产量调查法和试验法，国内耕地粮食生产能力估算模型分为机理性模型、统计模型和综合模型三大类。③耕地粮食总生产能力和单产能力研究，"九五"时期国家科技攻关课题"中国农业资源综合生产能力与人口承载能力研究"拉开了定量估算全国耕地粮食生产能力的序幕，此后，不同学者或研究者采用多种方法对粮食总生产能力和单位播种面积的生产能力进行了评估，总体趋势为在波动中呈增长趋势。④耕地粮食（综合）生产能力影响因素研究受到了众多学者的关注：一类着眼于影响增产的因素研究，另一类着眼于减少损失的因素研究。

三大类粮食、植物油、糖及蔬菜类的生产能力，按类型从生产总量与单位面积产量的发展现状、2023~2049 年单产灰色数列 GM（1，1）预测两个视角进行研究。

（1）在 1961~2019 年的总生产量发展过程与现状方面：①谷物生产能力提升很快，1961 年以来连上 6 个亿吨级台阶；增速具有年代差异并构成"V"形结构，20 世纪 90 年代为增速的低谷期。②豆类和薯类的生产量在 1961~2019 年的增量极其有限，前者为 40.4%、后者为 63.9%；按年代统计豆类和薯类生产量的增速变化，20 世纪 60 年代以来，前者呈"两降—两增—降—增"变动，后者呈"升—升—升—降—升—降—升"变动。③以耕地生产农作物为原料的植物油总产量增量超过了 31 倍，食糖生产量增量超过了 8 倍，蔬菜生产量增量超过了 11 倍。

（2）在 1961~2019 年的单位播种面积产量发展过程与现状方面：①谷物的单位面积产量研究期末年为初年的 5 倍有余，在 2016 年跨上了 400 千克/亩的台阶。②豆类的单位面积产量研究期末年为初年的 2 倍，但仅相当于同期世界平均单产的 65%、美国单产的 53%。③块根类的单位面积产量研究期末年为初年的 2.6 倍，但仅相当于同期美国的 43%、澳大利亚的 50%、欧洲的 85%、阿根廷的 79%。④食用植物油类的单位面积产量研究期末年为初年的 3.5 倍。⑤糖类的单位面积产量研究期末年为初年的 2.5 倍。新鲜蔬菜为 1.4 倍。

（3）2023~2050 年的单位播种面积产量预测。①谷物预测值，2023~2030 年为 7266.4~8571.9 千克/公顷，其最大值相当于美国 2016 年单位播种面积产量的 99.51%；2031~2035 年为 8800.4~9584.3 千克/公顷，与美国 2016 年的单位播种面积产量相比，其间有 4 年的预测值高 2.16%~2.96%，有 1 年的预测值高 11.27%。有 14 年高出美国 2016 年单位播种面积产量的 11.50%~39.33%，有一定的压力。②豆类单位播种面积产量预测值介于 1968.8~3218.7 千克/公顷，预测值有 23 年低于世界 2020 年的平均水平，有 25 年低于世界 2017 年的平均水平，全部低于美国 2020 年的单位播种面积产量。③块根类单位播种面积产量的预测值波动范围为 1967.7~6596.4 千克/公顷，比较而言，澳大利亚 2001 年稳定在 6000 千克/公顷以上、2012 年稳定在 7000 千克/公顷以上，美国 1985 年稳定在 6000 千克/公顷以上、1992 年稳定在 7000 千克/公顷以上、2004 年稳定在 8000 千克/公顷以上、2017 年稳定在 9000 千克/公顷以上。④新鲜蔬类单位播种面积产量介于 12868.4~16200.1 千克/公顷。植物油单位播种面积产量介于 745.0~1244.4 千克/公顷，食糖类单位播种面积产量介于 7177.3~13124.8 千克/公顷，个别年份实现预测值有压力。

在影响生产能力的播耕强度和灾害因素方面：①通过分析耕地占农地比例变化，食品作物占耕地农作物比例变化，食品作物播种面积占耕地面积比例变化（食品作物播耕强度指数），最后计算了 1985~2019 年食品作物播耕强度指数的倒数，并用灰色数列 GM（1，1）方法预测了 2023~2049 年的播耕强度指数倒数介于 0.8343~0.8953。②通过分享 1983~2020 年受灾与成灾情况，计算了期间的灾害系数，采用灰色数列 GM（1，1）方法预测 2023~2049 年的灾害系数介于 0.0602~0.3219。

第四章　食物自给率研究

以耕地为立地环境生产的植物性食物的自给率分为谷物自给率、豆类自给率、块根块茎自给率、植物油自给率、食糖自给率、蔬菜自给率，其中谷物自给率、豆类自给率和块根块茎自给率的加权平均为粮食自给率，口粮自给率为粮食自给率的组成部分，为此，植物性食物自给率可以概括为粮食自给率、（植物）油自给率、食糖自给率、蔬菜自给率；以植物性产品为主要原料生产的动物性食品的自给率分为肉类（包括猪肉、牛肉、羊肉、禽肉和其他）自给率、禽蛋类自给率、奶类自给率和鱼自给率。无论是哪种食品的自给率，皆为国内生产量与国内消费量之比。

第一节　食物自给率研究现状与评述

一、食物自给率计算方法

食物自给率的计算包括按热量、金额和重量三种方式（冯昭奎，2008）。国内生产食物所提供的热量占国内消费食物热量的比例等于按热量计算的食物自给率，日本与韩国注重用此方式计算食物自给率（李显戈，2015），韩星焕（1999）用此方法计算了 1965~1996 年日本的畜产品自给率、食物自给率。国内生产食物的金额占国内消费食物金额的比例等于按照金额计算的食物自给率，日本在 1987 年以前是按照金额计算食物自给率的代表性国家（李显戈，2015）。杨秀玉等（2014）认为，按金额计算的自给率是热量成分虽然不高（如蔬菜、水果等，进口饲料因计算方法不同计入生产金额的比例较低）但在经济价值方面金额较高的综合食物（农产品）自给率。国内生产食物的重量占国内消费食物重量的比例等于按照重量计算的食物自给率。

无论使用哪种计算方法，都涉及如何计算"国内食物消费量"。日本农林水产省提出了流向统计法，认为国内食物消费量等于"国内生产量+进口量−出口量－库存增加量"（李显戈，2015）；以 FAO 为代表的国际组织不但从流向角度提出了国内消费量等于"国内生产量+进口量－出口量－库存增加"，而且提出了消费统计法，即国内消费量等于"食物+饲料+加工+种子+其他+耗损"①。国内学者在运用日本或 FAO 的主流统计方法时，根据实际情况进行了调整，如熊启泉（2022）按照"国内生产量+进口量－出口量"统计国内食物消费量，朱笠（2019）从口粮消费、动物饲料消费、食品工业用粮等方面统计国内食物消费量，贾伟、秦富（2013）从居民直接食用消费、居民食用的肉蛋奶鱼等动物饲料消费、食品加工及淀粉生产等工业消费、种子及在播种、收割、运输、储存、加工、食用等环节中的无效损耗量等方面统计国内食物消费量。

无论是按照热量计算还是按照金额计算，各类食物的消费量都是可以直接相加的；而按照重量计算，不同食物所含的热量、金额、重量不能直接相加，须按品种（如谷物、豆类、蔬菜，猪肉、牛肉等）分别计算各自的食物自给率。以热量或金额为单位，综合计算食物自给率的研究成果较少，除日本、韩国有过研究与应用外，张元红（2016）以热量值折算后汇总计算得出 2013 年我国的综合食物自给率为 86.43%。用上述三种方法分别对 1965~2007 年日本食物自给率进行研究表明，按照金额计算的自给率最高、按照热量计算的自给率最低（杨秀平等，2009）。使用最普遍的方式是按照重量计算的食物自给率，其中粮食自给率为研究重点。

二、粮食自给率

（一）内涵与分类

粮食自给率是一国粮食生产量占总消费量的比重（朱泽，1997），为一个国家或地区的粮食供给满足需求的程度（王更新，2007），其值与粮食生产量成正比（乔召旗和林郁，2010）。在国际上，粮食自给率就是谷物自给率；在国内，粮食自给率存在狭义与广义之分（张启良，2014），存在狭义自给率、广义自给率、粮油自给率和营养素自给率之分（王焕，2015），存在粮食自给率、谷物自给率、口粮自给率之分（杨明智，2019）。其中，狭义粮食自给率是谷物自给率，广义粮食自给率是包含谷类、豆类、薯类在为的粮食自给率，粮油自给率是广义粮食及食用油自给率，营养素自给率是以食物平衡确定的自给率，口粮自给率是只考虑吃饭用粮的自给率。值得注意的是，无论是哪种粮食自给率，粮食或谷物的生产量和消费量都是按照重量统计的。

---

① https：//www.fao.org/faostat/en/#compare.

在计算我国粮食自给率时，李显戈（2015）认为，用狭义粮食的概念测算谷物自给率符合国际通行做法，利于对国内外粮食安全水平进行比较，由此测算的我国谷物自给率自 20 世纪 60 年代至今均处于较高的安全水平。柯炳生（2007）认为，用广义粮食的概念测算粮食自给率更符合我国的传统，更接近我国粮食安全本意，相较于谷物自给率，该测算视角普遍较低并呈缓慢下降的趋势。尹风雨、龚波（2017）认为，应从广义、狭义、分品种和粮油等不同统计视角测算粮食自给率，并对传统视角的算法加以改进，提出用粮食自有播种面积率取代粮食自给率。

（二）粮食自给率的作用

粮食自给率，因粮食消费持续性、不可替代性，关联粮食安全和粮食储存需要付出相应的政策成本或代价，往往成为各国政府关心的话题（朱泽，1997）。很多发展中国家把提高粮食自给率确定为国内农业政策目标（丁声俊，1980）。发展中国家粮食自给率下降（周圣葵，1982）对我国区域性决策产生了较大的影响，缺粮地区在 20 世纪 80 年代不惜代价来提高粮食自给率（顾益康，1986）。自给率与粮食安全水平大致呈正比，当自给率高于 95% 时，本国粮食基本安全；当处于 90%~95% 时，尚处于能够接受的安全范围；当低于 90% 时，则处于不安全状况（王更新，2007）。在农业对外开放不断扩大的背景下，不同类别的粮食是否以及能够在多大程度上维持一定的自给率仍是判断粮食安全水平的重要指标（张云华，2018；尹风雨和龚波，2017）。当然，也有学者认为，在评判粮食安全水平时应破除自给率越高粮食越安全的迷误（辛翔飞等，2020）。

（三）粮食自给率的影响因素

对粮食自给率影响因素的认识，尽管仁者见仁，智者见智，但多数学者认为，粮食自给率的影响因素由两部分组成：一是粮食产量；二是粮食需求。

1. 从粮食产量角度影响自给率

农业科技发展带来的粮食增产，在一定程度上缓解了人口增长和耕地减少对自给率的影响；当城市化水平达到 50% 以上时可以"以工补农"，粮食自给率可能保持较高水平（于保平，1996）。保障粮食自给需要确保有一定数量的耕地，南方粮食自给的人均耕地应不低于 0.8 亩，广东、福建和浙江等省份的人均耕地不足 0.6 亩，珠江三角洲与长江三角洲的商品粮基地已成为历史（俞敬忠，1996）。耕地面积减少对粮食自给率的影响是积极的，但通过构建农业资本投入、劳动力数量和耕地面积等因素组成的投入产出模型分析表明，资本和劳动力对粮食自给率造成的影响大于耕地面积的作用（武甲兴，2010）。为了提高自给、巩固平衡、改善结构，"九五"时期国家建立了"粮食自给工程资金"，重点支持粮食自给率低于100%的省份的粮食供给能力建设（任重，1996）。国家或地区的粮食自给率受制于土地、水等自然资源禀赋条件，交通运输、工业化水平、贸易环境等要素对粮食自给率也会产生重要的影响（朱泽，1997）。劳动力、资金和技术等生产要素的投入，经济政策和对外贸易条件等（史培军等，1999），以及国内经济发展和国际粮食价格等（唐华俊，2014）是影响粮食自给率的重要因素。一国的资源禀赋条件、工业化水平、消费结构和贸易条件等对粮食自给率有重要的影响（吕新业等，2003）。

粮食结构性问题可以造成粮食供求失衡，从而带来自给率问题，特别是20世纪80年代以来的粮食结构性问题相对于总量问题日益突出成为突出矛盾（赵子军，2008）。一是区域结构与粮食品种结构的平衡问题；二是品种结构与品质结构的平衡问题（陈香玉，2014）。生产水平、储备能力、分配运输设施水平和环境压力等是影响粮食自给的重要因素（张元红，2016）。在粮食生产的过程中，技术贡献率越来越高，粮食播种面积最能影响粮食产能，政府财政支出、家庭经济水平和劳动力受教育水平等也具有较大程度的正相关作用（唐建、Jose Vila，2016）影响因素主要划分为自然因素、科技因素、社会经济因素和农业生产条件四大类，具体包括平均气温、年降水量、日照时间、化肥施用量、农业机械化程度、有效灌溉面积、财政支农支出和耕地面积等（李昊儒等，2018）。

2. 从粮食需求角度影响自给率

人口从粮食需求方面影响粮食自给率，粮食由20世纪70年代中早期的完全自给有余因人口增长在80年代中后期下降为94%（赵绪福和王现军，1995）。高粮食自给率因人口增长很难再保持，未来我国粮食自给率将逐渐降低到90%甚至更低（于保平，1996）。宏观层面的城市化进程、社会经济发展情况、国家粮食消费政策等以及微观层面的粮食价格、替代品价格和饮食习惯等都是影响粮食消费需求量的因素（吴乐，2011）。武甲兴（2010）认为，粮食自给率为农业资本投入、农业劳动力数量、耕地面积、粮食消费总量的函数，其中资本投入数为全国农业电力、化肥投入及财政支农资金按比例加总。

（四）粮食自给率目标

自莱斯特·布朗（1994）提出谁来养活中国以来，学术界对粮食自给率问题进行了大量探索，官方也确定了自给率目标。

1. 粮食自给率目标为95%

多数国内专家认为，我国中长期粮食自给率要保持在95%左右（农业部软科学委员会，1996）。20世纪90年代中期，面对外界对我国粮食供给满足不了实际需求的质疑，以及1995年我国粮食自给率出现一定比例跌落的实际情况，我国政府更加重视粮食安全问题。1996年，国务院新闻办发表的《中国的粮食问题》白皮书①首次提及中国粮食自给率问题，提出努力促进国内粮食生产，正常情况下，粮食自给率不低于95%，净进口量不超过国内消费量的5%（尚强民，2013）。2008年，受全球性粮食危机的影响，我国政府进一步重视粮食安全，国家发展和改革委员会发布的《国家粮食安全中长期规划纲要（2008－2020年）》②再次提出了粮食自给率稳定在95%以上的目标，并确保重要食物的基本自给（尚政，2008）。

2. 粮食自给率目标为90%

部分国内专家和多数国外专家认为，中国中长期粮食自给率如果保持在95%以上，对经济增长效率和增加农民收入，以及国民经济的持续快速发展将产生相当大的负面影响（农业部软科学委员会，1996）。过去一段时间，政府极力强调发展国内的粮食生产，使我国粮食自给率保持在95%以上，付出了巨大的经济和生态环境代价（马爱锄等，2002）。自给率大于90%就达到了可以接受的粮食安全水平（朱泽，1997）。粮食自给率90%是较适合的，太高则经济上受损；太低国际市场的波动会引起国内市场的剧烈波动，农民利益得不到保障，甚至会危及社会稳定和国家安全（朱晶和钟甫宁，2000；徐志刚等，2000）。我国粮食自给率控制在90%以上，粮食贸易依从度保持10%以内就是可控安全率（邓大才，2003）。在今后相当长的一段时期内，国际贸易逐步会使粮食自给率降到90%左右（朱希刚，2004）。从国际经验来看，国内粮食生产能够满足本国需求量的90%就是较高的粮食自给率，就已经是对世界粮食安全的巨大贡献（刘晓梅，2004）。2005~2025年的粮食自给率保持在90%就能够满足国内的基本需求（李丽珍和张旭昆，2005）。我国须坚持以国内粮食生产为主原则，确保粮食自给率在90%以上（吴金旺和陈智，2005）。综合考虑粮食属性、粮食饥馑、粮食禁运、粮食贸易等与粮食安全密切相关的因素，并结合国际国内粮食消费、粮食生产和粮食贸易的发展趋势，中国粮食自给率目标以90%左右为宜（陈百明和周小萍，2005）。无论是经济的增长还是粮食安全问题的改善都不能单纯依靠贸易自由化这一条途径来解决，自给率不宜下降到90%以下（匡远配等，2005）。既能保证粮食经济安全又能降低耕地的粮食生产机会成本、提高耕地整体生产效率，最经济的粮食自给率为90%左右（邓大才，2005）。90%~95%是可以接受的粮食安全水平，小于90%粮食供求风险就会增大（中国网，2013）。

---

① 中华人民共和国国务院新闻办公室. 中国的粮食问题（白皮书）[N]. 人民日报，2005-05-25.
② http://www.gov.cn/jrzg/2008-11/13/content_1148414.htm.

3. 粮食自给率目标因情况而变化

粮食自给率过高会造成对边际土地的过度开发进而引发严重的生态环境问题，粮食自给率过低将成为粮食保障中的不安全因素，基于对粮食生产、粮食消费和粮食贸易进行的综合分析，将我国粮食自给率确定为 70%；基于经济实力，将我国未来的粮食自给率应保持 90% 左右；基于考虑一些灵活性因素，则可确定在 85%~90%（史培军等，1999）。调低粮食自给率是可能的，但需要一个过程，目前以 95% 粮食自给率为基础进行播种面积调整和政策指导的同时，适当提高我国粮食库存比率以增强处理突发事件的能力。到 2030 年时逐步过渡到 90% 或更低的目标（王更新，2007）。参与国际粮食贸易的国家可以把粮食安全概率保证在 94.1% 的水平（厉为民，1999）。粮食安全策略应从"粮食安全"向"口粮安全"转变，加入世界贸易组织后短期内可以确定为 95%，我国长期粮食自给率定为 80%（李光泗等，2003）。根据比较优势原理，进口一些本国生产成本相对较高的粮食（如小麦和玉米等），未来粮食自给率较加入世界贸易组织前会更低（吕新业等，2003）。口粮自给是粮食自给率以粮食直接消费量（口粮需求）为底线，即自给部分保证国民"吃饱"的基本需要，进口部分用于满足国民"吃好"的享受性需求，缺乏可行性，就可能导致国内外粮食供给不安全（刘晓梅，2004）。从生产、消费、库存以及资源、环境等因素考虑，93% 以上的粮食自给率也是可能的（许世卫，2009）。学者普遍认为，国家或地区的粮食自给率在 90%~95% 且保持相应数量的专项和战略储备就可保证粮食安全无虞，在 90% 左右属于适度风险范围之内，在 64%~77% 则经济、政治、外交就处于危险境地（李思恒，1995）。农业资源紧缺的国家或地区，追求粮食自给率 100%，经济代价高昂，不一定是明智的选择（朱泽，1997）。王大伟等（2005）认为，国际粮食市场前景不容乐观，我国粮食自给率适宜保持在 97% 左右。马强（2006）认为，2030 年的粮食自给率将下降到 90%，某些特殊年份可适当降低到 85%。尽管我国政府高度重视粮食生产，仍然出现了粮食自给率不断下降的情况，面对此种情形，政府适当调整粮食自给率政策，2014 年中央农村工作会议提出了"以我为主、立足国内、确保产能、适度进口、科技支撑"的国家粮食安全战略，首次提出"适度进口"战略。2016 年，《中华人民共和国国民经济和社会发展第十三个五年规划纲要》提出了"增强农产品安全综合保障能力，确保谷物基本自给、口粮绝对安全"而不再提自给率目标①。

---

① http：//www.xinhuanet.com/politics/2016lh/2016-03/17/c_1118366322_16.htm.

三、其他食物的自给率

肉类产品是居民膳食的重要组成部分。统计数据显示，我国于 2001 年正式成为世界畜产第一大国，2014 年肉类消费量已经超过全球总产量的 1/4（Satoru，2015）；同时我国也是世界上肉类消费增速最快的国家，肉类消费总量从 1985 年的 1535.2 万吨增长到 2014 年的 4189.8 万吨，增长了 173%，其中城乡居民人均肉类消费量分别从 1985 年的 22.6 千克和 12.0 千克增长至 2014 年的 33.3 千克和 27.4 千克，城乡居民肉类消费正处于稳步增长阶段。然而，与西方发达国家相比，当前中国居民肉类消费水平依然较低（Yu，2015），尤其是广大农村居民以及农民工群体，在城镇居民饮食消费的"示范效应"下（Han and Chen，2016），其肉类产品消费仍有巨大的增长空间（陈琼和王济民，2013）。

肉类消费量的快速增长刺激了畜禽养殖产业的发展，进一步导致中国饲料粮需求呈"刚性"增长态势（Zhou et al.，2008）。2010 年，中国取代美国成为最大的饲料粮消费国，2014 年约有 1/3 的粮食用于饲养牲畜（Satoru，2015）。黄季焜等（2012）研究表明，2012～2032 年，我国饲料粮需求将增长 60% 左右，国内饲料粮的生产将无法满足养殖业的需求。我国饲料粮供求缺口已较明显，大豆、玉米等主要饲料原粮进口规模逐年扩大，2015 年我国大豆、玉米进口量分别达 8169 万吨和 473 万吨，较 2014 年增长了 14.4% 和 82%；此外，还进口了大量的豆粕、酒糟等饲料粮的替代品。国内口粮消费趋于稳定，饲料用粮需求已成为粮食需求增长的主要动因，随着饲料用粮的持续增长，我国粮食自给率将进一步下降，于晓华、钟南宁（2012）研究发现，以能量衡量的中国粮食自给率已经下降至 70%。这给中国农业生产力或农业生产性土地供给带来了巨大的压力（Jiang et al.，2015），但中国的农业生产却面临着耕地资源缩减、淡水资源匮乏以及生态环境恶化等刚性约束，粮食产量增长空间有限，将难以满足未来饲料用粮的需求（黄季焜等，2012；于晓华和钟南宁，2012）。

供给与需求的深刻变化对粮食安全形成了巨大冲击，尤其是饮食、营养结构的变化促使中国"粮食安全"转变为"饲料安全"。中国农业政策的制定必须考虑调整供给结构，以满足消费者需求结构的变化，这也正是农业供给侧结构性改革的核心。为了给农业供给侧结构性改革提供一个参照系，从而在长期内调整食物供给结构，满足中国的粮食安全，本书将以肉类消费数据为基础，结合社会经济发展指标、粮食产量与消费量以及贸易数据，分析和预测 2023～2049 年中国的饲料粮需求、粮食供求形势与安全状况。

四、评述与本书的研究思路

对粮食自给率的研究较多，对其他食物自给率的研究较少。截至 2022 年 6 月底，以"粮食自给率"为主题或关键词进行查询，主要主题的文章为 139 篇，次要主题的文章为 828 篇。其他食物的研究成果较少，其中，以"肉类自给率"为主题进行查询，学术文章为 6 篇；以"禽蛋自给率""奶自给率"为主题进行查询，学术文章各为 5 篇；以"鱼自给率"为主题进行查询，学术文章为 2 篇；以"蔬菜自给率"为主题进行查询，学术文章为 96 篇；以"植物油自给率"为主题进行查询，学术文章为 29 篇。

适度粮食自给率不仅反映了国家或地区的粮食供求状况，而且反映了对外粮食贸易的态度。尽管不同学者关于自给率的研究结论存在差异，主张一定数量的进口是共同的观点；从研究思路来看，将国际市场粮食贸易量充足、WTO 框架协议对我国进口粮食有利作为研究前提，先研究国内的需求—供应情况，然后确定自给率，将缺口量交给国际市场解决，或者直接着眼于粮食生产的经济成本，以粮食自给率确定的国际通行准则作为参照来确定自给率。总之，在改革开放的时代背景下，固守完全自给的粮食政策不合时宜，也不符合中国特色社会主义市场经济体制的总体目标。

本书主张合理利用国际市场粮食资源，但却不认为国际市场上的粮食资源是想买多少就能买多少。对于我国而言，从国际市场可购买的粮食数量是有限的。研究思路为，主张先研究国际市场允许我们进口的最大粮食数量，在此基础上，结合国内消费需求量确定最低生产量，进而确定粮食自给率的最低标准；本书还认为，国际市场在不同年份允许我国进口的粮食数量可能不同，受国内消费水平和人口数量年际差异的影响，粮食需求总量也有年际差异，所以，粮食自给率也有年际差异。已有研究成果没有体现出粮食自给率的年际差异。

本书中主要涉及粮食、植物油、食糖和蔬菜等食物的自给率。如何确定食物自给率一直备受关注。作为人口大国，维系城乡居民生存与发展的食物供给，一直是世界，特别是一些发达国家非常关注的重要问题。食物是耕地资源密集型产品，其自给率越高，用于生产食物的耕地需求量就越大，对自然环境、自然资源的压力就越大。确保重要农产品特别是粮食供给，是实施乡村振兴战略的首要任务。为了区域可持续发展，保障食物可持续供给，根据已有资料和研究成果，科学研究城乡居民的食物自给率，是实现城乡居民生活质量提升与保障食物供给的重要基础，是合理确定生产食物必需的耕地数量的主要方面。已有的研究成果对植物油、食糖和蔬菜等自给率的研究较少，讨论粮食自给率的较多。

粮食自给率研究已经取得了较大的进展，但合理确定粮食自给率还有待深入研究。从目前的国际和国内形势来看，耕地安全是食物安全的根本保障，为此，考虑我国的人口—食物—耕地资源国情，确定粮食、植物油、食糖和蔬菜等食物自给率就是本书要解决的问题之一。包括两个重要内容：一是根据生产量和消费量确定植物油、食糖和蔬菜的自给率；二是确定粮食自给率，基于国际粮食贸易的、可供我国净进口的最大谷物量，研究谷物最小自给率，既有利于科学、客观地认识国际粮食贸易对我国粮食安全的意义和农业政策走向，又有利于认识保护耕地，保障城乡居民粮食生产供给为主、粮食进口为辅，以实现粮食安全的战略意义。

第二节　粮食自给率

一、计算粮食自给率的技术路线

在国内粮食消费量已定的情况下，一是可以基于国内生产量确定自给率，二是可以基于可供进口的国际粮食贸易盈余量确定自给率。计算粮食自给率的数据处理流程如图 4-1 所示。

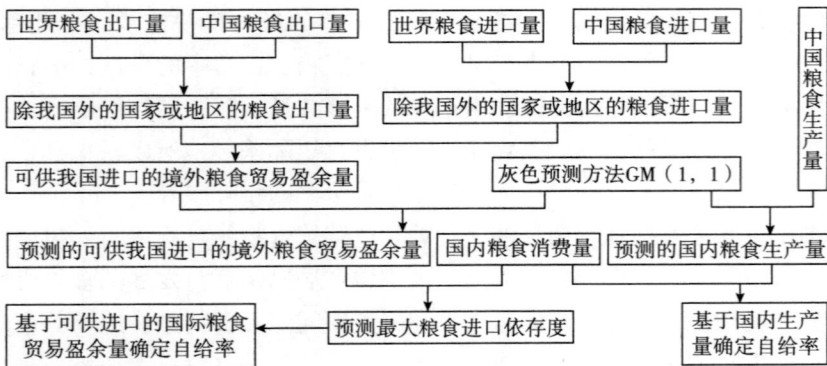

图 4-1　计算粮食自给率的数据处理流程

国内粮食消费量的确定方法有定额法、流向法、消费法。其中，流向统计法是根据粮食的去向统计国内粮食需求量，包括国内粮食生产量、出口量、进口量和储备量四个方面；消费统计法是根据粮食的消费领域统计粮食的需求量，包括食品用粮、饲料用粮、加工用粮、种子用粮、其他用粮（非食用其他用粮、旅游消费用粮、余料用粮）、耗损用粮。从理论上说，流向法和消费法统计的国内粮食消费量应该一致。

二、基于国内生产量的粮食自给率

基于国内生产量的粮食自给率等于国内生产量与国内消费量的比值，此自给率为实际粮食自给率。其最大特点是依据国内粮食的现实生产量确定自给率，把缺口的粮食交给进口，即先定自给率再定进口率。当一个国家或地区因土地资源不足而带来粮食自给率过低、粮食进口量大且占世界份额过大时，容易对国际市场价格及数量产生举足轻重的影响而形成"大国效应"（李丽珍和张旭昆，2005）。

（一）谷物自给率

1. 谷物自给率的变化特征

1961~2019 年基于生产量的谷物自给率变化过程如图 4-2 所示。

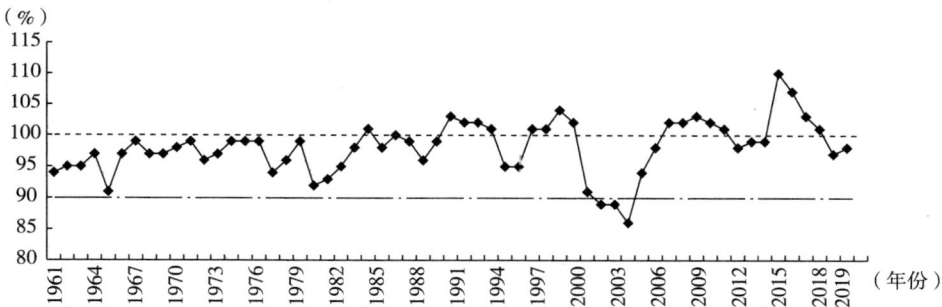

图 4-2　1961~2019 年中国基于生产量的谷物自给率

1961~2019 年，谷物自给率大于 100% 的共有 19 年，占观察年份数的 32.2%；自给率介于 95%~100% 的年份共有 30 年，占观察年份数的 50.8%；自给率低于 95% 的年份共有 10 年，占观察年份的 17%。

1961~2019 年谷物自给率的波动范围为 86%~107%，尽管其波动幅度达到了 21 个百分点，但因低于 95% 的和低于 90% 的年份数少，1979~2019 年的自给率平均值为 98.7%，全部观察年份谷物自给率平均为 98.03%、谷物自给率中位数为 98%。

2. 谷物自给率未来值分析

1961~2019 年的实际谷物自给率变化没有规律性（见图 4-2），按照一般时间序列分析寻找规律很困难，采用灰色数列 GM（1，1）方法分析其过去变化并预测未来趋势。根据本问题的特点，按照 5 年一个时段，将谷物自给率数据分组，分别构成步长为 5 年的 5 个数列，然后在 DPS7.05 平台上进行运算，建立灰色数列 GM（1，1）模型（见表 4-1）。表 4-1 对历史时期的实际谷物自给率的拟合误差范围介于 -3% ~ 2%，误差值很小；5 个模型的评价值 C<0.35，P=1>0.95。拟合误差及模型评价值说明实际谷物自给率的灰色数列 GM（1，1）模型的精度较好，预测未来实际谷物自给率的信度较高。

表 4-1　实际谷物自给率灰色数列 G（1，1）模型与评价

模型编号	模型	残差分析次数	拟合误差百分比范围	模型评价
4-1	$G_{t+1} = 12.613098e^{0.153772t} - 8.386391$	第 4 次	-2.3878% ~ 1.9835%	C=0.3083，很好 P=1.0000，很好
4-2	$G_{t+1} = 12.140555e^{0.146892t} - 8.384865$	第 4 次	-2.1713% ~ 1.5533%	C=0.3019，很好 P=1.0000，很好
4-3	$G_{t+1} = 23.259389e^{0.097290t} - 19.956631$	第 3 次	-2.5924% ~ 2.3639%	C=0.3065，很好 P=1.0000，很好
4-4	$G_{t+1} = -40.255583e^{-0.083334t} + 42.909388$	第 3 次	-2.2601% ~ 1.9801%	C=0.2925，很好 P=1.0000，很好
4-5	$G_{t+1} = -24.630178e^{-0.187276t} + 27.054607$	第 6 次	-2.6429% ~ 1.7882%	C=0.2743，很好 P=1.0000，很好

基于实际谷物自给率灰色数列 GM（1，1）模型（见表 4-1）预测未来基于生产量的谷物自给率如表 4-2 所示。2023 年、2028 年和 2033 年的实际谷物自给率接近 100%，其他年份的实际谷物自给率都在 100% 以上。

表 4-2　2023~2050 年我国谷物实际自给率　　　　　　　　单位：%

年份	2023	2024	2025	2026	2027	2028	2029	2030	2031	2032
自给率	98.92	101.90	102.71	100.82	101.02	99.28	102.59	105.91	102.66	102.09
年份	2033	2034	2035	2036	2037	2038	2039	2040	2041	2042
自给率	99.69	103.35	109.72	103.60	103.39	100.15	104.17	104.19	105.47	104.93
年份	2043	2044	2045	2046	2047	2048	2049	2050		
自给率	100.68	105.04	109.40	107.69	107.76	101.28	105.97	105.44		

（二）豆类自给率

1. 豆类自给率变化

根据国内生产量和消费量得到基于国内生产量的豆类自给率，其变化过程展

现在图 4-3 中。可见，豆类自给率变化较大，大致可以划分为高自给率相对稳定阶段、自给率明显下降阶段、低自给率相对稳定阶段。

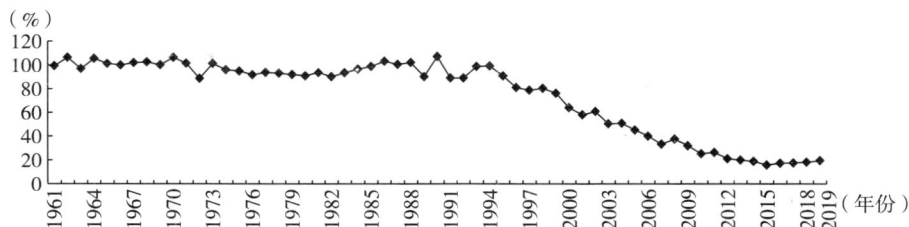

图 4-3　1961~2019 年我国豆类自给率

1961~1995 年为高自给率相对稳定阶段。该时段经历了 35 年，自给率在 90% 及以上的有 32 年，占比为 91.4%。其中，自给率高于 100% 的有 14 年，占比为 40%；自给率大于等于 95% 的有 22 年，占比为 62.9%；仅 1972 年最低自给率为 88.6%，1991 年和 1992 年皆为 89.1%。

1996~2012 年为自给率逐步下降阶段。该时段经历了 16 年，自给率由 1996 年的 81% 下降为 2012 年的 22%，16 年下降了 59 个百分点，年均下降 3.7%。在下降过程中有小波动，如 1998 年较 1997 年回升了 1 个百分点，2002 年较 2001 年回升 3 个百分点，2008 年较 2007 年回升 4 个百分点。

2013~2019 年为低自给率相对稳定阶段。自给率在 20%~16% 波动，其中 2015 年最低为 16%。整体上说，2013~2019 年自给率相对稳定，主要与食物消费占比、食品加工占比、再生产种子用途占比、各个环节中的耗损占比都稳定有关。2013 年以来，食用豆类占比介于 7.2%~9.0%，加工用豆类占比介于 74.3%~84.2%，种子用途占比介于 0.9%~1.2%，耗损用图占比介于 0.9%~1.1%，这些主要影响方面的波动小，成为豆类自给率相对稳定的主要因子。鉴于影响自给率的多因素相对稳定，未来自给率以 20% 为中心小范围波动是大概率事件，确定未来年份的豆类自给率为 20%。

2. 豆类自给率未来值分析

豆类自给率的变化特征按照一般时间序列分析是难以把握其随时间变化规律的，采用灰色数列 GM (1, 1) 方法分析其过去变化并预测未来趋势。根据本问题的特点，将豆类自给率数据按照 5 年一个时段分组，把构成步长为 5 年的 5 个数列在 DPS7.05 平台上进行运算，建立灰色数列 GM (1, 1) 模型（见表 4-3）。4 个模型的评价值 C<0.35，P = 1>0.95，都为 "很好"；1 个模型的评价值 C 为

0.3825，评价为"好"，P＝1>0.95，评价为"很好"。模型评价的 C 值和 P 值表明，豆类实际自给率的灰色数列 GM（1，1）模型的精度较好，预测未来豆类实际自给率的信度较高。

表4-3　豆类实际自给率灰色数列 GM（1，1）模型与评价

模型编号	模型	残差分析次数	模型评价
4-6	$G_{t+1} = 122.622914e^{0.067112t} - 115.344276$	第 1 次	C = 0.2412，很好；P = 1.0000，很好
4-7	$G_{t+1} = 187.088972e^{0.052962t} - 178.448644$	第 1 次	C = 0.2833，很好；P = 1.0000，很好
4-8	$G_{t+1} = 394.613005e^{0.033444t} - 382.972979$	第 1 次	C = 0.2646，很好；P = 1.0000，很好
4-9	$G_{t+1} = 591.165899e^{0.028453t} - 575.861268$	第 1 次	C = 0.3235，很好；P = 1.0000，很好
4-10	$G_{t+1} = 299.557363e^{0.060237t} - 282.013382$	第 1 次	C = 0.3825，好；P = 1.0000，很好

　　用表4-3 中的豆类实际自给率的灰色数列 GM（1，1）模型，预测未来基于生产量的豆类自给率如表4-4 所示。到2050 年，豆类自给率在现在的基础上，可能会在波动中适度回升。其中，2023~2029 年，豆类实际自给率在 20.01%~24.36%波动，2029 年在波动中下降为 20.01%；2030~2039 年的豆类实际自给率在 15.06%~21.32%波动，由 2030 年的 21.32%在波动中下降到 2039 年的15.74%；2040~2049 年的豆类实际自给率在 13.08%~18.30%波动，由 2040 年的 18.30%在波动中下降到 2049 年的 13.74%。2050 年上升为 18.30%。分析表明，2023~2050 年，豆类实际自给率在 13%~25%波动，波动大；豆类自给率较低，满足国内各类消费需求须依托国际豆类市场。

表4-4　2023~2050 年我国豆类实际自给率　　　　单位:%

年份	2023	2024	2025	2026	2027	2028	2029	2030	2031	2032
自给率	22.99	23.42	24.36	22.97	21.51	19.44	20.01	21.32	20.58	19.10
年份	2033	2034	2035	2036	2037	2038	2039	2040	2041	2042
自给率	16.87	17.52	19.36	19.00	17.47	15.06	15.74	18.30	18.07	16.45
年份	2043	2044	2045	2046	2047	2048	2049	2050		
自给率	13.84	14.52	17.99	17.67	15.91	13.08	13.74	18.30		

（三）块根类自给率

1. 块根类自给率变化

　　基于国内生产量的块根类自给率根据国内生产量和消费量计算，变化过程如

图 4-4 所示，分为完全自给有余阶段、高自给率阶段、基本自给为主阶段、自给率在波动中下降趋稳阶段。完全自给有余阶段包括 20 世纪 60 年代、70 年代和 80 年代，除了 1974 年为 96%，1979 年和 1989 年分别为 99%，其他年份都在 100% 及以上。高自给率阶段主要是指 90 年代，自给率在 97% 以上，1991 年和 1996 年均超过 100%。基本自给为主阶段主要是指 2000~2009 年，自给率在 87%~99% 波动，其中 2006 年、2007 年和 2009 年分别为 87%、89% 和 87%，其他年份都在 90% 以上。自给率在波动中下降趋稳阶段主要是指 2010~2019 年，自给率都在 89% 及以下，其中 2015~2017 年低于 79%，为 76%~78%。

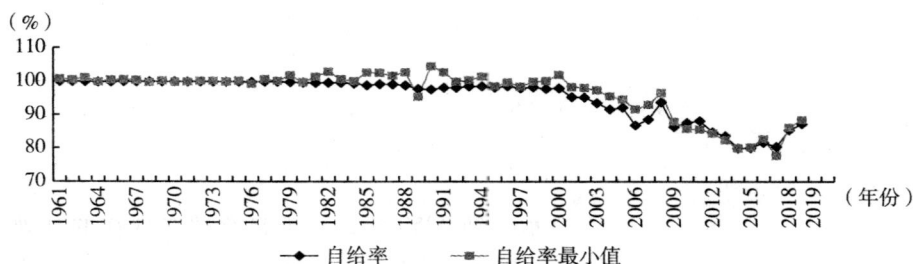

图 4-4　1961~2019 年基于国内生产量的块根类自给率

2. 块根类自给率未来值分析

块根类自给率的四个阶段特征按照一般时间序列分析方法很难寻找其随时间变化的规律，采用灰色数列 GM（1，1）方法分析其过去变化并预测未来趋势。根据本问题的特点，按照 5 年一个时段，将块根类自给率数据分组，分别构成步长为 5 年的 5 个数列，然后在 DPS7.05 平台上进行运算，建立灰色数列 GM（1，1）模型（见表 4-5）。5 个模型的评价值 C<0.35，P=1>0.95，都为"很好"。拟合误差值及模型评价值表明，块根类实际自给率的灰色数列 GM（1，1）模型的精度较好，预测未来 27 年块根类实际自给率的信度高。

依据表 4-5 中的块根类实际自给率的灰色数列 GM（1，1）模型，预测 2023~2050 年的块根类实际自给率如表 4-6 所示。2023~2029 年，实际自给率在 78.14%~85.66% 波动，2029 年在波动中下降为 78.14%；2030~2039 年在 73.32%~84.16% 波动，由 2030 年的 84.16% 在波动中下降到 2039 年的 73.32%；2040~2049 年在 68.76%~83.31% 波动，由 2040 年的 77.94% 在波动中下降到 2049 年的 68.76%。2050 年上升为 87.47%。分析表明，块根类实际自给率在 2023~2050 年的预测值在 68.78%~87.47% 波动，基本继承了自给率在波动中下降趋稳阶段的特点，满足国内各类消费需求须合理利用块根淀粉类国际贸易市场资源。

表 4-5 块根类实际自给率的灰色数列 GM（1，1）模型与评价

模型编号	模型	残差分析次数	拟合误差百分比范围	模型评价
4-11	$G_{t+1}=15.532267e^{0.170447t}-11.236140$	第 1 次	$-4.8866\%\sim3.1226\%$	C=0.3189，很好 P=1.0000，很好
4-12	$G_{t+1}=9.183760e^{0.197018t}-6.157988$	第 1 次	$-4.4963\%\sim1.9752\%$	C=0.2745，很好 P=1.0000，很好
4-13	$G_{t+1}=8.801437e^{0.155688t}-6.678927$	第 1 次	$-1.9132\%\sim3.5171\%$	C=0.2777，很好 P=1.0000，很好
4-14	$G_{t+1}=-364.731052e^{-0.010237t}+368.313076$	第 1 次	$-4.3300\%\sim3.0972\%$	C=0.3257，很好 P=1.0000，很好
4-15	$G_{t+1}=10.622506e^{0.164052t}-3.742433$	第 2 次	$-2.5348\%\sim3.9711\%$	C=0.2683，很好 P=1.0000，很好

表 4-6 2023~2050 年我国块根类实际自给率　　　单位：%

年份	2023	2024	2025	2026	2027	2028	2029	2030	2031	2032
自给率	85.66	80.67	83.87	82.71	82.49	84.02	78.14	84.16	81.86	81.74
年份	2033	2034	2035	2036	2037	2038	2039	2040	2041	2042
自给率	82.56	75.69	75.56	81.52	81.56	81.32	73.32	77.94	81.75	82.05
年份	2043	2044	2045	2046	2047	2048	2049	2050		
自给率	80.32	71.01	81.85	82.64	83.31	79.58	68.78	87.47		

三、基于国际粮食贸易余量的粮食自给率

（一）内涵

国际粮食贸易余量是指世界粮食出口市场上的粮食，在充分满足他国粮食进口后的盈余量，其值等于境外粮食出口量与境外粮食进口量的差值，也等于世界净出口量（世界出口量-世界进口量）与中国净进口量（中国进口量-中国出口量）之和。国际粮食贸易余量，本质上是国际粮食市场能够为我国提供的、可供进口的粮食进口最大数量，所以，又称为可供进口的国际粮食贸易余量。境外粮食出口量等于世界粮食出口量与中国粮食出口量的差值。境外粮食进口量等于世界粮食进口量与中国粮食进口量的差值。国际粮食贸易余量，分为国际谷物贸易余量、国际豆类贸易余量和国际块根淀粉类贸易余量。基于国际粮食贸易余量确定的粮食自给率，其值等于 1 或 100% 与粮食进口最大国际依存度的差值。粮食进口最大国际依存度，等于国际粮食贸易余量与国内粮食消费总量的比例，分为谷物、豆类和块根淀粉类的进口最大国际依存度三种类型。该自给率最大的特点是首先充分评估世界能够为中国提供多少粮食，即先确定进口率再确定国内的粮食自给率。粮食是资源密集型农产品，在国内消费量已知时把国际粮食贸易余量

全部进口，就可以在不影响他国粮食进口数量和价格的情况下，实现最大限度地利用国际市场的盈余粮食资源、最大限度地减少国内粮食生产压力；就可以在避免"大国效应"的前提下，既充分利用国际市场确保我国粮食自给率最小，实现国内土地等稀缺资源的节约最大化，又利于国际粮食供需总量平衡，粮食贸易效率最大化。

（二）谷物自给率

1. 国际谷物贸易余量与利用分析

1961~2019 年的"国际谷物贸易余量"的变化如图 4-5 所示。

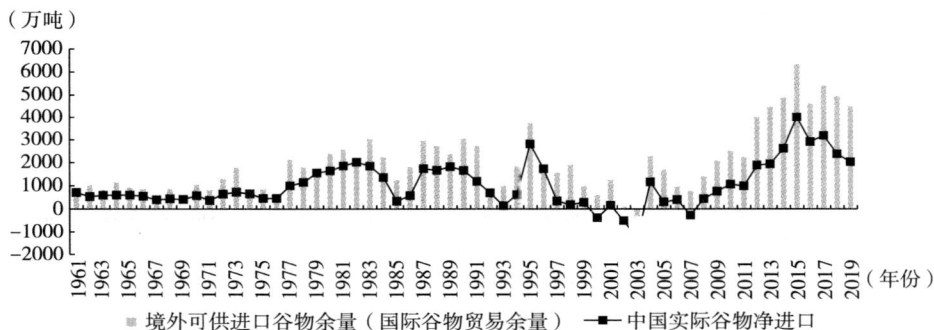

图 4-5　1961~2019 年境外可供进口谷物余量和中国实际谷物净进口量

资料来源：根据 FAO 和历年《中国统计年鉴》资料整理。

国际谷物贸易余量除 2003 年为负值外，其他年份都为正值。代表着国际谷物市场除 2003 年外，在其余年份都能够为我国提供一定数量的谷物进口量。从理论上说，中国以外的世界各国家对谷物根据自身需求都实现了"应买尽买"的意图，即使我国全部进口国际谷物贸易余量也不会影响国际谷物价格和其他国家的进口。除 2003 年外，可供进口的国际谷物贸易余量变动范围为 94.9 万至 6353.3 万吨。

我国在 1961~2019 年的实际谷物净进口量（见图 4-5）数量介于 130.20 万至 4011.00 万吨，其中 2000 年、2002 年、2003 年、2007 年的净进口量是负值，属于净出口年。对比国际谷物贸易余量和实际谷物净进口量发现，1979 年和 1996 年，我国的实际谷物净进口量大于境外可供进口余量（国际谷物贸易余量），未利用的可供进口国际谷物贸易余量为负数，其值如图 4-6 所示，分别为 −32.40 万吨和 −61.40 万吨，可能出现我国与境外国家或地区争购谷物情况；在其余的 57 年中，我国谷物实际净进口量都少于境外可供进口余量（国际谷物贸易余量）。

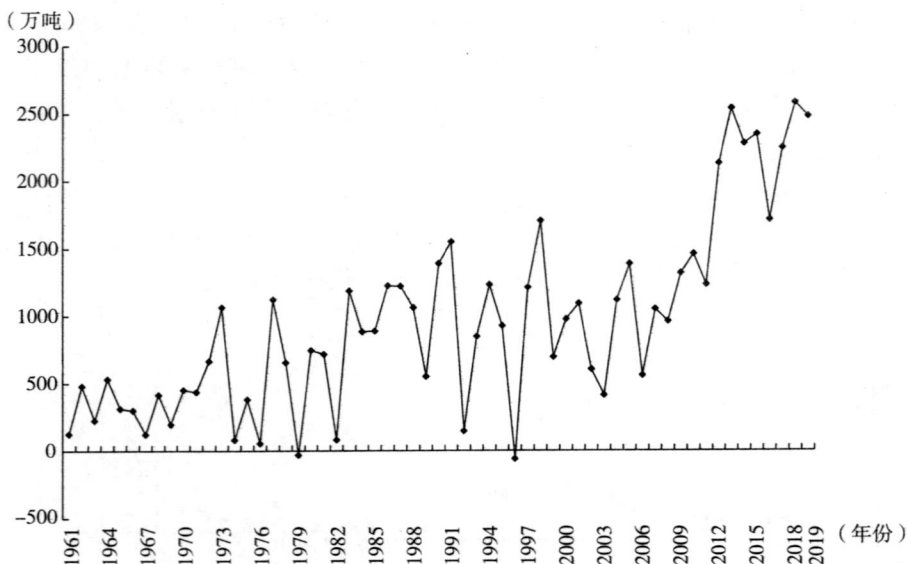

图 4-6　1961~2019 年未利用的可供进口国际谷物贸易余量

　　未利用的可供进口国际谷物贸易余量为正值，如图 4-6 所示。除 1979 年和 1996 年外，其余各年国际市场上尚有 55.70 万至 2573.70 万吨谷物没有买主；未充分利用"国际谷物贸易余量"的年份数占研究期年份总数的 96.61%。综上所述，国际谷物贸易市场，整体上看是有谷物贸易资源供我国利用的，关键在于把握好可利用数量的年际变化特征与规律。

　　2. 基于国际贸易余量的谷物最小自给率的变化

　　谷物进口最大国际依存度，2003 年为 -2.34%，其余年份变化幅度为 0.25%~10.95%，平均值为 6.16%，中位数为 6.18%。其变化过程如图 4-7 所示。

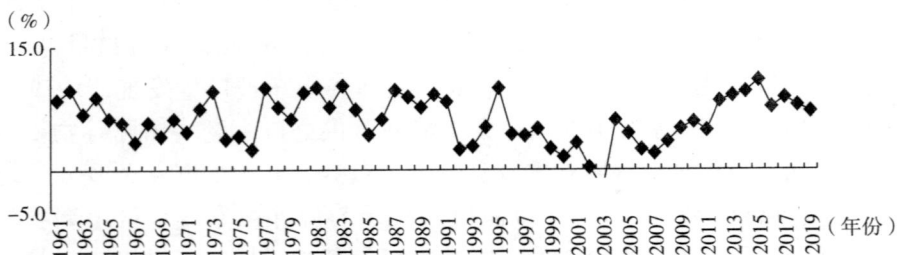

图 4-7　1961~2019 年谷物进口最大国际依存度

基于国际贸易余量的谷物最小自给率的变化不具有规律性。根据谷物进口最大国际依存度，容易得到 1961～2019 年基于国际贸易余量的谷物最小自给率。2003 年为 102.34%，除 2003 年外的其他年份在 89.05%～99.75%波动，平均值为 93.90%，中位数为 93.83%，其变化过程如图 4-8 所示。1961～1969 年在波动中由 91.45%上升为 95.92%，1970～1979 年在波动中下降为 93.84%，1980～1989 年在波动中下降为 92.37%，1990～1999 年在波动中上升为 97.31%，2000～2009 年在波动中下降为 94.34%。2010～2019 年在波动中进一步下降为 92.83%。

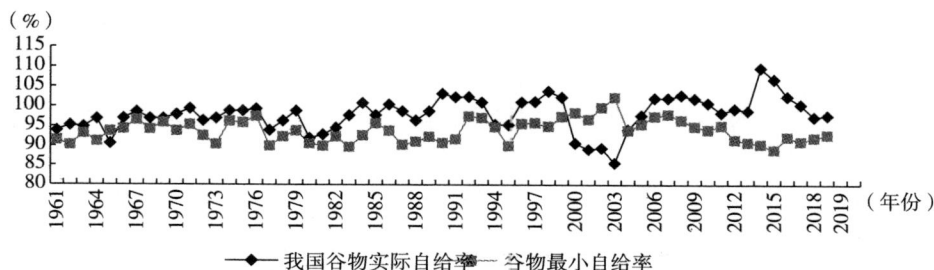

图 4-8　1961～2019 年基于国际贸易余量的谷物最小自给率和谷物实际自给率

3. 基于国际贸易余量的谷物最小自给率灰色数列预测

1961～2019 年的基于国际贸易余量的谷物自给率年变化没有规律性，按照一般时间序列分析寻找规律很困难，采用灰色数列 GM（1，1）方法分析其过去变化并预测未来趋势。根据本问题的特点，将谷物自给率数据按照 5 年一个时段分组，构成步长为 5 年的 5 个数列并在 DPS7.05 平台上进行运算，建立灰色数列 GM（1，1）模型（见表 4-7）。表 4-7 中数据表明，模型对历史时期的谷物自给率的拟合误差范围介于-2%～+2%，误差值很小；5 个模型的评价值 C<0.35，P=1>0.95。拟合误差及模型评价值表明，谷物自给率的灰色数列 GM（1，1）模型的精度较好，预测未来基于国际贸易余量的谷物最小自给率的信度较高。

表 4-7　基于国际贸易余量的谷物最小自给率灰色数列 GM（1，1）模型与评价

模型编号	模型	残差分析次数	拟合误差百分比范围	模型评价
4-16	$G_{t+1}=-13.304166e^{-0.114618t}+14.413732$	第 5 次	-0.8683%～1.1101%	C=0.2858，很好 P=1.0000，很好
4-17	$G_{t+1}=-26.878622e^{-0.105952t}+29.035280$	第 5 次	-1.8050%～1.6120%	C=0.3287，很好 P=1.0000，很好

模型编号	模型	残差分析次数	拟合误差百分比范围	模型评价
4-18	$G_{t+1}=-28.165540e^{-0.108609t}+30.466124$	第5次	$-1.9446\% \sim 1.7263\%$	C=0.3111，很好 P=1.0000，很好
4-19	$G_{t+1}=-9.383134e^{-0.128515t}+10.242729$	第6次	$-0.7129\% \sim 0.7448\%$	C=0.2476，很好 P=1.0000，很好
4-20	$G_{t+1}=-47.600163e^{-0.035768t}+49.090044$	第5次	$-1.4858\% \sim 1.7842\%$	C=0.3473，很好 P=1.0000，很好

基于国际贸易余量全部利用的谷物自给率灰色数列 GM（1，1）模型，预测我国 2023～2050 年谷物最小自给率（见表4-8）。2032 年、2037～2038 年、2041～2043 年、2046～2049 年，谷物最小自给率大于100%，此10年中的谷物国际贸易市场需要我国出口更多谷物平衡境外国家或地区的谷物需求余量可用。其余的27年，国际贸易余量如果充分利用的话，可以满足国内需要谷物量的 0.17%～11.17%，谷物最小自给率介于88.83%～99.83%。

表4-8　2023~2050 年我国（基于国际贸易余量全部利用）的谷物最小自给率

单位:%

年份	2023	2024	2025	2026	2027	2028	2029	2030	2031	2032
自给率	95.07	93.35	89.96	96.47	98.55	97.18	94.38	89.83	97.90	101.75
年份	2033	2034	2035	2036	2037	2038	2039	2040	2041	2042
自给率	99.83	95.70	89.88	97.90	101.75	103.07	97.35	90.08	101.77	110.44
年份	2043	2044	2045	2046	2047	2048	2049	2050		
自给率	107.00	99.39	90.45	104.32	116.20	111.72	101.85	90.97		

（三）豆类

1. 豆类国际贸易余量及利用分析

1961~2019 年的"国际豆类贸易余量"的变化如图4-9所示。"负值"的年份数共8年，占研究年份数的13.56%，缺口量的波动范围为-5.90 万至-52.00万吨，集中出现年份为1961～1969 年和1971 年，国际豆类贸易市场需要我国增加豆类出口量平衡国际供应量的不足。"正值"的年份数共51 年，占研究期内年份数的86.44%，盈余量的波动范围为4.00 万至10120.40 万吨；1972 年以来，国际豆类贸易市场每年都有大量的盈余量，从理论上说，除中国外的境外国家或地区都对豆类根据需求进行了购买，即使我国全部进口豆类贸易余量，也不会影响国际豆类价格和其他国家的进口。

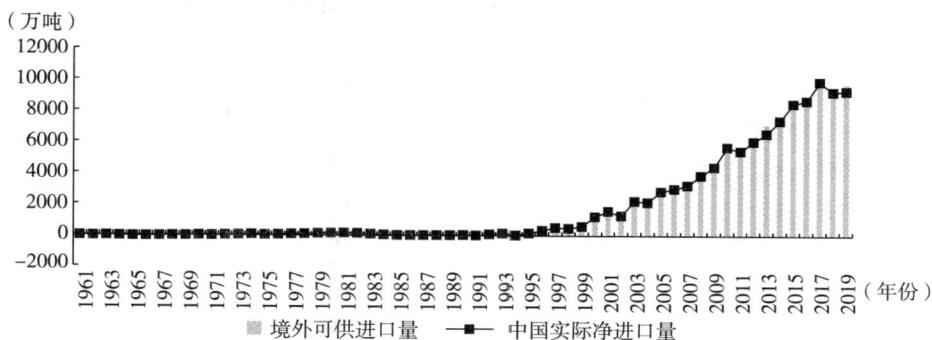

图 4-9　1961~2019 年中国豆类净进口量与国际豆类贸易余量变化情况

资料来源：根据 FAO 和历年《中国统计年鉴》资料整理。

1961~2019 年，我国的实际净进口（见图 4-10）数量介于-48.50 万至
9897.00 万吨，其中 1960~1969 年和 1971 年的净进口量为负值，出口量大于进
口量，我国为平衡国际豆类市场供应量不足做出了中国贡献；1970 年和 1972 年
以来，净进口量为正值，进口量大于出口量，我国在多数年份属于豆类净进口国
家。1995 年以前，豆类净进口量尽管波动很大但未突破 150 万吨；1995~1999 年
增长较快。波动范围为 155 万至 600 万吨；2000 年，净进口量突破 1200 万吨，
在 1999 年的基础上翻番还不止；2003 年突破 2200 万吨，此后，净进口量一路高
歌猛进，2019 年达到了 9306 万吨。

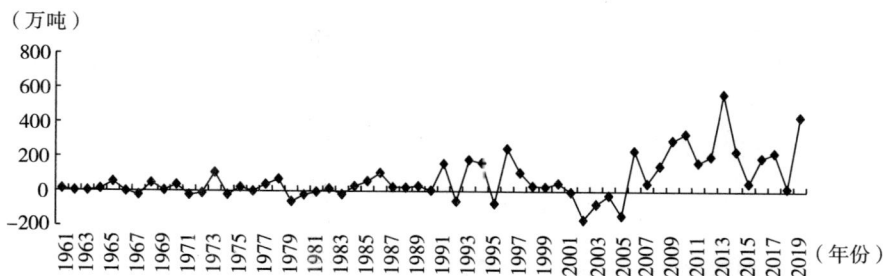

图 4-10　1961~2019 年未利用的可供进口国际豆类贸易余量

未利用的可供进口国际豆类贸易余量的年变化如图 4-10 所示。负值（在横
坐标轴以下）代表过度利用，共 16 年，出现在 2005 年及以前；正值（在横坐标
以上）代表未充分利用，未充分利用的数量波动范围为 0.1 万至 564.50 万吨，

未充分利用"国际豆类贸易余量"的年份数共 43 年，占研究期年份总数的 72.88%，意味着国际谷物贸易市场在近 3/4 的年份，有豆类贸易资源供我国利用，关键在于把握好可利用数量的年际变化特征与规律。

2. 基于国际贸易余量的豆类最小自给率变化

豆类进口最大国际依存度的波动范围是 -3.45%~91.99%，变化过程如图 4-11 所示。最大国际依存度为正值共 51 年，所以，绝大多数年份，国际上都是可以为我国提供豆类进口支撑的。

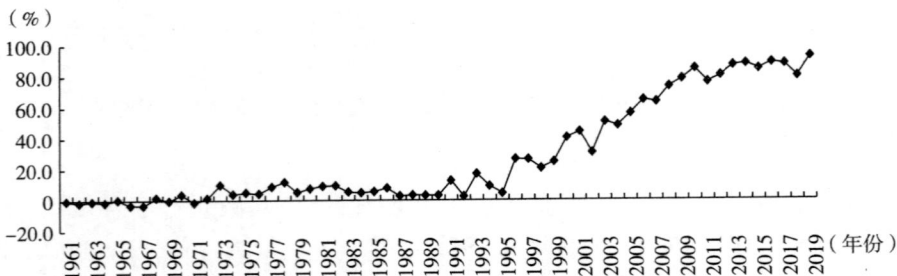

图 4-11　1961~2019 年我国豆类进口最大国际依存度

基于国际贸易余量的豆类最小自给率又称豆类最小自给率，其变化不具有规律性。根据豆类进口最大国际依存度得到 1961~2019 年基于国际贸易余量的豆类自给率，其变化过程如图 4-12 所示。1961~1969 年尽管有波动，多数年份为净出口，国际市场处于供给不足状态。1972~1995 年，最小自给率基本上都在 90% 以上。1996 年以来，鉴于国际市场能够为我国所用的豆类盈余量快速增加，最小自给率呈逐年快速下降的趋势，2010~2019 年的多数年份已经下降到 20% 以内，2019 年仅为 8.02%。也就是说，如果我国全部利用国际豆类贸易市场的盈余量，2019 年国内需求量的 91.99% 都可以由国际市场提供，国内需求量的 8.02% 需要国内提供。

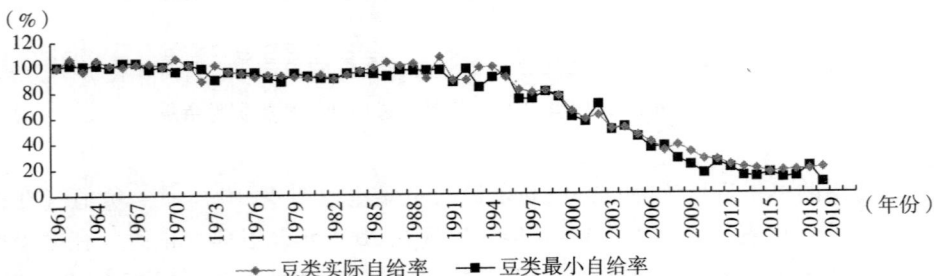

图 4-12　1961~2019 年我国基于国际贸易余量的豆类最小自给率和豆类实际自给率

3. 基于国际贸易余量的豆类自给率灰色数列预测

1961~2019 年的基于国际贸易余量的豆类最小自给率变化没有规律性（见表 4-9），按照一般时间序列分析寻找规律很困难，需要采用灰色数列 GM（1，1）方法分析其过去变化并预测未来趋势。本问题将豆类自给率数据按照 5 年一个时段分组，将构成步长为 5 的 5 个数列在 DPS7.05 平台上进行运算，建立灰色数列 GM（1，1）模型（见表 4-9）。表 4-9 中的模型，对历史时期的豆类自给率的拟合误差范围介于 -2%～+2%，误差值很小；5 个模型的评价值 C<0.35，P＝1>0.95。拟合误差及模型评价值表明，豆类最小自给率的灰色数列 GM（1，1）模型的精度较好，预测未来基于国际贸易余量的豆类最小自给率的信度较高。

表 4-9　基于国际贸易余量的豆类最小自给率灰色数列 GM（1，1）模型与评价

模型编号	模型	残差分析次数	拟合误差百分比范围	模型评价
4-21	$G_{t+1} = -13.304166e^{-0.114618t} + 14.413732$	第 5 次	-0.8683%～1.1101%	C=0.2858，很好 P=1.0000，很好
4-22	$G_{t+1} = -26.878622e^{-0.105952t} + 29.035280$	第 5 次	-1.8050%～1.6120%	C=0.3287，很好 P=1.0000，很好
4-23	$G_{t+1} = -28.165540e^{-0.108609t} + 30.466124$	第 5 次	-1.9446%～1.7263%	C=0.3111，很好 P=1.0000，很好
4-24	$G_{t+1} = -9.383134e^{-0.128515t} + 10.242729$	第 5 次	-0.7129%～0.7448%	C=0.2476，很好 P=1.0000，很好
4-25	$G_{t+1} = -47.600163e^{-0.035768t} + 49.090044$	第 5 次	-1.4858%～1.7842%	C=0.3473，很好 P=1.0000，很好

基于国际贸易余量全部利用的豆类最小自给率灰色数列 GM（1，1）模型，预测未来我国的豆类最小自给率如表 4-10 所示。2023~2050 年，共有 18 个年份的豆类最小自给率小于 100%，介于 89.83%～99.83%，国际贸易余量可以满足国内需要豆类量的 0.17%～11.17%。仅 2032 年、2037~2038 年、2041~2043 年、2046~2049 年共计 10 年，豆类最小自给率大于 100%，没有国际贸易余量可用。

表 4-10　2023~2050 年我国基于国际贸易余量全部利用的豆类最小自给率

单位:%

年份	2023	2024	2025	2026	2027	2028	2029	2030	2031	2032
自给率	95.07	93.35	89.96	96.47	98.55	97.18	94.38	89.83	97.90	101.75
年份	2033	2034	2035	2036	2037	2038	2039	2040	2041	2042
自给率	99.83	95.70	89.88	97.90	101.75	103.07	97.35	90.08	101.77	110.44
年份	2043	2044	2045	2046	2047	2048	2049	2050		
自给率	107.00	99.39	90.45	104.32	116.20	111.72	101.85	90.97		

（四）块根类

1. 块根类国际贸易余量及利用分析

1961～2019 年的块根类国际贸易余量的变化如图 4-13 所示。

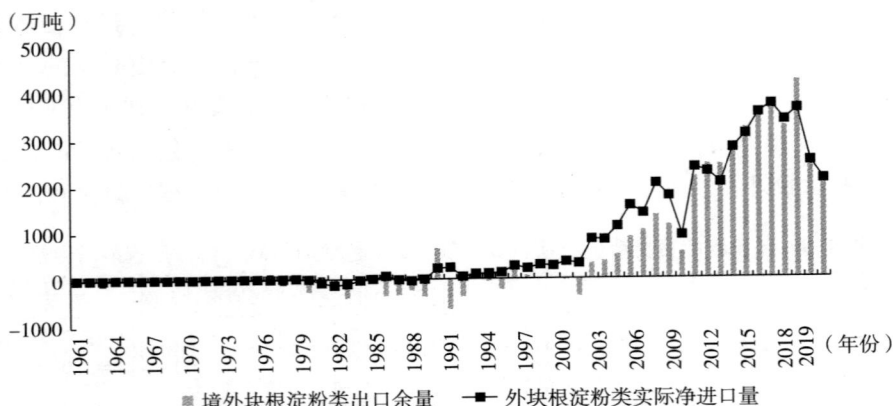

图 4-13　1961～2019 年我国块根类的进口量与国际贸易盈余量

资料来源：根据 FAO 和历年《中国统计年鉴》资料整理。

图 4-13 表明，可供进口的块根类国际贸易余量为负值的年份数共 27 年，占研究期内年份数的 45.76%，缺口量的波动范围为 -5.90 万至 -644.70 万吨，这 27 年的块根类国际贸易市场需要我国增加出口量平衡国际供应量的不足。正值的年份数共 32 年，占研究年份数的 54.24%，盈余量的波动范围为 11.30 万至 4223.00 万吨；2001～2019 年，块根类国际贸易市场每年都有大量的盈余量，理论上说，除中国外的其他国家或地区都对块根类根据需求进行了购买，即使我国全部进口贸易余量，也不会影响块根类国际价格和其他国家的进口。

1961～2019 年我国的实际净进口（见图 4-13）数量介于 -137.10 万至 3712.60 万吨，净进口量为"正值"的年份数共 50 年，负值年份散乱分布在 1988 年及以前。1989～2019 年以来，净进口量在波动中增长，2009 年突破了 2000 吨。

未利用的块根类可供进口的国际贸易余量的年变化如图 4-14 所示。1961～2019 年未利用的块根类可供进口的国际贸易余量负值（在横坐标轴以下）共 48 年，代表过度利用；正值（在横坐标以上）11 年，代表未充分利用。多数年份的可供进口的国际贸易余量为负值，意味着可以挖掘的国际市场利用的潜力有限。

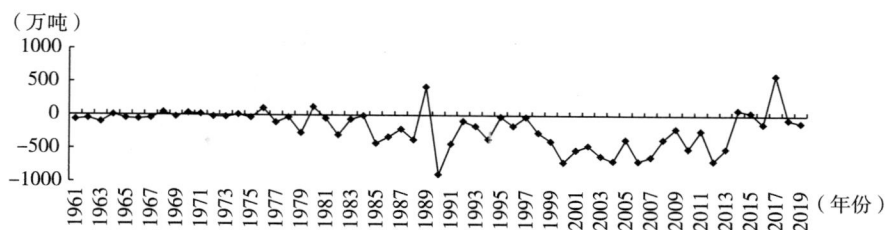

图 4-14　1961～2019 年我国未利用的可供进口国际块根类贸易余量

2. 基于国际贸易余量的块根类自给率变化

块根类进口最大国际依存度的波动范围是 -4.48%～22.35%，变化过程如图 4-15 所示。图 4-15 中，1961～2019 年块根类进口最大国际依存度为"正值"共 32 年。在"正值"年份，国际上都是可以为我国提供块根类进口支撑的。

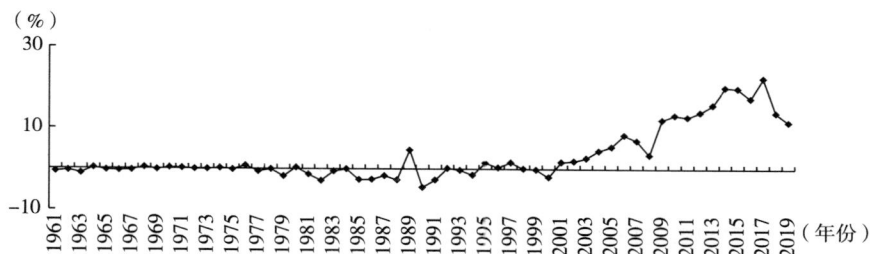

图 4-15　1961～2019 年我国块根类进口最大国际依存度

基于国际贸易余量的块根类自给率为最小自给率，其变化不具有规律性。根据进口最大国际依存度得到 1961～2019 年基于国际贸易余量的块根类自给率，其变化过程如图 4-16 所示。1961～2008 年，最小自给率大于 96%，意味着国际市场上可提供的块根类资源有限。2009～2019 年，最小自给率下降到 90% 以下，国际市场能够为我国提供更多块根类贸易的盈余量。

3. 基于国际贸易余量的块根类最小自给率灰色数列预测

1961～2019 年的基于国际贸易余量的块根类自给率年变化没有规律性，按照一般时间序列分析寻找规律很困难，需要采用灰色数列 GM（1，1）方法分析其过去变化并预测未来趋势。本问题将块根类自给率数据按照 5 年一个时段分组，将构成步长为 5 年的 5 个数列在 DPS7.05 平台上进行运算，建立灰色数列 GM（1，1）模型（见表 4-11）。表 4-11 中的模型，对历史时期块根类自给率的拟合误差

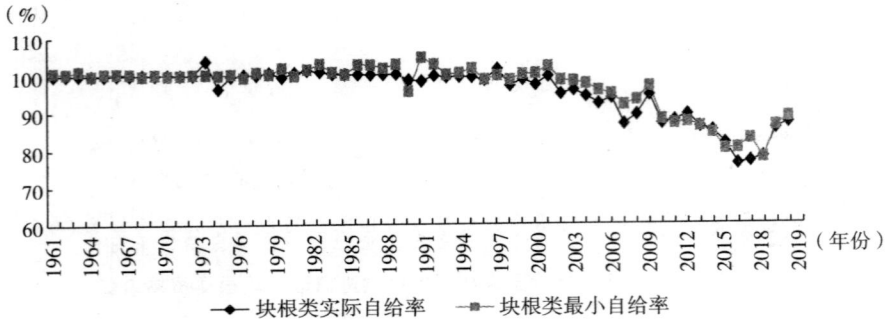

图 4-16 1961~2019 年基于国际贸易余量的块根类最小自给率和块根类实际自给率

范围介于-2%~+2%，误差值很小；5 个模型的评价值 C<0.35，P=1>0.95。拟合误差及模型评价值表明，块根类自给率的灰色数列 GM（1，1）模型的精度较好，预测未来基于国际贸易余量的块根类自给率的信度较高。

　　基于国际贸易余量全部利用的块根类自给率灰色数列 GM（1，1）模型，预测未来我国最小的块根类自给率如表 4-12 所示。2023~2050 年的块根类最小自给率小于 100%，介于 89.83%~99.83%，国际贸易余量可以满足国内需要块根类的数量在 0.17%~11.17%。每年都有一定数量的国际贸易余量可用。

表 4-11　基于国际贸易余量的块根类自给率灰色数列 GM（1，1）模型与评价

模型编号	模型	残差分析次数	拟合误差百分比范围	模型评价
4-26	$G_{t+1} = 7.795152e^{0.169726t} - 3.155485$	第 2 次	-2.0314%~1.8731%	C=0.1962，很好 P=1.0000，很好
4-27	$G_{t+1} = 48.492833e^{0.059002t} - 40.971391$	第 2 次	-3.3691%~3.9247%	C=0.2918，很好 P=1.0000，很好
4-28	$G_{t+1} = 8.893467e^{0.158392t} - 4.628156$	第 2 次	-2.0965%~2.8649%	C=0.2719，很好 P=1.0000，很好
4-29	$G_{t+1} = -62.897168e^{-0.071893t} + 66.380931$	第 4 次	-3.6777%~3.0790%	C=0.2942，很好 P=1.0000，很好
4-30	$G_{t+1} = 10.115778e^{0.172315t} - 5.820948$	第 2 次	-2.2932%~2.4243%	C=0.2072，很好 P=1.0000，很好

表4-12 2023~2050年我国基于国际贸易余量全部利用的块根类最小自给率

单位:%

年份	2023	2024	2025	2026	2027	2028	2029	2030	2031	2032
自给率	87.17	87.30	84.32	84.67	83.00	86.31	88.18	83.01	84.27	83.27
年份	2033	2034	2035	2036	2037	2038	2039	2040	2041	2042
自给率	85.82	89.67	82.31	84.40	84.31	85.75	91.86	82.31	85.15	86.26
年份	2043	2044	2045	2046	2047	2048	2049	2050		
自给率	86.14	94.85	83.07	86.60	89.29	87.07	98.78	84.72		

第三节 食用植物油、食糖、蔬菜自给率

食用植物油、食糖、蔬菜属于生活必需品,其自给率研究及数据处理流程如图4-17所示。

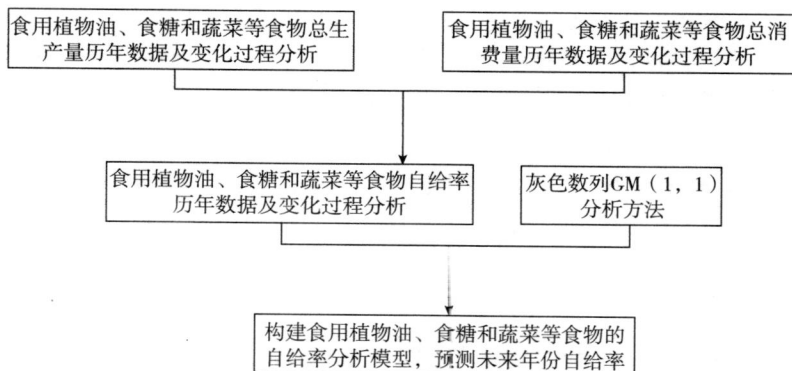

图4-17 食用植物油、食糖、蔬菜自给率分析流程

一、食用植物油自给率

(一)食用植物油自给率变化

根据1961~2019年国内食用植物油生产量和消费量得到食用植物油自给率,其变化过程如图4-18所示,食用植物油自给率变化很大,总体呈降低趋势。

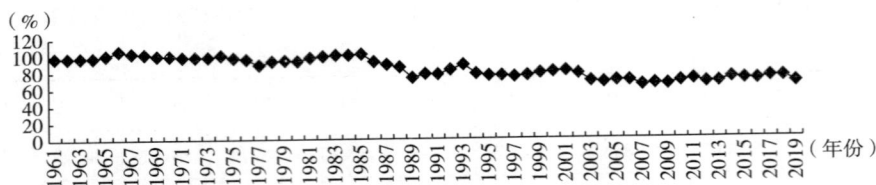

图 4-18　1961~2019 年我国的食用植物油自给率

　　在图 4-18 中，1961~2019 年食用植物油自给率变化分为四个阶段。1961~1975 年为食用植物油的稳定性基本完全自给阶段。该时段经历了 15 年，食用植物油自给率在 95%以上。1976~1986 年为食用植物油的波动性高自给率阶段，该时段经历了 10 年，食用植物油自给率在 88.32%~100.66%波动，其中低于 90%的只有 1977 年。1987~2002 年为食用植物油的波动中自给率下降阶段，该时段经历了 15 年，食用植物油自给率在波动中由 88.11%下降到 76.56%。2003~2019 年为食用植物油的波动性低自给率相对稳定阶段，食用植物油自给率有波动，波动幅度介于 62.49%~71.78%。

　　（二）食用植物油实际自给率未来值分析

　　食用植物油自给率的阶段性变化特征按照一般时间序列分析难以把握其随时间变化规律，采用灰色数列 GM（1，1）方法分析其过去变化并预测未来趋势。据本问题的特点，将食用植物油自给率数据按照 5 年一个时段分组，把构成步长为 5 年的 5 个数列在 DPS7.05 平台上进行运算，建立灰色数列 GM（1，1）模型（见表 4-13）。2 个模型的评价值 C<0.35，P=1>0.95，都为"很好"，2 个模型的评价值 C 和 P 评价为"好"，1 个模型的模型评价值 C 和 P 评价为"一般"。模型评价的 C 值和 P 值表明，食用植物油实际自给率的灰色数列 GM（1，1）模型的精度较好，预测未来食用植物油实际自给率的信度较高。

表 4-13　食用植物油实际自给率灰色数列 GM（1，1）模型与评价

模型编号	模型	残差分析次数	模型评价
4-31	$G_{t+1} = 67294.156627e^{0.082208t} - 56.040259$	第 3 次	C=0.2889，很好；P=1.0000，很好
4-32	$G_{t+1} = 80.999021e^{0.078215t} - 68.216182$	第 3 次	C=0.4510，好；P==0.9091，好
4-33	$G_{t+1} = 141.842827e^{0.071843t} - 120.645595$	第 3 次	C=0.6421，一般；P=0.5455，一般
4-34	$G_{t+1} = 83.271009e^{0.103289t} - 65.462260$	第 3 次	C=0.4678，好；P=0.8182，好
4-35	$G_{t+1} = 54.329352e^{0.102490t} - 42.214498$	第 3 次	C=0.3240，很好；P=1.0000，很好

用表 4-13 中的食用植物油实际自给率的灰色数列 GM（1，1）模型，预测未来基于生产量的食用油自给率如表 4-14 所示。预测数据表明，2023~2050 年食用植物油实际自给率在 63.50%~80.21% 波动，基本与食用植物油的"波动性低自给率相对稳定阶段"相当。满足国内各类需求须依托国际食用植物油市场。

表 4-14　2023~2050 年中国食用植物油自给率　　　单位:%

年份	2023	2024	2025	2026	2027	2028	2029	2030	2031	2032
自给率	71.86	68.79	70.89	66.59	68.58	72.61	69.03	70.67	65.43	68.37
年份	2033	2034	2035	2036	2037	2038	2039	2040	2041	2042
自给率	73.79	69.78	70.87	64.52	68.49	75.44	71.06	71.49	63.88	68.95
年份	2043	2044	2045	2046	2047	2048	2049	2050		
自给率	77.57	72.93	72.57	63.50	69.76	80.21	75.40	74.13		

二、食糖自给率

（一）食糖自给率变化

根据国内生产量和消费量得到食糖自给率，其变化过程如图 4-19 所示。

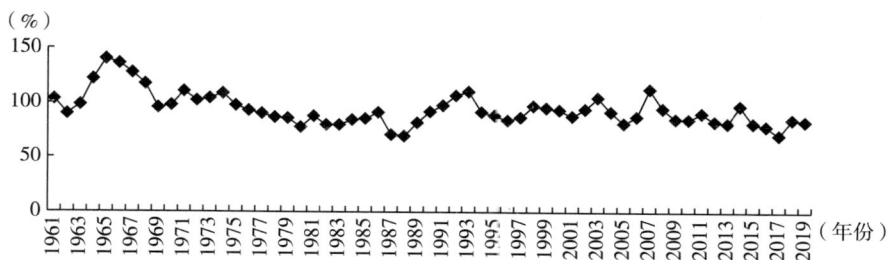

图 4-19　1961~2019 年我国的食糖自给率

食糖自给率变化很大。一是 2019 年食糖自给率为 103.4%，较 1961 年自给率 82.6% 低 20.8 个百分点；二是年代平均值，1961~1969 年为 114.5%、1970~1979 年为 97.7%、1980~1989 年为 80.7%、1990~1999 年为 94.8%、2000~2009 年为 93.2%、2021~2029 年为 83.3%，整体呈下降趋势；三是年代最好值，1961~1969 年为 140.2%、1970~1979 年为 110.6%、1980~1989 年为 91.2%、1990~1999 年为 110.3%、2000~2009 年为 112.6%、2010~2019 年为 97.2%，整

体呈下降趋势。

（二）食糖自给率未来值分析

食糖自给率的阶段性变化特征按照一般时间序列分析是难以把握其随时间变化规律性的，采用灰色数列 GM（1，1）方法分析其过去变化并预测未来趋势。根据本问题的特点，将食糖自给率数据按照 5 年一个时段分组，把构成步长为 5 年的 5 个数列在 DPS7.05 平台上进行运算，建立灰色数列 GM（1，1）模型（见表 4-15）。表 4-15 中，5 个模型的评价值 C<0.35，P=1>0.95，都为"很好"。模型评价的 C 值和 P 值表明，食糖实际自给率的灰色数列 GM（1，1）模型的精度较好，预测未来的食糖自给率的信度较高。

用表 4-15 中的食糖自给率的灰色数列 GM（1，1）模型，预测 2023～2050 年的食糖自给率如表 4-16 所示。2023～2029 年，食糖自给率在 79.94%～107.68%波动、平均值为 95.4%，较 2010～2019 年的最高值、最低值和平均值都高；2030～2039 年的食糖自给率范围为 71.10%～147.30%、平均值为 106.8%，较 2020～2021 年的最高值、最低值和平均值都高；2040～2049 年的食糖自给率范围为 74.74%～209.37%、平均值为 129.4%，较 2030～2039 年的最高值、最低值和平均值都高。2023～2050 年，食糖自给率的波动较大，有一半的年份可能自给有余，一半的年份可能需进口国际市场资源补充国内消费需求。

表 4-15　食糖实际自给率灰色数列 GM（1，1）模型与评价

模型编号	模型	残差分析次数	拟合误差百分比范围	模型评价
4-36	$G_{t+1}=25.364559e^{0.091702t}-20.177836$	第 2 次	-2.9275%～2.3393%	C=0.3013，很好 P=1.0000，很好
4-37	$G_{t+1}=65.878319e^{0.056495t}-61.725726$	第 12 次	-5.7467%～6.5875%	C=0.2655，很好 P=1.0000，很好
4-38	$G_{t+1}=-18.928893e^{-0.267020t}+21.313141$	第 11 次	-1.8998%～1.7635%	C=0.0935，很好 P=1.0000，很好
4-39	$G_{t+1}=-4.040076e^{-0.222831t}+4.498082$	第 11 次	-0.4515%～0.3000%	C=0.0426，很好 P=1.0000，很好
4-40	$G_{t+1}=0.211155e^{0.167099t}-0.111936$	第 11 次	-0.0515%～0.0531%	C=0.0080，很好 P=1.0000，很好

表 4-16　2023~2050 年我国食糖自给率　　　　　　　　　单位:%

年份	2023	2024	2025	2026	2027	2028	2029	2030	2031	2032
自给率	93.94	94.68	79.94	87.84	104.75	107.68	99.05	78.46	88.94	118.06
年份	2033	2034	2035	2036	2037	2038	2039	2040	2041	2042
自给率	125.21	104.26	71.10	90.26	134.12	147.30	110.46	75.85	91.99	153.26
年份	2043	2044	2045	2046	2047	2048	2049	2050		
自给率	174.93	117.79	74.74	94.13	175.84	209.37	126.46	73.74		

三、食用蔬菜自给率

根据国内生产量和消费量得到蔬菜自给率,其变化过程如图 4-20 所示。蔬菜自给率都在 100% 及以上,自给率变化幅度较小;95% 以上的年份略有盈余。

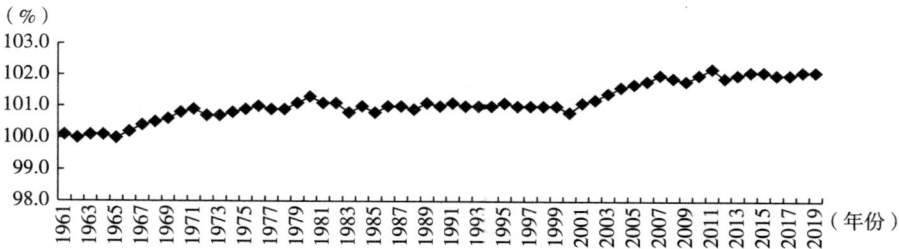

图 4-20　1961~2019 年我国蔬菜自给率

蔬菜自给率的变化特征按照一般时间序列分析是难以把握其随时间变化规律性的,采用灰色数列 GM(1,1)方法分析其过去变化并预测未来趋势。根据本问题的特点,将蔬菜自给率数据按照 5 年一个时段分组,把构成步长为 5 年的 5 个数列在 DPS7.05 平台上进行运算,建立灰色数列 GM(1,1)模型(见表 4-17)。2 个模型的评价值 C<0.35,P=1>0.95,都为"很好";1 个模型的模型评价值 C 值和 P 值为"好";2 个模型的模型评价值 C 值为"很好"或"一般",P 值为"好"。模型评价的 C 值和 P 值表明,蔬菜自给率的灰色数列 GM(1,1)模型可以用来预测未来的蔬菜自给率。

表 4-17　食用蔬菜实际自给率灰色数列 GM（1，1）模型与评价

模型编号	模型	残差分析次数	拟合误差百分比范围	模型评价
4-41	$G_{t+1} = 67294.156627e^{0.001492t} - 67194.056627$	第 0 次	$-0.4149\% \sim 0.3691\%$	$C = 0.4262$，好 $P = 0.9091$，好
4-42	$G_{t+1} = 68516.324540e^{0.001465t} - 68416.324540$	第 0 次	$-0.3438\% \sim 0.3483\%$	$C = 0.3468$，很好 $P = 1.0000$，很好
4-43	$G_{t+1} = 63750.126000e^{0.001574t} - 63650.026000$	第 0 次	$-0.3546\% \sim 0.2182\%$	$C = 0.3010$，很好 $P = 1.0000$，很好
4-44	$G_{t+1} = 70357.829560e^{0.001428t} - 70257.729560$	第 0 次	$-0.4303\% \sim 0.2406\%$	$C = 0.3335$，很好 $P = 0.9091$，好
4-45	$G_{t+1} = 78038.012558e^{0.001289t} - 77938.012558$	第 0 次	$-0.6401\% \sim 0.3717\%$	$C = 0.5160$，一般 $P = 0.9000$，好

用表 4-17 中的蔬菜自给率的灰色数列 GM（1，1）模型，预测 2023~2050 年的蔬菜自给率（见表 4-18）。蔬菜自给率在 101.97%~102.97%波动，说明我国的蔬菜不能依托国际市场。

表 4-18　2023~2050 年我国蔬菜自给率　　　　　　　　单位:%

年份	2023	2024	2025	2026	2027	2028	2029	2030	2031	2032
自给率	102.16	102.16	101.97	102.28	102.24	102.32	102.31	102.10	102.43	102.39
年份	2033	2034	2035	2036	2037	2038	2039	2040	2041	2042
自给率	102.48	102.45	102.23	102.59	102.54	102.64	102.60	102.36	102.73	102.69
年份	2043	2044	2045	2046	2047	2048	2049	2050		
自给率	102.80	102.75	102.49	102.89	102.84	102.97	102.89	102.63		

第四节　本章小结

食物自给率研究现状集中在以下几个方面：①食物自给率计算方法包括按热量、金额和重量进行计算三种方式。无论哪种算法，都涉及如何计算"国内食物消费量"。国内食物消费量的计算方法包括流向统计法、消费统计法。按照热量或金额计算，各类食物的消费量可以直接相加；不同食物蕴含的热量或价值，按照重量不能直接相加，须分品种（如谷物类、豆类、块根类、蔬菜类、食用植物

油、食糖等，猪肉、牛羊肉、禽肉、禽蛋、奶类以及水产品等动物性食品）分别计算各类食物自给率。以热量或金额为单位，综合计算食物自给率的研究成果较少。最普遍的方式是按照重量计算的食物自给率，其中粮食自给率为研究重点。②粮食自给率内涵与分类。对内涵认识没有争议，不同学者的表述基本一致。在国际上，粮食自给率就是谷物自给率，在国内分类比较复杂，无论是哪种粮食自给率，粮食或谷物的生产量和消费量都是按照重量统计的。③粮食自给率的作用。为各国政府关心的话题，把提高粮食自给率确定为国内农业政策目标，自给率与国家粮食安全密切习惯。④粮食自给率影响因素。多数学者认为粮食自给率的影响因素由粮食产量的影响因素和粮食需求的影响因素构成，每个方面都有学者进行广泛研究。⑤粮食自给率目标。学术界对粮食自给率进行了大量探索，提出了95%、90%和自给率因情况而变化等多种观点。⑥有少数学者探讨肉类产品自给率及饲料粮自给率。

关于粮食自给率。基于国内生产量确定自给率，基于可供进口的国际粮食贸易盈余量确定自给率。

（1）基于国内生产量计算了三大类粮食自给率。①1961～2019年的谷物自给率在86%～107%波动，低于95%和低于90%的年份数少，谷物自给率平均为98.03%、谷物自给率中位数为98%。2023～2050年的谷物自给率，根据预测值，将2023年和2028年自给率确定为99%，其他年份的谷物自给率确定为100%。②豆类自给率变化可以划分为高自给率相对稳定阶段、自给率明显下降阶段、低自给率相对稳定阶段，在新近的低自给率相对稳定阶段的自给率在20%～16%波动；豆类自给率2023～2050年在13%～25%波动，波动大；豆类自给率低，满足国内各类消费需求须依托国际豆类市场，自给率按预测取值。③块根类自给率分为完全自给有余阶段、高自给率阶段、基本自给为主阶段、自给率在波动中下降趋稳阶段，2010～2019年为自给率在波动中下降趋稳阶段自给率都在89%及以下，其中2015～2017年为76%～78%；2023～2050年的预测值在68.78%～87.47%波动，基本继承了2010～2019年自给率在波动中下降趋稳阶段的特点，自给率按预测取值，合理利用国际贸易市场资源补充国内不足。

（2）2023～2050年，基于国际粮食贸易余量的粮食自给率。①谷物有18年的贸易余量能够满足国内需要谷物量的0.17%～11.17%，谷物自给率介于88.83%～99.83%；在2032年、2037～2033年、2041～2043年、2046～2049年，国际没有多余谷物供我国进口，谷物自给率确定为100%。②豆类有18年的国际贸易余量能够满足国内需求量的0.17%～11.17%，自给率介于89.83%～99.83%；在2032年、2037～2038年、2041～2043年、2046～2049年，国际贸易余量没有我国可用的豆类，豆类最小自给率需为100%，显然，未来年份可供我国利用的国际豆类贸易余量非常有限，我国大豆生产能力如果没有大幅提升，基于传统进口量的惯性进口，否则会加剧豆类紧张局势。③块根类，2023~2050年各年有一定的国际贸易余量能够满足国内需求量的0.17%~11.17%，自给率介于89.83%~99.83%。

　　关于食用植物油、食糖、蔬菜自给率。①食用植物油自给率在2023~2050年在63.50%~80.21%波动，基本与2003年以来的波动性低自给率相对稳定阶段相当。②2023~2050年，食糖自给率波动大，有一半的年份自给有余，自给率取1，一半的年份可能需进口，自给率按照预测值。③蔬菜自给率预测值在101.97%~102.97%波动，自给有余，自给率取1。

第五章　耕地警戒值及耕地压力指数

国家耕地警戒值是生产全国城乡居民在特定时间层面的食物所需的总耕地量的底线，分为国家人均耕地警戒值和国家耕地总量警戒值（冉清红，2009）。本章讨论国家人均耕地警戒值及各省份人均耕地警戒值差异。

第一节　国家人均耕地警戒值

耕地是植物性食材、动物性食材的植物性饲料、食品加工的食材、农业经济发展的植物纤维材料的生产场所。依托国内的耕地资源发展农业，致力于解决国内居民吃饭需求的粮食、肉蛋奶鱼、植物油和蔬菜，是对大国或强国的基本要求；依托国内的资源，如果能够解决"吃饭+食品加工等其他需求"的粮食、肉蛋奶鱼、植物油和蔬菜，甚至通过国内种植农业解决农业经济发展需要的纤维类材料，有效趋避国际遏制更是强国的基本条件；如果在满足自己需求还能够支援有需求的国家更是一个有影响力强国的必备条件。目标的差异性，决定着保障需求目标的区域最小人均耕地面积必然有差异性，由此确定的阶段性区域人均耕地警戒值必然有差异性。受耕地生产能力、复种指数和居民消费水平等的影响，不同区域的耕地警戒值必然具有区域差异。

一、满足吃饭的人均耕地警戒值

（一）技术路线

计算满足吃饭的国家人均耕地警戒值的技术路线如图 5-1 所示。

满足吃饭需求就是满足居民人均粮食食用消费（居家口粮消费、工作餐及在外就餐）、人均肉蛋奶鱼生产耗用的饲料粮消费的总需求。

（二）人均耕地警戒值

按照技术路线（见图 5-1）的要求，依据式（1-6）和图 5-1 所示"数据表"的数据，计算 2023~2049 年满足吃饭所需的国家最小人均耕地面积（$S_{饭碗}$ =

S_{min}），如表 5-1 所示。

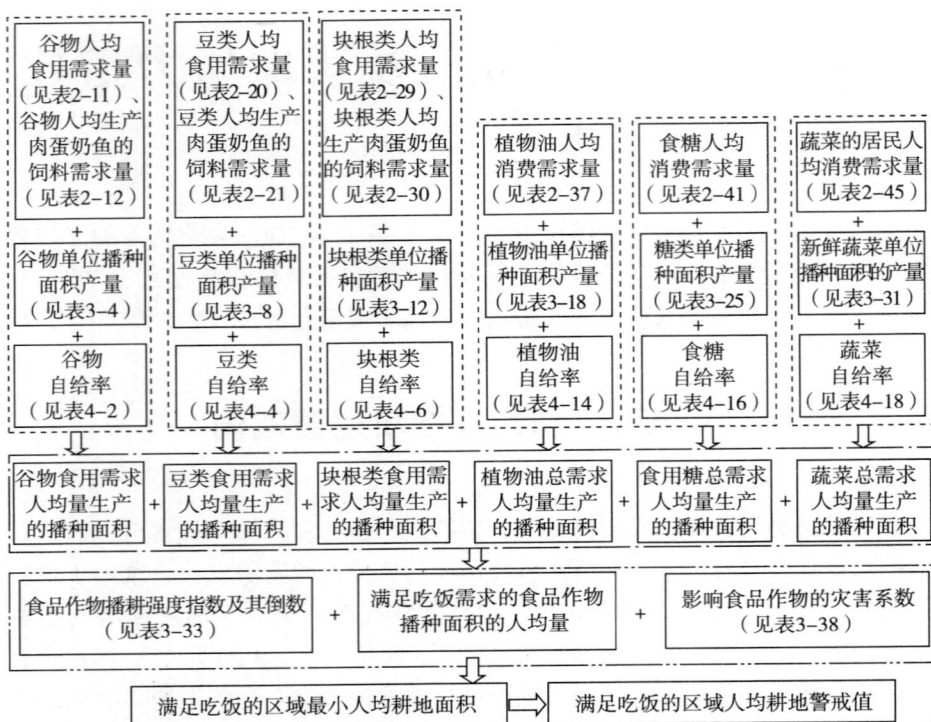

图 5-1　满足吃饭的人均耕地警戒值的计算路线

表 5-1　2023~2049 年我国满足吃饭的最小人均耕地面积（方案 1）

年份	公顷	亩	年份	公顷	亩	年份	公顷	亩	年份	公顷	亩
2023	0.0591	0.8859	2030	0.0731	1.0972	2037	0.0651	0.9770	2044	0.0670	1.0043
2024	0.0687	1.0308	2031	0.0663	0.9949	2038	0.0570	0.8544	2045	0.0768	1.1521
2025	0.0743	1.1140	2032	0.0649	0.9731	2039	0.0659	0.9883	2046	0.0682	1.0236
2026	0.0670	1.0045	2033	0.0569	0.8530	2040	0.0756	1.1342	2047	0.0669	1.0032
2027	0.0657	0.9858	2034	0.0658	0.9876	2041	0.0680	1.0202	2048	0.0570	0.8545
2028	0.0575	0.8626	2035	0.0738	1.1070	2042	0.0662	0.9932	2049	0.0688	1.0318
2029	0.0667	1.0011	2036	0.0666	0.9996	2043	0.0577	0.8659			

表 5-1 表明，因为 2023~2049 年人均年消费水平、生产力水平等要素有差异，满足人们对粮、肉、蛋、奶、鱼、植物油和蔬菜需求的人均耕地面积具有差异性。尽管耕地单位面积的生产能力在提升，但因为消费水平也在增加，所以，区域最小人均耕地面积在波动中略有提升。依据式（1-7），确定到 2049 年保障城乡居民吃饭的人均耕地警戒值为 1.0318 亩（0.0688 公顷）。

二、满足食物总需求的人均耕地警戒值

（一）技术路线

满足食物总需求，就是满足人均粮食食用消费、人均肉蛋奶鱼生产耗用的饲料粮消费、人均加工食物制成品消费以及人均其他需求。计算满足食品总需求的人均耕地警戒值的技术路线如图 5-2 所示。

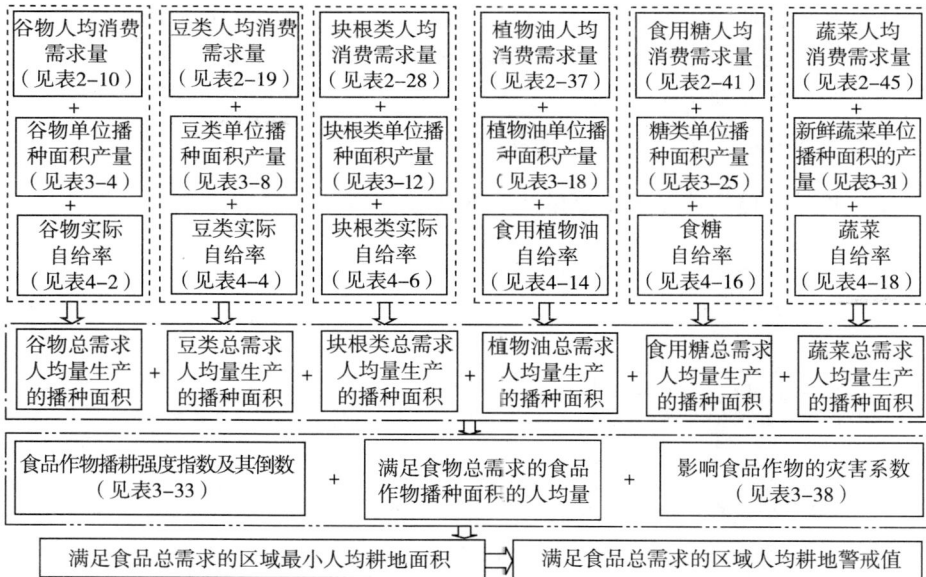

图 5-2 满足食品总需求的人均耕地警戒值的计算路线

（二）人均耕地警戒值

按照技术路线（见图 5-2）的要求，依据式（1-6）和图 5-2 中所示"数据表"的数据，计算 2023~2049 年满足食物总需求的区域最小人均耕地面积（$S_{食总需} = S_{min}$），如表 5-2 所示。

表 5-2　2023~2049 年我国满足食物总需求的区域最小人均耕地面积（方案 2）

年份	公顷	亩	年份	公顷	亩	年份	公顷	亩	年份	公顷	亩
2023	0.0770	1.1549	2030	0.0933	1.3988	2037	0.0816	1.2245	2044	0.0860	1.2903
2024	0.0896	1.3436	2031	0.0831	1.2472	2038	0.0707	1.0602	2045	0.0895	1.3430
2025	0.0922	1.3834	2032	0.0817	1.2248	2039	0.0848	1.2718	2046	0.0824	1.2364
2026	0.0846	1.2693	2033	0.0718	1.0772	2040	0.0890	1.3356	2047	0.0808	1.2127
2027	0.0831	1.2472	2034	0.0850	1.2753	2041	0.0846	1.2684	2048	0.0642	0.9633
2028	0.0739	1.1083	2035	0.0933	1.4001	2042	0.0829	1.2439	2049	0.0821	1.2313
2029	0.0866	1.2991	2036	0.0830	1.2453	2043	0.0704	1.0566			

　　表 5-2 表明，因为 2023~2049 年人均年消费水平、生产力水平等要素有差异，满足粮食人均消费总需求、植物油需求量、蔬菜需求量的人均耕地面积具有差异性。尽管耕地单位面积的生产能力在提升，但因为人均直接消费的粮食、用作动物饲料的粮食、生产加工用粮食和其他植物消费都在增加，所以，区域最小人均耕地面积在波动中略有提升。依据式（1-7），确定 2049 年保障食物总需求的人均耕地警戒值为 1.2313 亩（0.0821 公顷）。

三、满足种植农业经济发展的人均耕地警戒值

（一）技术路线

技术路线如图 5-3 所示。

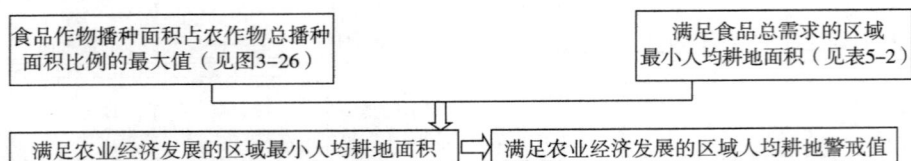

图 5-3　满足种植农业经济发展人均耕地警戒值的计算路线

　　满足种植农业经济发展就是通过耕地种植业解决居民所需食物及轻工业所需植物纤维的总需求。计算满足种植农业经济发展的人均耕地警戒值，要以食品总需求的人均耕地警戒值为基础，用食物种植面积占耕地农作物播种面积的比例进行修正。

（二）人均耕地警戒值

　　按照技术路线（见图 5-3）要求，依据式（1-6）和图 5-3 所示"数据表和数据图"的数据，计算 2023~2049 年满足种植农业经济发展的区域最小人均耕地面积（$S_{种农}=S_{min}$），如表 5-3 所示。

表 5-3　2023~2049 年种植农业经济发展的区域最小人均耕地面积（方案 3）

年份	公顷	亩	年份	公顷	亩	年份	公顷	亩	年份	公顷	亩
2023	0.0792	1.1881	2030	0.0959	1.4390	2037	0.0840	1.2598	2044	0.0885	1.3274
2024	0.0922	1.3823	2031	0.0855	1.2832	2038	0.0727	1.0908	2045	0.0921	1.3817
2025	0.0949	1.4233	2032	0.0840	1.2601	2039	0.0872	1.3084	2046	0.0848	1.2720
2026	0.0871	1.3059	2033	0.0739	1.1082	2040	0.0916	1.3741	2047	0.0832	1.2476
2027	0.0855	1.2831	2034	0.0875	1.3120	2041	0.0870	1.3049	2048	0.0661	0.9910
2028	0.0760	1.1402	2035	0.0960	1.4404	2042	0.0853	1.2797	2049	0.0845	1.2668
2029	0.0891	1.3366	2036	0.0854	1.2811	2043	0.0725	1.0870			

　　尽管耕地单位面积的生产能力在提升，因为 2023~2049 年轻工业对植物性纤维原料需求的增加，加上人均年消费水平、生产力水平等要素差异的综合作用，区域最小人均耕地面积在波动中略有提升（见表 5-3）。依据式（1-7）确定的区域人均耕地警戒值和区域最小人均耕地面积，确定 2049 年保障种植农业经济发展的人均耕地警戒值为 1.2668 亩（0.0845 公顷）。

四、区域最小人均耕地面积相关参数的指示功能

　　区域最小人均耕地面积是利用播耕强度指数、粮油糖菜的自给率、粮油糖菜的单产量和需求量等参数依据式（1-6）计算而来的，这些参数对计算区域最小人均耕地面积的贡献是有差异的，评价各参数的贡献可以通过灰色关联分析来实现。

　　（一）粮食自给率是食物自给率中最重要的指标

　　冉清红（2009）对粮食自给率、蔬菜自给率、植物油自给率和食糖自给率与区域最小人均耕地面积的灰色关联分析表明，粮食自给率与区域最小人均耕地面积的关联系数最大，蔬菜自给率、植物油自给率和食糖自给率与区域最小人均耕地面积的关联系数小于前者，关联排序为粮食自给率、蔬菜自给率、植物油自给率和食糖自给率的，关联系数和关联排序位次都说明：粮食自给率是食物自给率中影响区域最小人均耕地面积进而影响区域耕地警戒值的主成分因子。在进行种植结构安排时，要优先粮食作物，使粮食自给率有充分的保障。

　　（二）粮食单产是食物单产中最重要的指标

　　冉清红（2009）对粮食单产、食糖单产、蔬菜单产和植物油单产与区域最小人均耕地面积的灰色关联分析表明，粮食单产与区域最小人均耕地面积的关联系数最大，食糖单产、蔬菜单产和植物单产与区域最小人均耕地面积的关联系数依次减小，关联排序为粮食单产、食糖单产、蔬菜单产、植物油单产，关联系数和关联排序位次都说明：粮食单产是食物单产中影响区域最小人均耕地面积进而影响区域耕地警戒值的主成分因子。在进行产量提升安排计划时，要优先考虑粮食作物，使粮食产量提升有充分的保障。

（三）粮油糖菜的单产提升条件关联有侧重

除自然要素外，制约食品作物单产的人为因素有很多。冉清红（2009）对有效灌溉面积占播种面积的比重、单位面积化肥施用量、单位面积生猪存栏头数和单位面积农机动力四项因素与粮食、植物油、食糖和蔬菜单产进行了灰色关联分析，结果如表5-4所示。

表5-4　食物单产与各影响因子的灰色关联分析

影响因子	粮食单产		植物油单产		食糖单产		蔬菜单产	
	关联排序	关联系数	关联排序	关联系数	关联排序	关联系数	关联排序	关联系数
有效灌面	1	0.9926	4	0.3691	4	0.3724	1	0.6649
化肥用量	2	0.3771	2	0.4242	3	0.3984	2	0.4209
农机动力	3	0.3307	3	0.3779	2	0.4147	3	0.3488
生猪存栏	4	0.2432	1	0.5012	1	0.4807	4	0.2656

粮食和蔬菜作物用地管理的重点是灌溉条件。虽然粮食单产量、蔬菜单产量与四个影响因子的关联系数不同，但关联排序具有一致性。有效灌面比重的关联排序排为第一位，关联系数最大。从粮食单产量的关联系数来看，有效灌面比重的关联系数分别是单位面积化肥施用量、单位面积农机动力和单位面积生猪存栏头数的2.62倍、3.00倍和4.08倍，有效灌面比例对粮食单产量的影响力特别突出；从蔬菜单产量的关联系数来看，有效灌面比重的关联系数分别是单位面积化肥施用量、单位面积农机动力和单位面积生猪存栏头数的1.58倍、1.91倍和2.50倍。由此可见，灌溉条件是影响粮食和蔬菜作物单产量的第一主成分因素，其在单产方面的重要性远超施用化肥、农业机械化程度和施用有机肥的作用，农田用水管理是粮食生产用地、蔬菜生产用地管理的重点。

第二节　省级行政区人均耕地警戒值的区域差异

我国31个省份单位播种面积的耕地生产力水平差异很大，需要对国家人均耕地警戒值进行修正（王万茂，2001；冉清红等，2007，2010）才能因区制宜地按人均耕地保护目标进行管理。研究耕地警戒值的区域差异就是为各省份制定人均耕地保护目标提供参考依据。

一、研究思路

各省份的自然环境差异直接反映在耕地食品作物生产力水平和播耕强度指数方面，经济社会环境差异反映在食物消费需求（量）与结构差异方面，并直接表现在人均食品消费支出差异方面。生产力水平不同、食品作物播耕强度指数不同和消费水平有差异的综合作用，人均耕地警戒值存在区域差异。如果按照计算国家最小人均耕地面积式（1-6）和国家人均耕地警戒值式（1-7）确定区域最小人均耕地面积及区域人均耕地警戒值，因植物油、食糖只有原料产量，食物受各省份之间的进出口数据缺乏等因素的影响，要计算各省份的植物油与食糖的单产和食物自给率有较大的困难，同时各省份的灾害系数因数据缺乏也难以确定。为此，设计了区域食品作物单产相对于全国单产的区域系数（α_r^g）、区域食品作物的播耕强度指数相对于全国的区域系数（φ_r^g）、区域城乡居民人均食品消费支出相对于全国的区域系数（δ_r^g）的算法，然后，利用 3 个区域系数、国家最小人均耕地面积（S_{min}^t）及国家人均耕地警戒值（S_{min}）数据，研究各省份的区域最小人均耕地面积、确定区域人均耕地警戒值并研究其空间差异。其中，计算食品作物单产的区域系数，必然要用到区域食品作物单产的概念，食品作物的种类很多，不同种类食品作物因蕴含的能量不同使其产量不能直接相加，区域食品作物单产的计算要用到能值分析方法和表 5-5 的能量—能值转换系数（刘巽洁，1984；Odum，1991；蓝盛芳等，1995，2001；张耀辉，1999），把种类不同不可比较的能量物质，如谷物、豆类、薯类、蔬菜等，转化为能够相加的太阳能（sej），计算食品作物单位播种面积的能值，评价区域耕地食物生产力。

表 5-5　各类食物的能量—能值转换系数

类别	谷物	豆类	薯类	油料	甘蔗	甜菜	蔬菜
能量转换系数 e_i（10^6J/千克）	15.9	16.7	3.55	25.7	4.19	2.5	3.3
能值转换系数 E_i（10^6sej/J）	0.036	0.469	0.083	0.086	0.084	0.027	0.142

二、研究方法设计

区域最小人均耕地面积及由此确定的区域人均耕地警戒值受食品作物的生产力水平、食品作物的播耕强度指数、食品消费支出等因素的综合影响。t 表示年份，t=1，2，3，…，n−1，n；S_r^t 表示第 r 区域第 t 年的区域最小人均耕地面积。S_r 表示区域人均耕地警戒值。则：

$$S_r^t = \frac{\delta_r^g}{\alpha_r^g \cdot \varphi_r^g} \cdot S_{min}^t \quad (1 \leq t \leq n) \tag{5-1}$$

当 t=n 时，其区域最小人均耕地面积等于区域人均耕地警戒值。

$$S_r = S_r^n \tag{5-2}$$

（一）食品作物单产的区域系数（α_r^g）

$F_{r,i}$ 表示第 r 区域第 i 种食品作物总产量；$\sum_{i=1}^{7} F_{r,i}$ 表示第 r 区域食品作物总产量；$\sum_{r=1}^{31}\sum_{i=1}^{7} F_{r,i}$ 表示全国食品作物总产量；e_i 表示第 i 种食品作物的能量转换系数；E_i 表示第 i 种食品作物的能值转换系数，i=1，2，3，4，5，6，7，分别为谷物、豆类、薯类、油料、甘蔗、甜菜和蔬菜；r=1，2，…，31，依次代表北京、天津、新疆等31个省级行政区。

第 r 区域第 i 种食物生产能值：$F_{r,i} \cdot e_i \cdot E_i$；

第 r 区域食物生产总能值：$\sum_{i=1}^{7} F_{r,i} \cdot e_i \cdot E_i$；

第 r 区域单位种植面积的能值：$\frac{1}{b_r}\sum_{i=1}^{7} F_{r,i} \cdot e_i \cdot E_i$；

全国食品作物生产总能值：$\sum_{r=1}^{31}\sum_{i=1}^{7} F_{r,i} \cdot e_i \cdot E_i$；

全国单位种植面积的能值：$\frac{1}{B}\sum_{r=1}^{31}\sum_{i=1}^{7} F_{r,i} \cdot e_i \cdot E_i$

于是，第 r 区域的食品作物单产的区域系数：

$$\alpha_r = \frac{1}{b_r}\sum_{i=1}^{7} F_{r,i} \cdot e_i \cdot E_i \Big/ \frac{1}{B}\sum_{r=1}^{31}\sum_{i=1}^{7} F_{r,i} \cdot e_i \cdot E_i \tag{5-3}$$

用 $\overline{\alpha_r}$ 表示 α_r 的均值，则归一化后的食品作物单产区域系数为：

$$\alpha_r^g = \frac{\alpha_r}{\overline{\alpha_r}} \tag{5-4}$$

（二）食品作物播耕强度指数的区域系数（φ_r 或 φ_r^g）

在研究各省份人均耕地警戒值时，要考虑食品作物播耕强度指数的区域差异性，本书用 2015~2019 年各省份食品作物播耕强度指数平均值与全国进行比较分析。用 b_r 表示第 r 区域食品作物种植面积；m_r 表示第 r 区域的耕地面积，r=1，2，…，31，依次代表北京、天津、新疆等31个省级行政区（不含港澳台地区）。

第 r 区域食品作物播耕强度指数：$\dfrac{b_r}{m_r}$；

全国食品作物播耕强度指数为：$\dfrac{B}{M}$；

第 r 区域食品作物播耕强度指数的区域系数为：

$$\varphi_r = \left.\dfrac{b_r}{m_r}\middle/\dfrac{B}{M}\right. \qquad (5-5)$$

用 $\overline{\varphi}_r$ 表示 φ_r 的均值，归一化后的区域系数为：

$$\varphi_r^g = \dfrac{\varphi_r}{\overline{\varphi}_r} \qquad (5-6)$$

（三）人均食物消费需求的区域系数（δ_r 或 δ_r^g）

$\tau_{r,n}$ 表示第 r 区域农村人均食物消费支出；$\tau_{r,c}$ 表示第 r 区域城镇人均食物消费支出；$\xi_{r,n}$ 表示第 r 区域农村人口比重；$\xi_{r,c}$ 表示第 r 区域城镇人口比重；r=1，2，…，31，依次代表北京、天津、新疆等 31 个省级行政区。

第 r 区域人均食品消费支出为：$\dfrac{1}{100}$（$\tau_{r,n} \cdot \xi_{r,n} + \tau_{r,c} \cdot \xi_{r,c}$）；

全国人均食品消费支出为：$\displaystyle\sum_{r=1}^{31} \dfrac{1}{100}$（$\tau_{r,n} \cdot \xi_{r,n} + \tau_{r,c} \cdot \xi_{r,c}$）；

人均食物消费需求的区域系数 δ_r：

$$\delta_r = \left.\dfrac{1}{100}(\tau_{r,n} \cdot \xi_{r,n} + \tau_{r,c} \cdot \xi_{r,c})\middle/ \sum_{r=1}^{31} \dfrac{1}{100}(\tau_{r,n} \cdot \xi_{r,n} + \tau_{r,c} \cdot \xi_{r,c})\right. \qquad (5-7)$$

用 $\overline{\delta}_r$ 表示 δ_r 的均值，归一化后的区域系数为：

$$\delta_r^g = \dfrac{\delta_r}{\overline{\delta}_r} \qquad (5-8)$$

三、省级行政区人均耕地警戒值的区域差异

（一）计算区域系数

根据 2005~2019 年各省份的谷物、豆类、薯类、油料、甘蔗、甜菜和蔬菜总产量资料[1]，利用表 5-5 中相应的能量与能值转换系数，计算出区域食物生产总能值和全国食物生产总能值，结合各省份和全国的食品作物种植面积数据，计算出食品作物单位种植面积上的能值，再计算各省份食品作物单产的区域系数，

---

[1] 资料来源：《中国统计年鉴》（2006~2020 年）。

算法见式（5-3），最后用式（5-4）进行归一化处理，得到 α_r^g。2005~2019 年各省份食品作物播耕强度指数的区域系数的计算结果，如表 5-6 所示。

表 5-6　2005~2019 年食品作物单产的区域系数 1（α_r^g）最小值、最大值和平均值

地区	最小值	最大值	平均值	地区	最小值	最大值	平均值
全国	1	1	1	河南	0.9712	1.1174	1.0413
北京	1.3033	1.6654	1.4435	湖北	0.9366	1.0135	0.9773
天津	0.9837	1.5078	1.1097	湖南	0.8426	0.9292	0.8975
河北	0.9897	1.1560	1.0473	广东	1.0494	1.2346	1.1683
山西	0.5260	0.6937	0.6361	广西	1.2633	1.5922	1.5215
内蒙古	0.7554	0.9427	0.8678	海南	0.8918	1.2982	1.1398
辽宁	0.9481	1.1809	1.0710	重庆	0.6772	0.9843	0.9011
吉林	0.7725	1.1233	0.9222	四川	0.8199	0.9926	0.9373
黑龙江	0.9428	1.3612	1.0873	贵州	0.6061	0.7525	0.6894
上海	1.3077	1.5935	1.4210	云南	0.7879	1.0114	0.9449
江苏	1.0720	1.2224	1.1654	西藏	0.6930	0.9704	0.7986
浙江	1.2580	1.4240	1.3530	陕西	0.6160	0.8069	0.7515
安徽	0.7389	0.9101	0.8307	甘肃	0.5934	0.7875	0.6919
福建	1.0284	1.1912	1.1434	青海	0.6855	0.9683	0.7894
江西	0.7277	0.7892	0.7600	宁夏	0.6011	0.9231	0.7930
山东	1.1659	1.4298	1.2663	新疆	1.0144	1.1244	1.0687

利用 2005~2019 年各省份食品作物种植面积和耕地面积①，全国食品作物种植面积和耕地面积和式（5-5）计算各省份食品作物播耕强度指数的区域系数，最后用式（5-6）进行归一化处理，得到 φ_r^g。2005~2019 年各省份食品作物播耕强度指数的区域系数最小值、最大值和平均值列入表 5-7 中。

利用 2005~2019 年各省份的农村人均食品消费支出和城镇人均食品消费支出，农村人口比例和城镇人口比例数据和式（5-7），计算各省份食物消费需求的区域系数，最后用式（5-8）进行归一化处理，得到 δ_r^g。2005~2019 年各省份食品作物播耕强度指数的区域系数最小值、最大值和平均值如表 5-8 所示。依据 α_r^g、φ_r^g 和 δ_r^g 的平均值（见表 5-9），以及国家最小人均耕地面积和国家人均耕地警戒值，计算各省份在第 t 年的最小人均耕地面积并确定区域人均耕地警戒值。

---

① 资料来源：《中国统计年鉴》（2006~2020 年）。

表 5-7　2005~2019 年食品作物播耕强度指数的区域系数 2

（φ_r 或 φ_r^g）最小值、最大值和平均值

地区	最小值	最大值	平均值	地区	最小值	最大值	平均值
全国	1	1	1	河南	1.3808	1.5732	1.5003
北京	0.3872	1.2475	0.8845	湖北	1.1479	1.2815	1.2000
天津	0.7050	1.0246	0.8239	湖南	1.4524	1.7439	1.6001
河北	1.0302	1.1203	1.0703	广东	1.2129	1.7944	1.4010
山西	0.7241	0.8184	0.7678	广西	1.0742	1.3848	1.1540
内蒙古	0.5865	0.7807	0.7079	海南	0.7207	1.0082	0.8490
辽宁	0.6674	0.7946	0.7325	重庆	1.0887	1.3922	1.1653
吉林	0.6672	0.7836	0.7280	四川	1.1758	1.4954	1.2625
黑龙江	0.7115	0.8911	0.7927	贵州	0.7592	1.1688	0.9211
上海	1.0370	1.7741	1.3298	云南	0.7335	0.9217	0.8194
江苏	1.2540	1.4641	1.3820	西藏	0.4020	0.5444	0.4486
浙江	0.7640	1.1644	0.9251	陕西	0.8122	1.0875	0.8910
安徽	1.2649	1.3845	1.3129	甘肃	0.5277	0.6234	0.5699
福建	0.9482	1.4456	1.1867	青海	0.6985	0.7957	0.7396
江西	1.4183	1.5743	1.4898	宁夏	0.5926	0.7677	0.6691
山东	1.1139	1.3664	1.2167	新疆	0.3307	0.5118	0.4382

表 5-8　2005~2019 年人均食物消费需求的区域系数（δ_r^g）最小值、最大值和平均值

地区	最小值	最大值	平均值	地区	最小值	最大值	平均值
全国	1	1	1	河南	0.6471	0.7809	0.7439
北京	1.8068	2.6851	2.2251	湖北	0.8653	1.0016	0.9133
天津	1.3274	1.6154	1.5290	湖南	0.9055	1.0122	0.9416
河北	0.8214	0.8757	0.8430	广东	1.3017	1.6154	1.4052
山西	0.7536	0.8207	0.7787	广西	0.7104	0.7861	0.7467
内蒙古	0.9324	1.1404	1.0494	海南	0.7638	0.9064	0.8472
辽宁	0.9861	1.1701	1.1096	重庆	0.9468	1.0481	0.9805
吉林	0.8301	0.9368	0.8926	四川	0.7639	0.9571	0.8513
黑龙江	0.8141	0.9594	0.8926	贵州	0.5577	0.7500	0.6454
上海	1.9581	2.7774	2.3964	云南	0.6639	0.8230	0.7095
江苏	1.2450	1.3885	1.3114	西藏	0.4580	0.6763	0.5642

地区	最小值	最大值	平均值	地区	最小值	最大值	平均值
浙江	1.4743	1.9142	1.6377	陕西	0.7339	0.8724	0.8273
安徽	0.7352	0.9000	0.8222	甘肃	0.6315	0.8124	0.7005
福建	1.1661	1.2657	1.2228	青海	0.7870	0.8979	0.8486
江西	0.7714	0.8657	0.8015	宁夏	0.7698	0.9043	0.8478
山东	0.9099	1.0105	0.9505	新疆	0.7341	0.8639	0.8075

表5-9　计算区域最小人均耕地面积的区域系数

地区	α_r^g	φ_r^g	δ_r^g	地区	α_r^g	φ_r^g	δ_r^g
全国	1	1	1	河南	1.0413	1.5098	0.7439
北京	1.4435	0.8497	2.2251	湖北	0.9773	1.2008	0.9133
天津	1.1097	0.8214	1.5290	湖南	0.8975	1.6062	0.9416
河北	1.0473	1.0672	0.8430	广东	1.1683	1.3922	1.4052
山西	0.6361	0.7610	0.7787	广西	1.5215	1.1569	0.7467
内蒙古	0.8678	0.7021	1.0494	海南	1.1398	0.8506	0.8472
辽宁	1.0710	0.7383	1.1096	重庆	0.9011	1.1895	0.9805
吉林	0.9222	0.7345	0.8926	四川	0.9373	1.2474	0.8513
黑龙江	1.0873	0.7995	0.8926	贵州	0.6894	0.9182	0.6454
上海	1.4210	1.3163	2.3964	云南	0.9449	0.8207	0.7095
江苏	1.1654	1.3831	1.3114	西藏	0.7986	0.4540	0.5642
浙江	1.3530	0.9215	1.6377	陕西	0.7515	0.8700	0.8273
安徽	0.8307	1.3162	0.8222	甘肃	0.6919	0.5689	0.7005
福建	1.1434	1.1871	1.2228	青海	0.7894	0.7204	0.8486
江西	0.7600	1.4932	0.8015	宁夏	0.7930	0.6628	0.8478
山东	1.2663	1.2231	0.9505	新疆	1.0687	0.4425	0.8075

（二）省级行政区最小人均耕地面积

将表5-9中的区域系数和表5-1的国家最小人均耕地面积数据代入式（5-1），计算得到2023~2049年满足吃饭的各省份最小人均耕地面积方案1（见表5-10）。将表5-9中的区域系数和表5-2的国家最小人均耕地面积数据代入式（5-1），计算得到2023~2049年满足食物总需求的各省份最小人均耕地面积方案2（见表5-11）。将表5-9中的区域系数和表5-3的国家最小耕地面积数据代入式（5-1），计算得到 2023~2049 年满足种植农业经济发展的省份最小人均耕地面积方案 3（见表 5-12）。

表 5-10 2023~2049 年满足吃饭的各省区最小人均耕地面积（方案 1）

单位：公顷

年份\地区	2023	2024	2025	2026	2027	2028	2029	2030	2031	2032	2033	2034	2035
全国	0.0592	0.0697	0.0756	0.0675	0.0663	0.0576	0.0680	0.0760	0.0677	0.0659	0.0570	0.0674	0.0757
北京	0.1032	0.1215	0.1318	0.1176	0.1155	0.1004	0.1185	0.1325	0.1180	0.1149	0.0993	0.1175	0.1319
天津	0.0990	0.1166	0.1264	0.1129	0.1109	0.0963	0.1137	0.1271	0.1132	0.1102	0.0953	0.1127	0.1266
河北	0.0445	0.0524	0.0569	0.0508	0.0499	0.0433	0.0511	0.0572	0.0509	0.0496	0.0429	0.0507	0.0569
山西	0.0944	0.1111	0.1205	0.1076	0.1057	0.0918	0.1084	0.1212	0.1079	0.1051	0.0909	0.1075	0.1207
内蒙古	0.1011	0.1191	0.1291	0.1153	0.1133	0.0984	0.1162	0.1298	0.1156	0.1126	0.0974	0.1151	0.1293
辽宁	0.0837	0.0986	0.1069	0.0955	0.0938	0.0815	0.0962	0.1075	0.0957	0.0932	0.0806	0.0953	0.1071
吉林	0.0787	0.0927	0.1005	0.0897	0.0881	0.0766	0.0904	0.1010	0.0900	0.0876	0.0758	0.0896	0.1006
黑龙江	0.0613	0.0722	0.0783	0.0699	0.0687	0.0597	0.0704	0.0787	0.0701	0.0682	0.0590	0.0698	0.0784
上海	0.0751	0.0884	0.0959	0.0856	0.0841	0.0730	0.0862	0.0964	0.0859	0.0836	0.0723	0.0855	0.0960
江苏	0.0482	0.0568	0.0616	0.0550	0.0540	0.0469	0.0554	0.0619	0.0551	0.0537	0.0464	0.0549	0.0616
浙江	0.0775	0.0912	0.0989	0.0883	0.0867	0.0754	0.0890	0.0994	0.0886	0.0862	0.0746	0.0882	0.0990
安徽	0.0446	0.0525	0.0570	0.0509	0.0500	0.0434	0.0513	0.0573	0.0510	0.0497	0.0430	0.0508	0.0571
福建	0.0533	0.0628	0.0681	0.0608	0.0597	0.0519	0.0613	0.0685	0.0610	0.0594	0.0514	0.0607	0.0682
江西	0.0419	0.0493	0.0535	0.0478	0.0469	0.0408	0.0481	0.0538	0.0479	0.0467	0.0404	0.0477	0.0536
山东	0.0365	0.0430	0.0466	0.0416	0.0409	0.0355	0.0419	0.0469	0.0418	0.0407	0.0352	0.0416	0.0467
河南	0.0282	0.0332	0.0360	0.0321	0.0316	0.0274	0.0324	0.0362	0.0322	0.0314	0.0271	0.0321	0.0360
湖北	0.0461	0.0543	0.0589	0.0526	0.0516	0.0449	0.0530	0.0592	0.0527	0.0513	0.0444	0.0525	0.0590
湖南	0.0388	0.0457	0.0496	0.0443	0.0435	0.0378	0.0446	0.0498	0.0444	0.0432	0.0374	0.0442	0.0496
广东	0.0508	0.0598	0.0649	0.0579	0.0569	0.0495	0.0584	0.0652	0.0581	0.0566	0.0489	0.0579	0.0650
广西	0.0252	0.0296	0.0322	0.0287	0.0282	0.0245	0.0289	0.0323	0.0288	0.0280	0.0242	0.0287	0.0322
海南	0.0518	0.0610	0.0662	0.0591	0.0580	0.0504	0.0595	0.0665	0.0593	0.0577	0.0499	0.0590	0.0663
重庆	0.0553	0.0651	0.0706	0.0630	0.0619	0.0538	0.0635	0.0710	0.0632	0.0615	0.0532	0.0629	0.0707
四川	0.0426	0.0501	0.0544	0.0486	0.0477	0.0414	0.0489	0.0547	0.0487	0.0474	0.0410	0.0485	0.0545
贵州	0.0602	0.0708	0.0768	0.0686	0.0674	0.0585	0.0691	0.0773	0.0688	0.0670	0.0579	0.0685	0.0769
云南	0.0542	0.0639	0.0693	0.0619	0.0608	0.0528	0.0623	0.0696	0.0620	0.0604	0.0522	0.0618	0.0694

年份 地区	2023	2024	2025	2026	2027	2028	2029	2030	2031	2032	2033	2034	2035
西藏	0.0932	0.1098	0.1191	0.1063	0.1044	0.0907	0.1071	0.1197	0.1066	0.1038	0.0898	0.1062	0.1192
陕西	0.0731	0.0861	0.0934	0.0834	0.0819	0.0712	0.0840	0.0939	0.0836	0.0814	0.0704	0.0833	0.0935
甘肃	0.1052	0.1238	0.1343	0.1199	0.1178	0.1023	0.1208	0.1350	0.1203	0.1171	0.1013	0.1197	0.1345
青海	0.0861	0.1013	0.1099	0.0981	0.0964	0.0837	0.0988	0.1105	0.0984	0.0958	0.0829	0.0980	0.1100
宁夏	0.0946	0.1114	0.1208	0.1079	0.1059	0.0920	0.1087	0.1214	0.1082	0.1053	0.0911	0.1077	0.1210
新疆	0.1021	0.1202	0.1304	0.1164	0.1143	0.0993	0.1172	0.1310	0.1167	0.1136	0.0983	0.1162	0.1305

年份 地区	2036	2037	2038	2039	2040	2041	2042	2043	2044	2045	2046	2047	2048	2049
全国	0.0684	0.0668	0.0572	0.0677	0.0756	0.0707	0.0686	0.0582	0.0692	0.0768	0.0721	0.0706	0.0577	0.0715
北京	0.1192	0.1164	0.0997	0.1180	0.1318	0.1232	0.1196	0.1014	0.1206	0.1338	0.1257	0.1230	0.0971	0.1246
天津	0.1144	0.1117	0.0957	0.1132	0.1264	0.1182	0.1147	0.0973	0.1157	0.1284	0.1206	0.1181	0.0931	0.1196
河北	0.0514	0.0502	0.0430	0.0509	0.0569	0.0532	0.0516	0.0438	0.0520	0.0578	0.0542	0.0531	0.0419	0.0538
山西	0.1091	0.1065	0.0912	0.1079	0.1205	0.1127	0.1094	0.0928	0.1103	0.1224	0.1149	0.1126	0.0888	0.1140
内蒙古	0.1168	0.1141	0.0977	0.1156	0.1291	0.1208	0.1172	0.0994	0.1182	0.1312	0.1232	0.1206	0.0951	0.1221
辽宁	0.0967	0.0945	0.0809	0.0957	0.1069	0.1000	0.0970	0.0823	0.0979	0.1086	0.1020	0.0998	0.0788	0.1011
吉林	0.0909	0.0888	0.0761	0.0900	0.1005	0.0940	0.0912	0.0774	0.0920	0.1021	0.0959	0.0939	0.0741	0.0951
黑龙江	0.0708	0.0692	0.0592	0.0701	0.0783	0.0732	0.0710	0.0603	0.0717	0.0795	0.0747	0.0731	0.0577	0.0740
上海	0.0867	0.0847	0.0725	0.0859	0.0959	0.0897	0.0870	0.0738	0.0878	0.0974	0.0914	0.0895	0.0706	0.0907
江苏	0.0557	0.0544	0.0466	0.0551	0.0616	0.0576	0.0559	0.0474	0.0563	0.0625	0.0587	0.0575	0.0454	0.0582
浙江	0.0895	0.0874	0.0748	0.0886	0.0989	0.0925	0.0898	0.0761	0.0905	0.1005	0.0943	0.0924	0.0729	0.0936
安徽	0.0516	0.0504	0.0431	0.0510	0.0570	0.0533	0.0517	0.0439	0.0522	0.0579	0.0544	0.0532	0.0420	0.0539
福建	0.0616	0.0602	0.0515	0.0610	0.0681	0.0637	0.0618	0.0524	0.0624	0.0692	0.0650	0.0636	0.0502	0.0644
江西	0.0484	0.0473	0.0405	0.0479	0.0535	0.0501	0.0486	0.0412	0.0490	0.0544	0.0510	0.0500	0.0394	0.0506
山东	0.0422	0.0412	0.0353	0.0418	0.0466	0.0436	0.0423	0.0359	0.0427	0.0474	0.0445	0.0436	0.0344	0.0441
河南	0.0326	0.0318	0.0272	0.0322	0.0360	0.0337	0.0327	0.0277	0.0329	0.0366	0.0343	0.0336	0.0265	0.0340
湖北	0.0533	0.0520	0.0445	0.0527	0.0589	0.0551	0.0534	0.0453	0.0539	0.0598	0.0562	0.0550	0.0434	0.0557
湖南	0.0448	0.0438	0.0375	0.0444	0.0496	0.0464	0.0450	0.0382	0.0454	0.0504	0.0473	0.0463	0.0365	0.0469
广东	0.0587	0.0573	0.0491	0.0581	0.0649	0.0607	0.0589	0.0500	0.0594	0.0659	0.0619	0.0606	0.0478	0.0614
广西	0.0291	0.0284	0.0243	0.0288	0.0322	0.0301	0.0292	0.0248	0.0294	0.0327	0.0307	0.0300	0.0237	0.0304
海南	0.0599	0.0585	0.0501	0.0593	0.0662	0.0619	0.0601	0.0509	0.0606	0.0672	0.0631	0.0618	0.0488	0.0626
重庆	0.0639	0.0624	0.0534	0.0632	0.0706	0.0660	0.0641	0.0543	0.0646	0.0717	0.0673	0.0659	0.0520	0.0668

续表

年份 地区	2036	2037	2038	2039	2040	2041	2042	2043	2044	2045	2046	2047	2048	2049
四川	0.0492	0.0481	0.0411	0.0487	0.0544	0.0509	0.0493	0.0419	0.0498	0.0552	0.0519	0.0508	0.0401	0.0514
贵州	0.0695	0.0679	0.0581	0.0688	0.0768	0.0719	0.0697	0.0592	0.0703	0.0781	0.0733	0.0718	0.0566	0.0727
云南	0.0627	0.0612	0.0524	0.0620	0.0693	0.0648	0.0629	0.0533	0.0634	0.0704	0.0661	0.0647	0.0510	0.0655
西藏	0.1077	0.1052	0.0901	0.1066	0.1191	0.1114	0.1081	0.0917	0.1090	0.1210	0.1136	0.1112	0.0877	0.1126
陕西	0.0845	0.0825	0.0707	0.0836	0.0934	0.0874	0.0848	0.0719	0.0855	0.0949	0.0891	0.0872	0.0688	0.0883
甘肃	0.1215	0.1187	0.1016	0.1203	0.1343	0.1256	0.1219	0.1034	0.1229	0.1364	0.1281	0.1254	0.0989	0.1270
青海	0.0994	0.0971	0.0831	0.0984	0.1099	0.1028	0.0997	0.0846	0.1006	0.1116	0.1048	0.1026	0.0810	0.1039
宁夏	0.1093	0.1067	0.0914	0.1082	0.1208	0.1130	0.1096	0.0930	0.1106	0.1227	0.1152	0.1128	0.0890	0.1143
新疆	0.1179	0.1152	0.0986	0.1167	0.1304	0.1219	0.1183	0.1004	0.1193	0.1324	0.1243	0.1217	0.0960	0.1233

注：表中数据为计算结果，均保留 4 位小数。

表 5-11　2023～2049 年满足食物总需求的各省区最小人均耕地面积（方案 2）

单位：公顷

年份 地区	2023	2024	2025	2026	2027	2028	2029	2030	2031	2032	2033	2034	2035
全国	0.0771	0.0907	0.0922	0.0852	0.0838	0.0740	0.0881	0.0933	0.0847	0.0829	0.0719	0.0868	0.0955
北京	0.1344	0.1581	0.1607	0.1485	0.1460	0.1290	0.1535	0.1626	0.1476	0.1619	0.1253	0.1513	0.1664
天津	0.1289	0.1517	0.1542	0.1425	0.1401	0.1237	0.1473	0.1560	0.1416	0.1553	0.1202	0.1451	0.1597
河北	0.0580	0.0682	0.0693	0.0641	0.0630	0.0557	0.0663	0.0702	0.0637	0.0699	0.0541	0.0653	0.0718
山西	0.1229	0.1446	0.1470	0.1358	0.1336	0.1180	0.1405	0.1487	0.1350	0.1481	0.1146	0.1384	0.1523
内蒙古	0.1317	0.1549	0.1575	0.1455	0.1431	0.1264	0.1505	0.1594	0.1447	0.1587	0.1228	0.1483	0.1631
辽宁	0.1090	0.1283	0.1304	0.1205	0.1185	0.1047	0.1246	0.1320	0.1198	0.1314	0.1017	0.1228	0.1351
吉林	0.1025	0.1206	0.1226	0.1133	0.1114	0.0984	0.1171	0.1240	0.1126	0.1235	0.0956	0.1154	0.1270
黑龙江	0.0798	0.0939	0.0955	0.0882	0.0868	0.0766	0.0912	0.0966	0.0877	0.0962	0.0745	0.0899	0.0989
上海	0.0978	0.1150	0.1169	0.1081	0.1063	0.0938	0.1117	0.1183	0.1074	0.1178	0.0912	0.1101	0.1211
江苏	0.0628	0.0739	0.0751	0.0694	0.0682	0.0603	0.0717	0.0760	0.0690	0.0756	0.0585	0.0707	0.0778
浙江	0.1009	0.1187	0.1206	0.1115	0.1096	0.0968	0.1153	0.1221	0.1108	0.1216	0.0941	0.1136	0.1250
安徽	0.0581	0.0684	0.0695	0.0642	0.0632	0.0558	0.0564	0.0703	0.0639	0.0700	0.0542	0.0654	0.0720
福建	0.0695	0.0817	0.0831	0.0768	0.0755	0.0667	0.0794	0.0841	0.0763	0.0837	0.0648	0.0782	0.0861
江西	0.0546	0.0642	0.0653	0.0603	0.0593	0.0524	0.0524	0.0660	0.0600	0.0658	0.0509	0.0614	0.0676

年份\地区	2023	2024	2025	2026	2027	2028	2029	2030	2031	2032	2033	2034	2035
山东	0.0476	0.0560	0.0569	0.0526	0.0517	0.0457	0.0543	0.0576	0.0523	0.0573	0.0444	0.0535	0.0589
河南	0.0367	0.0432	0.0439	0.0406	0.0399	0.0352	0.0419	0.0444	0.0403	0.0442	0.0342	0.0413	0.0455
湖北	0.0600	0.0706	0.0718	0.0664	0.0653	0.0576	0.0686	0.0727	0.0660	0.0724	0.0560	0.0676	0.0744
湖南	0.0506	0.0595	0.0605	0.0559	0.0549	0.0485	0.0578	0.0612	0.0555	0.0609	0.0471	0.0569	0.0626
广东	0.0662	0.0779	0.0792	0.0731	0.0719	0.0635	0.0756	0.0801	0.0727	0.0798	0.0617	0.0745	0.0820
广西	0.0328	0.0386	0.0392	0.0362	0.0356	0.0315	0.0375	0.0397	0.0360	0.0395	0.0306	0.0369	0.0406
海南	0.0675	0.0794	0.0807	0.0746	0.0734	0.0648	0.0771	0.0817	0.0741	0.0813	0.0629	0.0760	0.0836
重庆	0.0720	0.0847	0.0861	0.0796	0.0782	0.0691	0.0823	0.0871	0.0791	0.0867	0.0671	0.0810	0.0892
四川	0.0555	0.0652	0.0663	0.0613	0.0603	0.0532	0.0634	0.0671	0.0609	0.0668	0.0517	0.0624	0.0687
贵州	0.0784	0.0922	0.0937	0.0866	0.0852	0.0752	0.0895	0.0948	0.0861	0.0944	0.0731	0.0882	0.0971
云南	0.0707	0.0831	0.0845	0.0781	0.0768	0.0678	0.0807	0.0855	0.0776	0.0851	0.0659	0.0795	0.0875
西藏	0.1214	0.1429	0.1452	0.1342	0.1320	0.1166	0.1388	0.1470	0.1334	0.1463	0.1132	0.1367	0.1504
陕西	0.0953	0.1121	0.1139	0.1053	0.1035	0.0914	0.1089	0.1153	0.1047	0.1148	0.0888	0.1072	0.1180
甘肃	0.1370	0.1611	0.1638	0.1513	0.1489	0.1315	0.1565	0.1657	0.1505	0.1650	0.1277	0.1542	0.1696
青海	0.1121	0.1318	0.1340	0.1239	0.1218	0.1076	0.1281	0.1356	0.1231	0.1350	0.1045	0.1262	0.1388
宁夏	0.1232	0.1449	0.1473	0.1362	0.1339	0.1183	0.1408	0.1491	0.1354	0.1485	0.1149	0.1387	0.1526
新疆	0.1329	0.1564	0.1590	0.1469	0.1445	0.1276	0.1519	0.1609	0.1460	0.1602	0.1240	0.1497	0.1647

年份\地区	2036	2037	2038	2039	2040	2041	2042	2043	2044	2045	2046	2047	2048	2049
全国	0.0850	0.0835	0.0709	0.0869	0.0890	0.0874	0.0855	0.0709	0.0885	0.0895	0.0862	0.0846	0.0649	0.0848
北京	0.1481	0.1455	0.1236	0.1515	0.1551	0.1523	0.1490	0.1236	0.1542	0.1560	0.1502	0.1474	0.1131	0.1478
天津	0.1421	0.1396	0.1186	0.1453	0.1488	0.1462	0.1430	0.1186	0.1480	0.1497	0.1441	0.1415	0.1085	0.1418
河北	0.0639	0.0628	0.0533	0.0654	0.0669	0.0657	0.0643	0.0533	0.0666	0.0673	0.0648	0.0636	0.0488	0.0638
山西	0.1355	0.1331	0.1130	0.1385	0.1419	0.1393	0.1363	0.1130	0.1411	0.1427	0.1374	0.1349	0.1035	0.1352
内蒙古	0.1452	0.1426	0.1211	0.1484	0.1520	0.1493	0.1461	0.1211	0.1512	0.1529	0.1472	0.1445	0.1109	0.1449
辽宁	0.1202	0.1181	0.1003	0.1229	0.1259	0.1236	0.1209	0.1003	0.1252	0.1266	0.1219	0.1196	0.0918	0.1199
吉林	0.1130	0.1110	0.0943	0.1155	0.1183	0.1162	0.1137	0.0943	0.1177	0.1190	0.1146	0.1125	0.0863	0.1127
黑龙江	0.0880	0.0865	0.0734	0.0900	0.0922	0.0905	0.0885	0.0734	0.0917	0.0927	0.0893	0.0876	0.0672	0.0878
上海	0.1078	0.1059	0.0899	0.1102	0.1129	0.1108	0.1084	0.0899	0.1122	0.1135	0.1093	0.1073	0.0823	0.1075
江苏	0.0692	0.0680	0.0577	0.0708	0.0725	0.0712	0.0696	0.0577	0.0721	0.0729	0.0702	0.0689	0.0528	0.0690
浙江	0.1112	0.1093	0.0928	0.1137	0.1164	0.1144	0.1119	0.0928	0.1158	0.1171	0.1128	0.1107	0.0849	0.1110

续表

年份 地区	2036	2037	2038	2039	2040	2041	2042	2043	2044	2045	2046	2047	2048	2049
安徽	0.0641	0.0629	0.0535	0.0655	0.0671	0.0659	0.0645	0.0535	0.0667	0.0675	0.0650	0.0638	0.0489	0.0639
福建	0.0766	0.0752	0.0639	0.0783	0.0802	0.0788	0.0771	0.0639	0.0798	0.0807	0.0777	0.0762	0.0585	0.0764
江西	0.0602	0.0591	0.0502	0.0615	0.0630	0.0619	0.0605	0.0502	0.0627	0.0634	0.0610	0.0599	0.0459	0.0600
山东	0.0524	0.0515	0.0437	0.0536	0.0549	0.0539	0.0527	0.0437	0.0546	0.0552	0.0532	0.0522	0.0400	0.0523
河南	0.0405	0.0398	0.0338	0.0414	0.0424	0.0416	0.0407	0.0338	0.0421	0.0426	0.0410	0.0403	0.0309	0.0404
湖北	0.0662	0.0650	0.0552	0.0677	0.0693	0.0681	0.0666	0.0552	0.0689	0.0697	0.0671	0.0659	0.0505	0.0660
湖南	0.0557	0.0547	0.0465	0.0570	0.0584	0.0573	0.0561	0.0465	0.0580	0.0587	0.0565	0.0555	0.0426	0.0556
广东	0.0730	0.0717	0.0609	0.0746	0.0764	0.0750	0.0734	0.0609	0.0760	0.0768	0.0740	0.0726	0.0557	0.0728
广西	0.0362	0.0355	0.0302	0.0370	0.0379	0.0372	0.0364	0.0302	0.0376	0.0381	0.0367	0.0360	0.0276	0.0361
海南	0.0744	0.0731	0.0621	0.0761	0.0779	0.0765	0.0748	0.0621	0.0775	0.0783	0.0755	0.0741	0.0568	0.0742
重庆	0.0794	0.0780	0.0662	0.0811	0.0831	0.0816	0.0798	0.0662	0.0826	0.0836	0.0805	0.0790	0.0606	0.0792
四川	0.0611	0.0601	0.0510	0.0625	0.0640	0.0629	0.0615	0.0510	0.0637	0.0644	0.0620	0.0609	0.0467	0.0610
贵州	0.0864	0.0849	0.0721	0.0883	0.0905	0.0888	0.0869	0.0721	0.0900	0.0910	0.0876	0.0860	0.0660	0.0862
云南	0.0779	0.0765	0.0650	0.0796	0.0816	0.0801	0.0784	0.0650	0.0811	0.0820	0.0790	0.0775	0.0595	0.0777
西藏	0.1339	0.1315	0.1117	0.1369	0.1402	0.1377	0.1347	0.1117	0.1394	0.1410	0.1358	0.1333	0.1022	0.1336
陕西	0.1050	0.1032	0.0876	0.1074	0.1100	0.1080	0.1056	0.0876	0.1093	0.1106	0.1065	0.1045	0.0802	0.1048
甘肃	0.1510	0.1483	0.1259	0.1544	0.1581	0.1553	0.1519	0.1259	0.1572	0.1590	0.1531	0.1503	0.1153	0.1506
青海	0.1236	0.1214	0.1031	0.1263	0.1294	0.1270	0.1243	0.1031	0.1286	0.1301	0.1253	0.1230	0.0943	0.1233
宁夏	0.1358	0.1334	0.1133	0.1389	0.1422	0.1397	0.1365	0.1133	0.1414	0.1430	0.1377	0.1352	0.1037	0.1355
新疆	0.1466	0.1440	0.1222	0.1498	0.1535	0.1507	0.1474	0.1222	0.1526	0.1543	0.1486	0.1459	0.1119	0.1462

表 5-12　2023~2049 年满足种植农业经济发展的各省区最小人均耕地面积（方案3）

单位：公顷

年份 地区	2023	2024	2025	2026	2027	2028	2029	2030	2031	2032	2033	2034	2035
全国	0.0793	0.0933	0.0949	0.0877	0.0862	0.0761	0.0906	0.0959	0.0871	0.0853	0.0740	0.0893	0.0982
北京	0.1382	0.1626	0.1654	0.1528	0.1502	0.1326	0.1579	0.1671	0.1518	0.1487	0.1290	0.1556	0.1711
天津	0.1326	0.1560	0.1587	0.1467	0.1441	0.1273	0.1515	0.1604	0.1457	0.1426	0.1237	0.1493	0.1642
河北	0.0596	0.0702	0.0714	0.0660	0.0648	0.0572	0.0681	0.0721	0.0655	0.0642	0.0557	0.0672	0.0739
山西	0.1264	0.1487	0.1513	0.1398	0.1374	0.1213	0.1444	0.1529	0.1389	0.1360	0.1180	0.1424	0.1566

续表

年份 地区	2023	2024	2025	2026	2027	2028	2029	2030	2031	2032	2033	2034	2035
内蒙古	0.1355	0.1594	0.1621	0.1498	0.1472	0.1300	0.1548	0.1638	0.1488	0.1457	0.1264	0.1525	0.1677
辽宁	0.1122	0.1320	0.1342	0.1240	0.1219	0.1076	0.1281	0.1356	0.1232	0.1206	0.1047	0.1263	0.1389
吉林	0.1054	0.1240	0.1262	0.1166	0.1146	0.1012	0.1205	0.1275	0.1158	0.1134	0.0984	0.1187	0.1306
黑龙江	0.0821	0.0966	0.0983	0.0908	0.0893	0.0788	0.0938	0.0993	0.0902	0.0883	0.0766	0.0925	0.1017
上海	0.1006	0.1183	0.1204	0.1112	0.1093	0.0965	0.1149	0.1216	0.1105	0.1082	0.0938	0.1133	0.1245
江苏	0.0646	0.0760	0.0773	0.0714	0.0702	0.0620	0.0738	0.0781	0.0709	0.0695	0.0603	0.0727	0.0800
浙江	0.1038	0.1221	0.1242	0.1147	0.1128	0.0996	0.1185	0.1255	0.1140	0.1116	0.0968	0.1168	0.1285
安徽	0.0598	0.0703	0.0715	0.0661	0.0650	0.0574	0.0683	0.0723	0.0657	0.0643	0.0558	0.0673	0.0740
福建	0.0715	0.0841	0.0855	0.0790	0.0777	0.0686	0.0816	0.0864	0.0785	0.0769	0.0667	0.0805	0.0885
江西	0.0561	0.0660	0.0672	0.0621	0.0610	0.0539	0.0641	0.0679	0.0617	0.0604	0.0524	0.0632	0.0695
山东	0.0489	0.0576	0.0585	0.0541	0.0532	0.0469	0.0559	0.0592	0.0537	0.0526	0.0457	0.0551	0.0606
河南	0.0378	0.0444	0.0452	0.0418	0.0410	0.0362	0.0431	0.0457	0.0415	0.0406	0.0352	0.0425	0.0468
湖北	0.0618	0.0727	0.0739	0.0683	0.0671	0.0593	0.0706	0.0747	0.0678	0.0664	0.0576	0.0695	0.0765
湖南	0.0520	0.0612	0.0622	0.0575	0.0565	0.0499	0.0594	0.0629	0.0571	0.0559	0.0485	0.0586	0.0644
广东	0.0681	0.0801	0.0815	0.0753	0.0740	0.0653	0.0778	0.0823	0.0748	0.0732	0.0635	0.0767	0.0843
广西	0.0337	0.0397	0.0404	0.0373	0.0367	0.0324	0.0385	0.0408	0.0370	0.0363	0.0315	0.0380	0.0418
海南	0.0694	0.0817	0.0831	0.0768	0.0755	0.0666	0.0793	0.0840	0.0762	0.0747	0.0648	0.0782	0.0860
重庆	0.0740	0.0871	0.0886	0.0819	0.0805	0.0711	0.0846	0.0895	0.0813	0.0796	0.0691	0.0834	0.0917
四川	0.0570	0.0671	0.0683	0.0631	0.0620	0.0547	0.0652	0.0690	0.0627	0.0614	0.0532	0.0642	0.0706
贵州	0.0806	0.0948	0.0965	0.0891	0.0876	0.0774	0.0921	0.0975	0.0885	0.0867	0.0752	0.0908	0.0998
云南	0.0727	0.0855	0.0870	0.0804	0.0790	0.0697	0.0830	0.0879	0.0798	0.0782	0.0678	0.0818	0.0900
西藏	0.1249	0.1470	0.1495	0.1381	0.1358	0.1199	0.1427	0.1511	0.1372	0.1344	0.1166	0.1407	0.1547
陕西	0.0980	0.1153	0.1173	0.1084	0.1065	0.0940	0.1119	0.1185	0.1076	0.1054	0.0914	0.1103	0.1213
甘肃	0.1409	0.1657	0.1686	0.1558	0.1531	0.1352	0.1609	0.1704	0.1547	0.1515	0.1315	0.1586	0.1744
青海	0.1153	0.1356	0.1380	0.1275	0.1253	0.1106	0.1317	0.1394	0.1266	0.1240	0.1076	0.1298	0.1427
宁夏	0.1267	0.1491	0.1517	0.1401	0.1377	0.1216	0.1448	0.1533	0.1392	0.1363	0.1183	0.1427	0.1569
新疆	0.1367	0.1609	0.1636	0.1512	0.1486	0.1312	0.1562	0.1654	0.1502	0.1471	0.1276	0.1540	0.1693

年份 地区	2036	2037	2038	2039	2040	2041	2042	2043	2044	2045	2046	2047	2048	2049
全国	0.0859	0.0729	0.0894	0.0916	0.0899	0.0880	0.0729	0.0911	0.0921	0.0887	0.0870	0.0668	0.0873	0.0859
北京	0.1497	0.1271	0.1558	0.1596	0.1567	0.1534	0.1271	0.1588	0.1605	0.1546	0.1516	0.1164	0.1521	0.1497

续表

年份 地区	2036	2037	2038	2039	2040	2041	2042	2043	2044	2045	2046	2047	2048	2049
天津	0.1436	0.1219	0.1495	0.1532	0.1503	0.1472	0.1219	0.1523	0.1540	0.1483	0.1455	0.1117	0.1460	0.1436
河北	0.0646	0.0548	0.0672	0.0689	0.0676	0.0662	0.0548	0.0685	0.0693	0.0667	0.0654	0.0502	0.0657	0.0646
山西	0.1370	0.1162	0.1425	0.1460	0.1433	0.1403	0.1162	0.1452	0.1468	0.1414	0.1387	0.1065	0.1392	0.1370
内蒙古	0.1467	0.1245	0.1527	0.1565	0.1536	0.1503	0.1245	0.1556	0.1573	0.1515	0.1486	0.1141	0.1491	0.1467
辽宁	0.1215	0.1031	0.1264	0.1295	0.1271	0.1245	0.1031	0.1288	0.1303	0.1254	0.1230	0.0945	0.1235	0.1215
吉林	0.1142	0.0969	0.1189	0.1218	0.1195	0.1170	0.0969	0.1211	0.1225	0.1179	0.1157	0.0888	0.1161	0.1142
黑龙江	0.0890	0.0755	0.0926	0.0949	0.0931	0.0911	0.0755	0.0943	0.0954	0.0919	0.0901	0.0692	0.0904	0.0890
上海	0.1089	0.0925	0.1134	0.1162	0.1140	0.1116	0.0925	0.1155	0.1168	0.1125	0.1103	0.0847	0.1107	0.1089
江苏	0.0699	0.0594	0.0728	0.0746	0.0732	0.0717	0.0594	0.0742	0.0750	0.0722	0.0708	0.0544	0.0711	0.0699
浙江	0.1124	0.0954	0.1170	0.1199	0.1176	0.1151	0.0954	0.1192	0.1205	0.1161	0.1138	0.0874	0.1142	0.1124
安徽	0.0648	0.0550	0.0674	0.0691	0.0678	0.0663	0.0550	0.0687	0.0694	0.0669	0.0656	0.0504	0.0658	0.0648
福建	0.0774	0.0657	0.0806	0.0825	0.0810	0.0793	0.0657	0.0821	0.0830	0.0799	0.0784	0.0602	0.0787	0.0774
江西	0.0608	0.0516	0.0633	0.0648	0.0636	0.0623	0.0516	0.0645	0.0652	0.0628	0.0616	0.0473	0.0618	0.0608
山东	0.0530	0.0450	0.0552	0.0565	0.0555	0.0543	0.0450	0.0562	0.0568	0.0547	0.0537	0.0412	0.0539	0.0530
河南	0.0409	0.0347	0.0426	0.0436	0.0428	0.0419	0.0347	0.0434	0.0439	0.0422	0.0414	0.0318	0.0416	0.0409
湖北	0.0669	0.0568	0.0696	0.0713	0.0700	0.0685	0.0568	0.0709	0.0717	0.0691	0.0678	0.0520	0.0680	0.0669
湖南	0.0563	0.0478	0.0586	0.0601	0.0589	0.0577	0.0478	0.0597	0.0604	0.0582	0.0570	0.0438	0.0572	0.0563
广东	0.0737	0.0626	0.0768	0.0786	0.0772	0.0755	0.0626	0.0782	0.0791	0.0761	0.0747	0.0573	0.0749	0.0737
广西	0.0365	0.0310	0.0380	0.0390	0.0382	0.0374	0.0310	0.0387	0.0392	0.0377	0.0370	0.0284	0.0371	0.0365
海南	0.0752	0.0638	0.0783	0.0802	0.0787	0.0770	0.0638	0.0797	0.0806	0.0776	0.0762	0.0585	0.0764	0.0752
重庆	0.0802	0.0681	0.0835	0.0855	0.0839	0.0822	0.0681	0.0851	0.0860	0.0828	0.0812	0.0624	0.0815	0.0802
四川	0.0618	0.0524	0.0643	0.0659	0.0647	0.0633	0.0524	0.0655	0.0663	0.0638	0.0626	0.0481	0.0628	0.0618
贵州	0.0873	0.0741	0.0909	0.0931	0.0914	0.0894	0.0741	0.0926	0.0936	0.0902	0.0884	0.0679	0.0887	0.0873
云南	0.0787	0.0668	0.0819	0.0839	0.0824	0.0806	0.0668	0.0835	0.0844	0.0813	0.0797	0.0612	0.0800	0.0787
西藏	0.1353	0.1148	0.1408	0.1443	0.1416	0.1386	0.1148	0.1435	0.1451	0.1397	0.1370	0.1052	0.1375	0.1353
陕西	0.1061	0.0901	0.1105	0.1132	0.1111	0.1087	0.0901	0.1126	0.1138	0.1096	0.1075	0.0825	0.1079	0.1061
甘肃	0.1526	0.1295	0.1588	0.1627	0.1597	0.1563	0.1295	0.1618	0.1636	0.1576	0.1545	0.1187	0.1551	0.1526
青海	0.1249	0.1060	0.1300	0.1332	0.1307	0.1279	0.1060	0.1324	0.1339	0.1289	0.1265	0.0971	0.1269	0.1249
宁夏	0.1373	0.1165	0.1429	0.1464	0.1437	0.1406	0.1165	0.1456	0.1472	0.1417	0.1390	0.1067	0.1395	0.1373
新疆	0.1481	0.1257	0.1541	0.1579	0.1550	0.1517	0.1257	0.1571	0.1588	0.1529	0.1500	0.1152	0.1505	0.1481

注：表中数据为计算结果，均保留 4 位小数。

上述三种情况下，最小人均耕地面积大于国家最小人均耕地面积的省份有北京、上海、天津、黑龙江、吉林、辽宁、山西、内蒙古、浙江、贵州、西藏、陕西、甘肃、宁夏、青海、新疆。与2010年（冉清红等，2010）的研究结论相比，不同省份的产生原因有差异。①贵州、西藏、陕西、甘肃、宁夏、青海、新疆、山西、内蒙古，在2009~2020年耕地生产力水平和播耕强度影响下的最小人均耕地面积大于国家最小人均耕地面积，为此，气候、地形、土壤等自然因素可能是2023~2049年的区域最小人均耕地面积大于国家最小人均耕地面积的主要原因。②黑龙江、吉林、辽宁，在2009~2020年的耕地生产力水平和播耕强度影响下的最小人均耕地面积小于国家最小人均耕地面积，本轮预测分析大于国家最小人均耕地面积，可能主要与耕地质量退化有关，这些地区城市化速度快，通过"占补平衡"方式补充耕地的质量不及被占用而减少的耕地质量，导致耕地生产能力下降；另外，与这些地区城乡居民生活水平提升有关。③北京、上海、天津、浙江，在2009~2020年耕地生产力水平和播耕强度影响下的最小人均耕地面积小于国家最小人均耕地面积，本轮预测分析已经大于国家最小人均耕地面积，主要与城乡居民生活水平提升有关，因这些省份是我国最主要的城市化区域，生活水平提升速度很快；另外，这些地区因城市化而补充耕地的质量也是影响最小人均耕地面积的原因之一。

依据式（5-2），2023~2049年满足吃饭、食物总体消费、种植农业经济发展的省份人均耕地警戒值如表5-13所示。

表5-13　2023~2049年各省份的人均耕地警戒值　　　　单位：公顷

地区	方案1（$S_{吃饭}$）	方案2（$S_{食总需}$）	方案3（$S_{种农}$）	地区	方案1（$S_{吃饭}$）	方案2（$S_{食总需}$）	方案3（$S_{种农}$）
全国	0.0715	0.0848	0.0859	河南	0.0340	0.0404	0.0409
北京	0.1246	0.1478	0.1497	湖北	0.0557	0.0660	0.0669
天津	0.1196	0.1418	0.1436	湖南	0.0469	0.0556	0.0563
河北	0.0538	0.0638	0.0646	广东	0.0614	0.0728	0.0737
山西	0.1140	0.1352	0.1370	广西	0.0304	0.0361	0.0365
内蒙古	0.1221	0.1449	0.1467	海南	0.0626	0.0742	0.0752
辽宁	0.1011	0.1199	0.1215	重庆	0.0668	0.0792	0.0802
吉林	0.0951	0.1127	0.1142	四川	0.0514	0.0610	0.0618
黑龙江	0.0740	0.0878	0.0890	贵州	0.0727	0.0862	0.0873
上海	0.0907	0.1075	0.1089	云南	0.0655	0.0777	0.0787
江苏	0.0582	0.0690	0.0699	西藏	0.1126	0.1336	0.1353
浙江	0.0936	0.1110	0.1124	陕西	0.0883	0.1048	0.1061
安徽	0.0539	0.0639	0.0648	甘肃	0.1270	0.1506	0.1526

地区	方案 1 ($S_{吃饭}$)	方案 2 ($S_{食总需}$)	方案 3 ($S_{种农}$)	地区	方案 1 ($S_{吃饭}$)	方案 2 ($S_{食总需}$)	方案 3 ($S_{种农}$)
福建	0.0644	0.0764	0.0774	青海	0.1039	0.1233	0.1249
江西	0.0506	0.0600	0.0608	宁夏	0.1143	0.1355	0.1373
山东	0.0441	0.0523	0.0530	新疆	0.1233	0.1462	0.1481

第三节　耕地压力指数对耕地保护的指示作用

一、耕地压力指数及其发展

"耕地压力"一词最早出现在 1988 年的研究文献中（高之栋，1988）。秦品端（1991）通过比较世界部分国家的耕地压力给出了"耕地压力"的定义，他认为世界人均耕地面积为 1 个标准压力，世界人均耕地面积除以各个国家人均耕地面积的商值为该国人口对耕地的耕地压力，据此计算了 1986 年中国及世界部分国家的耕地压力以及 1949～1986 年我国的耕地压力变化；然后，规定全国人均耕地面积为 1 个标准压力，全国人均耕地面积除以各省份的人均耕地面积的商值为各省份人口对耕地的耕地压力，据此计算并分析了 1988 年我国各省份的耕地压力差异。徐洪民（1993）以贵州省、林成策（1995）以山东省为对象，进行"耕地压力"评价的实证研究。

蔡运龙等（2002）提出了"耕地压力指数"的概念，其值等于最小人均耕地面积与实际人均耕地面积的比值，用"耕地压力指数"评价区域耕地压力，其值小于 1 区域耕地压力不明显；其值大于 1 则区域耕地压力大、风险高。"耕地压力指数"的概念及计算方法因其能够反映区域耕地资源的紧张程度且计算简便而得到广泛运用，在运用过程中出现了两种情况：一是直接运用"耕地压力指数"的概念和算法进行区域性实证研究，到目前为止，有几十位学者进行过这样的区域性耕地压力演变研究。二是改进"耕地压力指数"并进行实证研究：①用人均耕地警戒值代替最小人均耕地面积，计算其与实际人均耕地面积的比值并进行实证研究；②构建修正系数，把修正系数与蔡运龙的"耕地压力指数"的乘积作为改进后的"耕地压力指数"（李晶等，2005；罗翔等，2016；金鑫和李维刚，2021；邓祥征等，2022），基于耕地面积的历史变迁情况研究区域耕地压力的时间变化或空间变化。

本书采用第 t 年的区域最小人均耕地面积 S_{min}^t 计算耕地压力指数。

$$k = \frac{S_{min}^t}{G_d} \tag{5-9}$$

其中，k 为耕地压力指数，G_d 为实际人均耕地面积。

二、基于条件假设的国家耕地压力指数及指示作用

（一）国家耕地压力指数

第三次全国国土调查（以下简称"三调"）自 2017 年起开展，以 2019 年 12 月 31 日为标准时点，建立了覆盖国家、省、地、县四级的国土调查数据库，全面查清了我国国土利用状况，是一次重大国情国力调查，也是国家制定经济社会发展重大战略规划、重要政策举措的基本依据。以"三调"实有耕地数据作为研究国家耕地压力的基础数据。

假定"三调"人均实有耕地面积在国家耕地保护政策执行到位、耕地总量和人均耕地面积都不再减少的情况下，基于满足未来吃饭所需的人均耕地警戒值、食品总需求的人均耕地警戒值和种植农业经济发展所需的人均耕地警戒值三种情形分别进行对比分析，综合判断我国未来的耕地压力。"三调"耕地面积 2019 年为 12786.19 万公顷（见图 3-23），人口总数为 141008 万、人均实际耕地面积为 0.0907 公顷（1.36 亩）。

结合表 5-1（方案 1）、表 5-2（方案 2）和表 5-3（方案 3），运用式（5-8），计算 2023~2049 年的我国耕地压力指数如表 5-14 所示。

表 5-14　2023~2049 年我国耕地压力指数[①]

年份	方案 1	方案 2	方案 3	年份	方案 1	方案 2	方案 3	年份	方案 1	方案 2	方案 3
2023	0.6523	0.8499	0.8744	2032	0.7270	0.9136	0.9399	2041	0.7793	0.9636	0.9913
2024	0.7681	1.0002	1.0290	2033	0.6283	0.7931	0.8160	2042	0.7565	0.9425	0.9697
2025	0.8340	1.0168	1.0461	2034	0.7427	0.9570	0.9845	2043	0.6411	0.7816	0.8041
2026	0.7439	0.9393	0.9664	2035	0.8345	1.0527	1.0830	2044	0.7629	0.9758	1.0039
2027	0.7310	0.9241	0.9507	2036	0.7542	0.9368	0.9638	2045	0.8468	0.9872	1.0156
2028	0.6352	0.8158	0.8393	2037	0.7365	0.9203	0.9468	2046	0.7945	0.9500	0.9774
2029	0.7493	0.9709	0.9989	2038	0.6302	0.7816	0.8041	2047	0.7789	0.9328	0.9596
2030	0.8379	1.0281	1.0577	2039	0.7469	0.9582	0.9858	2048	0.6357	0.7155	0.7361
2031	0.7459	0.9334	0.9603	2040	0.8337	0.9817	1.0100	2049	0.7880	0.9353	0.9623

---

① 方案 1 满足吃饭所需的人均耕地警戒值；方案 2 满足食物总需求所需的人均耕地警戒值；方案 3 满足种植农业经济发展所需的人均耕地警戒值。

（二）指示作用

表 5-14 数据表明，在满足"三调"人均耕地数量不再减少的条件下，2049
年前的耕地压力特点为：①满足吃饭所需的人均耕地面积的耕地压力指数都小于 1，
指数在 0.6283～0.8468 波动，人均耕地面积没有压力。②满足食物总需求的人均
耕地面积的压力指数在 0.7155～1.0527 波动，其间有 3 年大于 1、1 年等于 1，
其中 2035 年的压力指数超过承载力 5.27%、2030 年的压力指数超过承载力
2.81%、2025 年压力指数超过承载力 1.68%，人均耕地压力总体可控。③满足种
植农业经济发展所需的人均耕地数量的压力指数在 0.7361～1.0830 波动，其中有
6 年大于 1、有 1 年等于 1；大于 1 的年份，超过耕地承载力 5% 的有 2 年、超
过 1%～5% 的有 4 年，人均耕地压力基本可控。

值得重视的是，2019 年人均实有耕地面积（见表 5-15）较 2011 年减少了
0.0097 公顷，2023～2049 年，要保证人均实有耕地面积在 2019 年基础上不减少
有很大的困难。①城市周边的熟化、优质耕地因城市化占用，现有耕地面积按照
表 5-15 的变动规律，减少是必然的；此外，"占补平衡"可能补充了耕地面积
但补充耕地的质量难以完全与占用耕地一致，客观上使补充的耕地面积在一定程
度上要打折扣。②在人口总量未达到峰值前，即使现有耕地总量保护很好而没有
减少但如果总量不增加，人均实际占有耕地面积也会减小，按照式（5-9）和
表 5-1 至表 5-3 的数据，耕地压力指数也会增大，特别是满足食物总需求及满
足种植农业经济发展的耕地压力的控制难度会很大。

表 5-15　2011～2019 年我国人均实有耕地面积　　　　单位：公顷

2011 年	2012 年	2013 年	2014 年	2015 年	2016 年	2017 年	2018 年	2019 年	2019 年与 2011 年比人均耕地变化
0.1004	0.1037	0.0990	0.0983	0.0978	0.0971	0.0965	0.0961	0.0907	-0.0097

基于上述分析，耕地保护疏解耕地压力的路径为以下三个方面：①严格执
法，保障现有耕地数量不再减少。②多路径增加总量，确保在总人口上升时期的
人均耕地数量没有减少。③在需求一定的情况下，通过多路径保护耕地质量，提
升耕地单产水平，减小区域最小人均耕地面积及预测分析阶段的区域人均耕地警
戒值。支撑上述路径的具体分析论述见第六章。

三、基于条件假设的省级行政区耕地压力及指示作用

（一）各省份耕地压力指数

"三调"是我国将山、水、林、田、湖、草和海等自然资源，首次全要素统

一进行调查。国务院"三调"领导小组办公室、自然资源部、国家统计局于 2021 年 8 月 26 日发布了《第三次全国国土调查主要数据公报》。根据"三调"结果和《中国统计年鉴》（2020 年）的"耕地—人口"国情分析，到 2019 年底，各省份实际人均耕地面积如表 5-16 所示。

表 5-16　2019 年我国各省份实际人均耕地面积　　　　单位：公顷

地区	实际人均耕地面积	地区	实际人均耕地面积	地区	实际人均耕地面积
北京	0.0043	安徽	0.0909	四川	0.0624
天津	0.0238	福建	0.0224	贵州	0.0900
河北	0.0810	江西	0.0602	云南	0.1143
山西	0.1107	山东	0.0636	西藏	0.1208
内蒙古	0.4760	河南	0.0756	陕西	0.0742
辽宁	0.1212	湖北	0.0830	甘肃	0.2083
吉林	0.3063	湖南	0.0546	青海	0.0951
黑龙江	0.5283	广东	0.0151	宁夏	0.1658
上海	0.0065	广西	0.0659	新疆	0.2718
江苏	0.0483	海南	0.0481	全国	0.0907
浙江	0.0202	重庆	0.0583		

注：计算人均实际耕地面积所用的各省份实际耕地数量是根据"三调"公告数据，2019 年常住人口来源于《中国统计年鉴》（2020 年）。

在假定大陆 31 个省份人均实际耕地面积的保护政策执行到位、耕地总量和人均耕地面积都不再减少的情况下，结合表 5-1（方案 1）、表 5-2（方案 2）和表 5-3（方案 3），运用式（5-9），计算 31 个省份 2023~2049 年耕地压力指数，结果如表 5-17、表 5-18、表 5-19 所示。

表 5-17　2023~2049 年满足吃饭所需人均耕地（方案 1）各省份的耕地压力

地区＼年份	2023	2024	2025	2026	2027	2028	2029	2030	2031	2032	2033	2034	2035
全国	0.65	0.77	0.83	0.74	0.73	0.63	0.75	0.84	0.75	0.73	0.63	0.74	0.83
北京	24.17	28.45	30.86	27.55	27.06	23.51	27.76	31.02	27.64	26.90	23.27	27.51	30.90
天津	4.16	4.90	5.31	4.74	4.66	4.05	4.78	5.34	4.76	4.63	4.01	4.74	5.32
河北	0.55	0.65	0.70	0.63	0.62	0.53	0.63	0.71	0.63	0.61	0.53	0.63	0.70

续表

年份地区	2023	2024	2025	2026	2027	2028	2029	2030	2031	2032	2033	2034	2035
山西	0.85	1.00	1.09	0.97	0.96	0.83	0.98	1.10	0.98	0.95	0.82	0.97	1.09
内蒙古	0.21	0.25	0.27	0.24	0.24	0.21	0.24	0.27	0.24	0.24	0.20	0.24	0.27
辽宁	0.69	0.81	0.88	0.79	0.77	0.67	0.79	0.89	0.79	0.77	0.67	0.79	0.88
吉林	0.26	0.30	0.33	0.29	0.29	0.25	0.30	0.33	0.29	0.29	0.25	0.29	0.33
黑龙江	0.12	0.14	0.15	0.13	0.13	0.11	0.13	0.15	0.13	0.13	0.11	0.13	0.15
上海	11.50	13.54	14.68	13.11	12.88	11.19	13.21	14.76	13.15	12.80	11.07	13.09	14.70
江苏	1.00	1.18	1.27	1.14	1.12	0.97	1.15	1.28	1.14	1.11	0.96	1.14	1.28
浙江	3.83	4.51	4.89	4.36	4.29	3.72	4.40	4.91	4.38	4.26	3.68	4.36	4.89
安徽	0.49	0.58	0.63	0.56	0.55	0.48	0.56	0.63	0.56	0.55	0.47	0.56	0.63
福建	2.37	2.79	3.02	2.70	2.65	2.30	2.72	3.04	2.71	2.64	2.28	2.70	3.03
江西	0.70	0.82	0.89	0.79	0.78	0.68	0.80	0.89	0.80	0.77	0.67	0.79	0.89
山东	0.57	0.67	0.73	0.65	0.64	0.56	0.66	0.73	0.65	0.64	0.55	0.65	0.73
河南	0.37	0.44	0.47	0.42	0.42	0.36	0.43	0.48	0.42	0.41	0.36	0.42	0.47
湖北	0.57	0.67	0.73	0.65	0.64	0.56	0.66	0.74	0.66	0.64	0.55	0.65	0.73
湖南	0.71	0.84	0.91	0.81	0.80	0.69	0.82	0.91	0.81	0.79	0.68	0.81	0.91
广东	3.34	3.93	4.26	3.81	3.74	3.25	3.83	4.28	3.82	3.72	3.21	3.80	4.27
广西	0.38	0.45	0.48	0.43	0.42	0.37	0.44	0.49	0.43	0.42	0.37	0.43	0.48
海南	1.06	1.25	1.35	1.21	1.19	1.03	1.22	1.36	1.21	1.18	1.02	1.21	1.35
重庆	0.94	1.11	1.20	1.07	1.06	0.92	1.08	1.21	1.08	1.05	0.91	1.07	1.20
四川	0.68	0.80	0.87	0.78	0.76	0.66	0.78	0.87	0.78	0.76	0.66	0.77	0.87
贵州	0.67	0.79	0.85	0.76	0.75	0.65	0.77	0.86	0.76	0.74	0.64	0.76	0.85
云南	0.47	0.56	0.61	0.54	0.53	0.46	0.54	0.61	0.54	0.53	0.46	0.54	0.61
西藏	0.76	0.90	0.97	0.87	0.85	0.74	0.87	0.98	0.87	0.85	0.73	0.87	0.97
陕西	0.98	1.16	1.26	1.12	1.10	0.96	1.13	1.26	1.12	1.09	0.95	1.12	1.26
甘肃	0.51	0.60	0.65	0.58	0.57	0.49	0.58	0.65	0.58	0.56	0.49	0.58	0.65
青海	0.90	1.06	1.15	1.03	1.01	0.88	1.03	1.16	1.03	1.00	0.87	1.02	1.15
宁夏	0.57	0.67	0.72	0.65	0.64	0.55	0.65	0.73	0.65	0.63	0.55	0.65	0.73
新疆	0.37	0.44	0.47	0.42	0.42	0.36	0.43	0.48	0.42	0.41	0.36	0.42	0.47

年份地区	2036	2037	2038	2039	2040	2041	2042	2043	2044	2045	2046	2047	2048	2049
全国	0.75	0.74	0.63	0.75	0.83	0.78	0.76	0.64	0.76	0.85	0.79	0.78	0.64	0.79
北京	27.92	27.27	23.35	27.64	30.86	28.86	28.00	23.76	28.25	31.35	29.43	28.82	22.74	29.19

年份 地区	2036	2037	2038	2039	2040	2041	2042	2043	2044	2045	2046	2047	2048	2049
天津	4.81	4.69	4.02	4.76	5.31	4.97	4.82	4.09	4.86	5.40	5.07	4.96	3.91	5.02
河北	0.63	0.62	0.53	0.63	0.70	0.66	0.64	0.54	0.64	0.71	0.67	0.66	0.52	0.66
山西	0.99	0.96	0.82	0.98	1.09	1.02	0.99	0.84	1.00	1.11	1.04	1.02	0.80	1.03
内蒙古	0.25	0.24	0.21	0.24	0.27	0.25	0.25	0.21	0.25	0.28	0.26	0.25	0.20	0.26
辽宁	0.80	0.78	0.67	0.79	0.88	0.83	0.80	0.68	0.81	0.90	0.84	0.82	0.65	0.83
吉林	0.30	0.29	0.25	0.29	0.33	0.31	0.30	0.25	0.30	0.33	0.31	0.31	0.24	0.31
黑龙江	0.13	0.13	0.11	0.13	0.15	0.14	0.13	0.11	0.14	0.15	0.14	0.14	0.11	0.14
上海	13.28	12.97	11.11	13.15	14.68	13.73	13.32	11.30	13.44	14.92	14.00	13.71	10.82	13.89
江苏	1.15	1.13	0.96	1.14	1.27	1.19	1.16	0.98	1.17	1.29	1.22	1.19	0.94	1.21
浙江	4.42	4.32	3.70	4.38	4.89	4.57	4.43	3.76	4.47	4.96	4.66	4.56	3.60	4.62
安徽	0.57	0.55	0.47	0.56	0.63	0.59	0.57	0.48	0.57	0.64	0.60	0.58	0.46	0.59
福建	2.74	2.67	2.29	2.71	3.02	2.83	2.74	2.33	2.77	3.07	2.88	2.82	2.23	2.86
江西	0.80	0.78	0.67	0.80	0.89	0.83	0.81	0.68	0.81	0.90	0.85	0.83	0.65	0.84
山东	0.66	0.64	0.55	0.65	0.73	0.68	0.66	0.56	0.67	0.74	0.70	0.68	0.54	0.69
河南	0.43	0.42	0.36	0.42	0.47	0.44	0.43	0.37	0.43	0.48	0.45	0.44	0.35	0.45
湖北	0.66	0.65	0.55	0.66	0.73	0.68	0.66	0.56	0.67	0.74	0.70	0.68	0.54	0.69
湖南	0.82	0.80	0.69	0.81	0.91	0.85	0.82	0.70	0.83	0.92	0.86	0.85	0.67	0.86
广东	3.86	3.77	3.22	3.82	4.26	3.99	3.87	3.28	3.90	4.33	4.06	3.98	3.14	4.03
广西	0.44	0.43	0.37	0.43	0.48	0.45	0.44	0.37	0.44	0.49	0.46	0.45	0.36	0.46
海南	1.22	1.19	1.02	1.21	1.35	1.26	1.23	1.04	1.24	1.37	1.29	1.26	1.00	1.28
重庆	1.09	1.06	0.91	1.08	1.20	1.13	1.09	0.93	1.10	1.22	1.15	1.12	0.89	1.14
四川	0.79	0.77	0.66	0.78	0.87	0.81	0.79	0.67	0.80	0.88	0.83	0.81	0.64	0.82
贵州	0.77	0.75	0.64	0.76	0.85	0.80	0.77	0.66	0.78	0.87	0.81	0.80	0.63	0.81
云南	0.55	0.53	0.46	0.54	0.61	0.57	0.55	0.47	0.55	0.61	0.58	0.57	0.45	0.57
西藏	0.88	0.86	0.74	0.87	0.97	0.91	0.88	0.75	0.89	0.99	0.93	0.91	0.72	0.92
陕西	1.14	1.11	0.95	1.12	1.26	1.17	1.14	0.97	1.15	1.28	1.20	1.17	0.93	1.19
甘肃	0.59	0.57	0.49	0.58	0.65	0.60	0.59	0.50	0.59	0.66	0.62	0.60	0.48	0.61
青海	1.04	1.02	0.87	1.03	1.15	1.07	1.04	0.88	1.05	1.17	1.10	1.07	0.85	1.09
宁夏	0.66	0.64	0.55	0.65	0.72	0.68	0.66	0.56	0.66	0.74	0.69	0.68	0.53	0.69
新疆	0.43	0.42	0.36	0.42	0.47	0.44	0.43	0.36	0.43	0.48	0.45	0.44	0.35	0.45

表 5-18　2023~2049 年满足食物总需求（方案 2）各省份的耕地压力

年份 地区	2023	2024	2025	2026	2027	2028	2029	2030	2031	2032	2033	2034	2035
全国	0.85	1.00	1.02	0.94	0.92	0.81	0.97	1.03	0.93	0.91	0.79	0.96	1.05
北京	31.47	37.02	37.64	34.78	34.21	30.21	35.96	38.09	34.58	37.92	29.35	35.43	38.98
天津	5.42	6.37	6.48	5.99	5.89	5.20	6.19	6.56	5.95	6.53	5.05	6.10	6.71
河北	0.72	0.84	0.86	0.79	0.78	0.69	0.82	0.87	0.79	0.86	0.67	0.81	0.89
山西	1.11	1.31	1.33	1.23	1.21	1.07	1.27	1.34	1.22	1.34	1.04	1.25	1.38
内蒙古	0.28	0.33	0.33	0.31	0.30	0.27	0.32	0.33	0.30	0.33	0.26	0.31	0.34
辽宁	0.90	1.06	1.08	0.99	0.98	0.86	1.03	1.09	0.99	1.08	0.84	1.01	1.11
吉林	0.33	0.39	0.40	0.37	0.36	0.32	0.38	0.40	0.37	0.40	0.31	0.38	0.41
黑龙江	0.15	0.18	0.18	0.17	0.16	0.15	0.17	0.18	0.17	0.18	0.14	0.17	0.19
上海	14.97	17.62	17.91	16.55	16.28	14.37	17.11	18.12	16.45	18.04	13.96	16.86	18.55
江苏	1.30	1.53	1.55	1.44	1.41	1.25	1.49	1.57	1.43	1.57	1.21	1.46	1.61
浙江	4.98	5.86	5.96	5.51	5.42	4.78	5.69	6.03	5.47	6.00	4.65	5.61	6.17
安徽	0.64	0.75	0.76	0.71	0.69	0.61	0.73	0.77	0.70	0.77	0.60	0.72	0.79
福建	3.08	3.63	3.69	3.41	3.35	2.96	3.52	3.73	3.39	3.72	2.88	3.47	3.82
江西	0.91	1.07	1.08	1.00	0.98	0.87	1.03	1.10	0.99	1.09	0.84	1.02	1.12
山东	0.74	0.88	0.89	0.82	0.81	0.71	0.85	0.90	0.82	0.90	0.69	0.84	0.92
河南	0.48	0.57	0.58	0.53	0.53	0.46	0.55	0.59	0.53	0.58	0.45	0.54	0.60
湖北	0.75	0.88	0.89	0.82	0.81	0.72	0.85	0.90	0.82	0.90	0.70	0.84	0.92
湖南	0.92	1.09	1.11	1.02	1.01	0.89	1.06	1.12	1.02	1.11	0.86	1.04	1.15
广东	4.35	5.11	5.20	4.80	4.72	4.17	4.97	5.26	4.77	5.24	4.05	4.89	5.38
广西	0.49	0.58	0.59	0.55	0.54	0.47	0.56	0.60	0.54	0.60	0.46	0.56	0.61
海南	1.38	1.62	1.65	1.52	1.50	1.32	1.58	1.67	1.52	1.66	1.29	1.55	1.71
重庆	1.23	1.44	1.47	1.36	1.33	1.18	1.40	1.49	1.35	1.48	1.14	1.38	1.52
四川	0.89	1.04	1.06	0.98	0.96	0.85	1.01	1.07	0.97	1.07	0.83	1.00	1.10
贵州	0.87	1.02	1.04	0.96	0.94	0.83	0.99	1.05	0.95	1.05	0.81	0.98	1.08
云南	0.62	0.73	0.74	0.68	0.67	0.59	0.71	0.75	0.68	0.74	0.58	0.69	0.76
西藏	0.99	1.17	1.19	1.10	1.08	0.95	1.13	1.20	1.09	1.19	0.92	1.12	1.23
陕西	1.28	1.51	1.53	1.41	1.39	1.23	1.46	1.55	1.41	1.54	1.19	1.44	1.59
甘肃	0.66	0.78	0.79	0.73	0.72	0.63	0.75	0.80	0.72	0.79	0.62	0.74	0.82
青海	1.17	1.38	1.40	1.30	1.27	1.12	1.34	1.42	1.29	1.41	1.09	1.32	1.45
宁夏	0.74	0.87	0.88	0.82	0.80	0.71	0.84	0.89	0.81	0.89	0.69	0.83	0.92
新疆	0.48	0.57	0.58	0.53	0.53	0.46	0.55	0.58	0.53	0.58	0.45	0.54	0.60

年份 地区	2036	2037	2038	2039	2040	2041	2042	2043	2044	2045	2046	2047	2048	2049
全国	0.94	0.92	0.78	0.96	0.98	0.96	0.94	0.78	0.97	0.99	0.95	0.93	0.71	0.93
北京	34.70	34.09	28.94	35.47	36.33	35.68	34.90	28.94	36.13	36.53	35.19	34.53	26.49	34.62
天津	5.97	5.87	4.98	6.11	6.25	6.14	6.01	4.98	6.22	6.29	6.06	5.94	4.56	5.96
河北	0.79	0.78	0.66	0.81	0.83	0.81	0.79	0.66	0.82	0.83	0.80	0.79	0.60	0.79
山西	1.22	1.20	1.02	1.25	1.28	1.26	1.23	1.02	1.28	1.29	1.24	1.22	0.94	1.22
内蒙古	0.31	0.30	0.25	0.31	0.32	0.31	0.31	0.25	0.32	0.32	0.31	0.30	0.23	0.30
辽宁	0.99	0.97	0.83	1.01	1.04	1.02	1.00	0.83	1.03	1.04	1.01	0.99	0.76	0.99
吉林	0.37	0.36	0.31	0.38	0.39	0.38	0.37	0.31	0.38	0.39	0.37	0.37	0.28	0.37
黑龙江	0.17	0.16	0.14	0.17	0.17	0.17	0.17	0.14	0.17	0.18	0.17	0.17	0.13	0.17
上海	16.51	16.22	13.77	16.88	17.29	16.98	16.61	13.77	17.19	17.38	16.74	16.43	12.61	16.47
江苏	1.43	1.41	1.20	1.47	1.50	1.47	1.44	1.20	1.49	1.51	1.45	1.43	1.09	1.43
浙江	5.49	5.40	4.58	5.62	5.75	5.65	5.53	4.58	5.72	5.78	5.57	5.47	4.19	5.48
安徽	0.70	0.69	0.59	0.72	0.74	0.72	0.71	0.59	0.73	0.74	0.71	0.70	0.54	0.70
福建	3.40	3.34	2.84	3.48	3.56	3.50	3.42	2.84	3.54	3.58	3.45	3.38	2.60	3.39
江西	1.00	0.98	0.83	1.02	1.05	1.03	1.00	0.83	1.04	1.05	1.01	0.99	0.76	1.00
山东	0.82	0.81	0.68	0.84	0.86	0.84	0.82	0.68	0.85	0.86	0.83	0.82	0.63	0.82
河南	0.53	0.52	0.44	0.55	0.56	0.55	0.54	0.44	0.56	0.56	0.54	0.53	0.41	0.53
湖北	0.82	0.81	0.69	0.84	0.86	0.85	0.83	0.69	0.86	0.87	0.83	0.82	0.63	0.82
湖南	1.02	1.00	0.85	1.04	1.07	1.05	1.03	0.85	1.06	1.07	1.03	1.01	0.78	1.02
广东	4.79	4.71	4.00	4.90	5.02	4.93	4.82	4.00	4.99	5.05	4.86	4.77	3.66	4.78
广西	0.54	0.53	0.45	0.56	0.57	0.56	0.55	0.45	0.57	0.57	0.55	0.54	0.42	0.54
海南	1.52	1.49	1.27	1.55	1.59	1.56	1.53	1.27	1.58	1.60	1.54	1.51	1.16	1.52
重庆	1.35	1.33	1.13	1.38	1.42	1.39	1.36	1.13	1.41	1.42	1.37	1.35	1.03	1.35
四川	0.98	0.96	0.81	1.00	1.02	1.00	0.98	0.81	1.02	1.03	0.99	0.97	0.75	0.97
贵州	0.96	0.94	0.80	0.98	1.00	0.98	0.96	0.80	1.00	1.01	0.97	0.95	0.73	0.96
云南	0.68	0.67	0.57	0.70	0.71	0.70	0.68	0.57	0.71	0.72	0.69	0.68	0.52	0.68
西藏	1.09	1.07	0.91	1.12	1.14	1.12	1.10	0.91	1.14	1.15	1.11	1.09	0.83	1.09
陕西	1.41	1.39	1.18	1.44	1.48	1.45	1.42	1.18	1.47	1.49	1.43	1.40	1.08	1.41
甘肃	0.73	0.71	0.61	0.74	0.76	0.75	0.73	0.61	0.76	0.77	0.74	0.72	0.56	0.73
青海	1.29	1.27	1.08	1.32	1.35	1.33	1.30	1.08	1.35	1.36	1.31	1.29	0.99	1.29
宁夏	0.81	0.80	0.68	0.83	0.85	0.84	0.82	0.68	0.85	0.86	0.83	0.81	0.62	0.81
新疆	0.53	0.52	0.44	0.54	0.56	0.55	0.54	0.44	0.55	0.56	0.54	0.53	0.41	0.53

注：表中数据均为计算结果，均保留两位小数。

表 5-19 **2023~2049 年满足种植农业经济发展所需耕地（方案 3）各省份的耕地压力**

年份 地区	2023	2024	2025	2026	2027	2028	2029	2030	2031	2032	2033	2034	2035
全国	0.87	1.03	1.05	0.97	0.95	0.84	1.00	1.06	0.96	0.94	0.81	0.98	1.08
北京	32.37	38.09	38.74	35.80	35.19	31.06	36.98	39.15	35.56	34.82	30.21	36.45	40.09
天津	5.57	6.56	6.67	6.16	6.06	5.35	6.37	6.74	6.12	5.99	5.20	6.27	6.90
河北	0.74	0.87	0.88	0.81	0.80	0.71	0.84	0.89	0.81	0.79	0.69	0.83	0.91
山西	1.14	1.34	1.37	1.26	1.24	1.10	1.31	1.38	1.25	1.23	1.07	1.29	1.41
内蒙古	0.28	0.33	0.34	0.31	0.31	0.27	0.33	0.34	0.31	0.31	0.27	0.32	0.35
辽宁	0.93	1.09	1.11	1.02	1.01	0.89	1.06	1.12	1.02	1.00	0.86	1.04	1.15
吉林	0.34	0.40	0.41	0.38	0.37	0.33	0.39	0.42	0.38	0.37	0.32	0.39	0.43
黑龙江	0.16	0.18	0.19	0.17	0.17	0.15	0.18	0.19	0.17	0.17	0.15	0.18	0.19
上海	15.40	18.12	18.43	17.03	16.74	14.78	17.60	18.63	16.92	16.57	14.37	17.34	19.07
江苏	1.34	1.57	1.60	1.48	1.45	1.28	1.53	1.62	1.47	1.44	1.25	1.51	1.66
浙江	5.13	6.03	6.13	5.67	5.57	4.92	5.86	6.20	5.63	5.51	4.78	5.77	6.35
安徽	0.66	0.77	0.79	0.73	0.71	0.63	0.75	0.79	0.72	0.71	0.61	0.74	0.81
福建	3.17	3.73	3.80	3.51	3.45	3.04	3.62	3.84	3.48	3.41	2.96	3.57	3.93
江西	0.93	1.10	1.11	1.03	1.01	0.89	1.06	1.13	1.02	1.00	0.87	1.05	1.15
山东	0.77	0.90	0.92	0.85	0.83	0.73	0.87	0.93	0.84	0.82	0.71	0.86	0.95
河南	0.50	0.59	0.60	0.55	0.54	0.48	0.57	0.60	0.55	0.54	0.46	0.56	0.62
湖北	0.77	0.90	0.92	0.85	0.83	0.74	0.88	0.93	0.84	0.83	0.72	0.86	0.95
湖南	0.95	1.12	1.14	1.05	1.03	0.91	1.09	1.15	1.04	1.02	0.89	1.07	1.18
广东	4.47	5.26	5.35	4.94	4.86	4.29	5.11	5.41	4.91	4.81	4.17	5.03	5.54
广西	0.51	0.60	0.61	0.56	0.55	0.49	0.58	0.61	0.56	0.55	0.47	0.57	0.63
海南	1.42	1.67	1.70	1.57	1.54	1.36	1.62	1.72	1.56	1.53	1.32	1.60	1.76
重庆	1.26	1.49	1.51	1.40	1.37	1.21	1.44	1.53	1.39	1.36	1.18	1.42	1.56
四川	0.91	1.07	1.09	1.01	0.99	0.87	1.04	1.10	1.00	0.98	0.85	1.03	1.13
贵州	0.89	1.05	1.07	0.99	0.97	0.86	1.02	1.08	0.98	0.96	0.83	1.01	1.11
云南	0.63	0.75	0.76	0.70	0.69	0.61	0.73	0.77	0.70	0.68	0.59	0.71	0.79
西藏	1.02	1.20	1.22	1.13	1.11	0.98	1.17	1.23	1.12	1.10	0.95	1.15	1.26
陕西	1.32	1.55	1.58	1.46	1.43	1.26	1.50	1.59	1.45	1.42	1.23	1.48	1.63
甘肃	0.68	0.80	0.81	0.75	0.74	0.65	0.78	0.82	0.75	0.73	0.63	0.76	0.84
青海	1.21	1.42	1.44	1.33	1.31	1.16	1.38	1.46	1.32	1.30	1.12	1.36	1.49
宁夏	0.76	0.89	0.91	0.84	0.83	0.73	0.87	0.92	0.83	0.82	0.71	0.86	0.94
新疆	0.50	0.58	0.59	0.55	0.54	0.48	0.57	0.60	0.55	0.53	0.46	0.56	0.62

续表

年份\地区	2036	2037	2038	2039	2040	2041	2042	2043	2044	2045	2046	2047	2048	2049
全国	0.96	0.95	0.80	0.98	1.01	0.99	0.97	0.80	1.00	1.01	0.98	0.96	0.74	0.96
北京	35.68	35.07	29.76	36.49	37.39	36.70	35.92	29.76	37.19	37.60	36.21	35.51	27.27	35.64
天津	6.14	6.04	5.12	6.28	6.44	6.32	6.18	5.12	6.40	6.47	6.23	6.11	4.69	6.13
河北	0.81	0.80	0.68	0.83	0.85	0.83	0.82	0.68	0.85	0.85	0.82	0.81	0.62	0.81
山西	1.26	1.24	1.05	1.29	1.32	1.30	1.27	1.05	1.31	1.33	1.28	1.25	0.96	1.26
内蒙古	0.31	0.31	0.26	0.32	0.33	0.32	0.32	0.26	0.33	0.33	0.32	0.31	0.24	0.31
辽宁	1.02	1.00	0.85	1.04	1.07	1.05	1.03	0.85	1.06	1.08	1.04	1.02	0.78	1.02
吉林	0.38	0.37	0.32	0.39	0.40	0.39	0.38	0.32	0.40	0.40	0.39	0.38	0.29	0.38
黑龙江	0.17	0.17	0.14	0.18	0.18	0.18	0.17	0.14	0.18	0.18	0.17	0.17	0.13	0.17
上海	16.98	16.68	14.16	17.36	17.79	17.46	17.09	14.16	17.69	17.89	17.23	16.90	12.97	16.96
江苏	1.47	1.45	1.23	1.51	1.54	1.52	1.48	1.23	1.54	1.55	1.50	1.47	1.13	1.47
浙江	5.65	5.55	4.71	5.78	5.92	5.81	5.69	4.71	5.89	5.95	5.73	5.62	4.32	5.64
安徽	0.72	0.71	0.60	0.74	0.76	0.74	0.73	0.60	0.75	0.76	0.73	0.72	0.55	0.72
福建	3.50	3.44	2.92	3.58	3.66	3.60	3.52	2.92	3.64	3.68	3.55	3.48	2.67	3.49
江西	1.03	1.01	0.86	1.05	1.08	1.06	1.03	0.86	1.07	1.08	1.04	1.02	0.78	1.03
山东	0.84	0.83	0.70	0.86	0.88	0.87	0.85	0.70	0.88	0.89	0.86	0.84	0.64	0.84
河南	0.55	0.54	0.46	0.56	0.57	0.56	0.55	0.46	0.57	0.58	0.56	0.55	0.42	0.55
湖北	0.85	0.83	0.71	0.87	0.89	0.87	0.85	0.71	0.88	0.89	0.86	0.84	0.65	0.85
湖南	1.05	1.03	0.87	1.07	1.10	1.08	1.06	0.87	1.09	1.10	1.06	1.04	0.80	1.05
广东	4.93	4.84	4.11	5.04	5.16	5.07	4.96	4.11	5.14	5.19	5.00	4.90	3.77	4.92
广西	0.56	0.55	0.47	0.57	0.59	0.58	0.56	0.47	0.58	0.59	0.57	0.56	0.43	0.56
海南	1.56	1.54	1.30	1.60	1.64	1.61	1.57	1.30	1.63	1.65	1.59	1.56	1.19	1.56
重庆	1.39	1.37	1.16	1.42	1.46	1.43	1.40	1.16	1.45	1.47	1.41	1.38	1.06	1.39
四川	1.00	0.99	0.84	1.03	1.05	1.03	1.01	0.84	1.05	1.06	1.02	1.00	0.77	1.00
贵州	0.98	0.97	0.82	1.01	1.03	1.01	0.99	0.82	1.03	1.04	1.00	0.98	0.75	0.98
云南	0.70	0.69	0.58	0.72	0.73	0.72	0.70	0.58	0.73	0.74	0.71	0.70	0.53	0.70
西藏	1.12	1.10	0.94	1.15	1.18	1.16	1.13	0.94	1.17	1.18	1.14	1.12	0.86	1.12
陕西	1.45	1.43	1.21	1.48	1.52	1.49	1.46	1.21	1.51	1.53	1.47	1.44	1.11	1.45
甘肃	0.75	0.73	0.62	0.76	0.78	0.77	0.75	0.62	0.78	0.79	0.76	0.74	0.57	0.75
青海	1.33	1.31	1.11	1.36	1.39	1.37	1.34	1.11	1.38	1.40	1.35	1.32	1.02	1.33
宁夏	0.84	0.82	0.70	0.86	0.88	0.86	0.84	0.70	0.87	0.88	0.85	0.83	0.64	0.84
新疆	0.55	0.54	0.46	0.56	0.57	0.56	0.55	0.46	0.57	0.58	0.56	0.55	0.42	0.55

（二）指示作用

表 5-17 至表 5-19 表明，方案 1、方案 2 和方案 3 各省份耕地压力指数差异很大。①方案 1 中，31 个省级行政区中有 18 个面临耕地压力、13 个没有耕地压力。②面临耕地压力的省按照耕地压力指数大小，可以分为压力特别巨大（Ⅰ级）、压力巨大（Ⅱ级）、压力大（Ⅲ级）、有压力（Ⅳ级）4 个等级。其中，北京市耕地压力指数>20、上海市耕地压力指数>10，为耕地压力特别巨大（Ⅰ级）；天津市、浙江省、广东省、福建省，2<区域耕地压力指数<7，耕地压力巨大（Ⅱ级）；江苏省、海南省、重庆市、陕西省、青海省，1<区域耕地压力指数<2，耕地压力大（Ⅲ级）；陕西省、辽宁省、江西省、湖南省、四川省、贵州省和西藏自治区，耕地压力指数小于 1 但大于全国平均水平，有耕地压力（Ⅳ级）。③耕地压力直接来源于实际人均耕地面积小，这些省份按照最小人均耕地面积，属于人均耕地面积赤字区。④值得注意的是，2011~2019 年 31 个省份人均实有耕地面积（见表 5-20）与 2011 年相比，2019 年人均实有耕地除了内蒙古自治区、辽宁省、吉林省、黑龙江省和西藏自治区 5 个省区略有增加外，其余各省份都为减少趋势。2023~2049 年，要保证人均实有耕地面积在 2019 年基础上不减少有很大的困难。根据历史发展经验，国家经济建设对耕地非农化具有需求，所以未来耕地保护压力巨大。

表 5-20　2011~2019 年各省份实有人均耕地面积的变化　　单位：公顷

年份 地区	2011	2012	2013	2014	2015	2016	2017	2018	2019	2019 年较 2011 年
北京	0.0110	0.0106	0.0104	0.0101	0.0100	0.0099	0.0097	0.0097	0.0043	-0.0067
天津	0.0329	0.0319	0.0311	0.0306	0.0304	0.0303	0.0310	0.0316	0.0238	-0.0091
河北	0.0908	0.0903	0.0899	0.0892	0.0888	0.0884	0.0880	0.0878	0.0810	-0.0100
山西	0.1141	0.1145	0.1149	0.1150	0.1153	0.1154	0.1156	0.1158	0.1107	-0.0032
内蒙古	0.3720	0.3728	0.3747	0.3769	0.3786	0.3800	0.3810	0.3828	0.4760	0.1064
辽宁	0.1145	0.1143	0.1143	0.1143	0.1147	0.1150	0.1153	0.1159	0.1212	0.0073
吉林	0.2577	0.2600	0.2626	0.2650	0.2679	0.2724	0.2766	0.2813	0.3063	0.0549
黑龙江	0.4191	0.4255	0.4327	0.4396	0.4493	0.4577	0.4662	0.4763	0.5283	0.1232
上海	0.0080	0.0078	0.0077	0.0076	0.0077	0.0077	0.0078	0.0077	0.0065	-0.0015
江苏	0.0572	0.0565	0.0559	0.0552	0.0550	0.0545	0.0543	0.0541	0.0483	-0.0090
浙江	0.0356	0.0348	0.0342	0.0336	0.0331	0.0325	0.0320	0.0315	0.0202	-0.0156
安徽	0.0986	0.9851	0.0982	0.0979	0.0977	0.0973	0.0969	0.0966	0.0911	-0.0077

续表

年份 地区	2011	2012	2013	2014	2015	2016	2017	2018	2019	2019 年 较 2011 年
福建	0.0354	0.0348	0.0345	0.0339	0.0335	0.0333	0.0329	0.0326	0.0225	-0.0130
江西	0.0690	0.0689	0.0690	0.0689	0.0687	0.0686	0.0684	0.0684	0.0603	-0.0088
山东	0.0791	0.0787	0.0783	0.0777	0.0771	0.0763	0.0756	0.0753	0.0639	-0.0155
河南	0.0863	0.0856	0.0850	0.0842	0.0836	0.0830	0.0825	0.0822	0.0759	-0.0107
湖北	0.0920	0.0915	0.0911	0.0905	0.0898	0.0891	0.0887	0.0885	0.0805	-0.0090
湖南	0.0629	0.0629	0.0629	0.0628	0.0627	0.0626	0.0626	0.0626	0.0547	-0.0083
广东	0.0242	0.0237	0.0233	0.0228	0.0224	0.0219	0.0214	0.0211	0.0152	-0.0091
广西	0.0950	0.0940	0.0934	0.0925	0.0915	0.0905	0.0894	0.0887	0.0664	-0.0291
海南	0.0816	0.0799	0.0790	0.0775	0.0768	0.0755	0.0743	0.0736	0.0489	-0.0335
重庆	0.0832	0.0824	0.0816	0.0807	0.0792	0.0766	0.0754	0.0749	0.0587	-0.0249
四川	0.0835	0.0833	0.0831	0.0827	0.0821	0.0816	0.0811	0.0808	0.0626	-0.0211
贵州	0.1292	0.1269	0.1252	0.1235	0.1224	0.1205	0.1188	0.1182	0.0902	-0.0392
云南	0.1349	0.1344	0.1340	0.1334	0.1331	0.1327	0.1324	0.1321	0.1145	-0.0206
西藏	0.1432	0.1404	0.1394	0.1362	0.1342	0.1308	0.1272	0.1254	0.1225	-0.0224
陕西	0.1060	0.1052	0.1049	0.1044	0.1039	0.1030	0.1020	0.1013	0.0744	-0.0318
甘肃	0.2111	0.2111	0.2120	0.2125	0.2130	0.2132	0.2132	0.2138	0.2076	-0.0028
青海	0.1036	0.1031	0.1030	0.1017	0.1020	0.1013	0.1007	0.1005	0.0956	-0.0085
宁夏	0.1983	0.1946	0.1924	0.1897	0.1886	0.1854	0.1830	0.1817	0.1667	-0.0325
新疆	0.2308	0.2285	0.2258	0.2223	0.2176	0.2148	0.2113	0.2079	0.2751	0.0410

注：表中数据依据历年《中国统计年鉴》《国土资源年鉴》和"三调"相关数据计算均为计算结果。

第四节　本章小结

围绕"满足吃饭""满足食物总需求""满足种植农业经济发展"三种情况，建构了数据分析与计算的技术路线，依据第二章至第四章的参数研究成果，利用式（1-6），计算了 2023~2049 年国家最小人均耕地面积，利用式（1-7）确定了 2023~2049 年的国家人均耕地警戒值。①保障吃饭的国家人均耕地警戒值为 1.0318 亩（0.0688 公顷）。②保障食物总需求的国家人均耕地警戒值为 1.2313

亩（0.0821 公顷）。③保障种植农业经济发展的人均耕地警戒值为 1.2668 亩（0.0845 公顷）。

讨论了最小人均耕地面积及人均耕地警戒值的区域差异。①讨论了基于国家人均耕地警戒值、各省份人均耕地警戒值的思路和算法，提出了区域系数概念。②设计了食品作物单产的区域系数、食品作物播耕强度指数的区域系数、人均食物消费需求的区域系数的算法。③计算 31 个省份的 3 个区域系数，依据区域系数和国家最小人均耕地面积计算 2023~2049 年各省份"满足吃饭"的最小人均耕地面积（方案 1）、"满足食物总需求"的最小人均耕地面积（方案 2）、"满足种植农业经济发展"的最小人均耕地面积（方案 3），根据方案 1、方案 2 和方案 3 分别确定了 31 个省份人均耕地警戒值（见表 5-13）。

讨论了耕地压力指数及其对耕地保护的指示作用。①讨论了国内关于"耕地压力"到"耕地压力指数"的发展，耕地压力指数的修正及应用情况。②基于"三调"耕地面积，假定耕地保护政策执行到位、耕地总量和人均耕地面积不再减少，按照"满足吃饭""满足食品总需求""满足种植农业经济发展"所需的"最小人均耕地面积"三种情形，分别讨论了 2023~2049 年的国家耕地压力指数，综合判断了国家耕地压力，结论是：没有压力、人均耕地压力总体可控、人均耕地压力基本可控。③基于各省份"三调"的实际耕地面积，在国家耕地保护政策和地方性法律法规执行到位、耕地总量和人均耕地面积都不再减少的情况下，按照"满足吃饭""满足食物总需求""满足种植农业经济发展"所需的"最小人均耕地面积"三种情形，讨论 2023~2049 年各省份的耕地压力指数，综合判断各省份耕地压力，基本结论是北京市和上海市耕地压力特别巨大，天津市、浙江省、广东省、福建省耕地压力巨大，江苏省、海南省、重庆市、陕西省、青海省耕地压力大，陕西省、辽宁省、江西省、湖南省、四川省、贵州省、西藏自治区有耕地压力，其余 13 个省份无耕地压力。

第六章 保护耕地疏解压力的策略

在区域最小人均耕地面积及区域人均耕地警戒值确定的情况下，耕地压力与实际人均耕地面积有关，疏解耕地压力的关键在于保护耕地总面积不减少或有一定增加，特别是要保障实际人均耕地面积不减少。在实际人均耕地面积一定的前提下，耕地压力与区域最小人均耕地面积及区域人均耕地警戒值成正比，疏解耕地压力的关键在于降低区域最小人均耕地面积及区域人均耕地警戒值；区域最小人均耕地面积及区域人均耕地警戒值，在食物需求、食物自给率、农作物播耕强度和灾害发生频率等要素一定的情况下，与单位播种面积产量（以下简称单产）成反比。提升单产能够有效地降低区域最小人均耕地面积及区域人均耕地警戒值而不影响城乡居民的消费需求水平。单产水平的提升，除与各类生产要素有关，还与耕地质量有直接关系；在各类生产要素一定的情况下，通过保护耕地质量，能够有效地提升单产水平，实现疏解耕地压力目标。耕地数量和质量保护，不是一句口号而是一种观念，不仅是一种制度更重要的是一种涉及各类行为主体的社会实践行动。践行耕地数量保护与耕地质量保护需要各类行为主体共同参与、勠力同心。各类微观行为主体参与的积极性，除受政策和法律法规影响，还受到经济利益的驱动，厘清耕地保护微观行为主体类型及利益关系对保护耕地及疏解耕地压力非常重要。

第一节 厘清耕地保护行为主体类型及利益关系

耕地保护行为主体是指区域耕地保护政策制定者、耕地保护措施提出与实施者。对不同类型的微观行为主体，按照各自在区域耕地保护中的行为和作用进行分级，构成耕地保护微观行为主体系统（见表6-1）。

一、中央政府

中央政府是耕地非农用途计划的配置主体和耕地保护资金的提供主体，通过土地利用规划和耕地非农化年度计划手段空制耕地总量的增减变化,通过耕地质量保护资金的投放数量影响耕地质量的变动速度。

表6-1 耕地保护行为主体系统与作用

行为主体类型		分级	正向保护耕地行为	负向保护耕地行为
中央政府		高级	编制国家土地利用规划和投入耕地保护资金	配置非农用地指标
地方政府		中级	按上级配置非农指标调整耕地保护规划和执行规划服务粮食安全,监管基层机构与个体的耕地利用行为	转变耕地用途,追求机会成本最小化
基层组织与个体	村组集体	初级Ⅰ	协助监管乡村居民点与宅基地利用行为,协助监管耕地经营者的耕地利用与保护行为,组织与协调承包耕地的流转行为	组织耕地经营者租赁耕地给非农企业,追求非农化利益
	乡村居民	初级Ⅱ	融入城镇化,助力人均经营耕地数量增加,参与农村居民点集约利用、宅基地退出	住宅或宅基地需求旺盛,助推居民点扩张占用耕地
	城镇居民	初级Ⅲ	参与城镇居民点的居住用地集约利用	
	耕地经营者	初级Ⅳ	建设与维护田间基础设施、耕地地力管理	对耕地重用不重养

作为配置主体,中央政府通过土地管理法的法律手段规定耕地实行用途管制的制度;通过土地利用规划及其修编,自上而下的耕地用途非农化指标配置制度,对全国的耕地非农化数量、区域布局进行宏观管理;通过行政手段,对依据土地利用规划编制的耕地转为非农用地的年度计划执行进度进行宏观管理。

耕地保护资金是耕地保护措施付诸实施的基本保障,项目是耕地保护措施的依托载体,鉴于我国耕地的区域分布现状与区域经济发展水平现状的不一致,耕地资源数量多的区域往往与欠发达、财政资金紧张或者短缺的区域联系在一起,仅依靠地方财政解决耕地保护资金困难大、难落实,无论是高标准农田建设项目,还是土地整理与复垦项目,其项目资金主要依靠国家财政资金安排。中央政府是耕地数量和质量保护的顶级行为主体。

二、地方政府

地方政府是在委托—代理制度下受中央政府委托并代理中央政府管理行政辖区内的耕地,是本行政辖区耕地保护和耕地用途计划配置的执行主体。作为耕地管理与保护的行政组织机构,其本质上是众多独立的、具有利益关系的个人按照一定法则组织起来的群体;代表地方政府行使权力的是具体的、能够左右地方政府行为的地方政府官员。按照布坎南的公共选择理论,每个具体的地方政府官员与私人经济中的行为个体一样，都是有个人利益需求的"经济人"，其行为要追求自身利益最大化，这就决定了地方政府在配置公共资源中，不只是为了提供公共物品，本质上还要追求利益最大化，具有很强的逐利性和个体理性，只是因为身份的原因，对利益最大化的追求行为要受到各种制度的约束。为此，地方政府在稀缺资源配置中的行为受"效用最大化"或"机会成本最小化"等经济法则的影响。

改革开放前，我国国家财政管理权限通过"条条"控制，实行统收统支，财力高度集中在中央政府，地方政府起着维护计划体制的作用，追求"一大二公"超越个人对经济利益的追求，地方政府官员缺乏财富集聚意识，社会缺乏财富集聚的土壤，地方政府不是独立的利益主体。改革开放后，行政性放权式的经济改革把自主权下放，地方政府的经济活动范围扩大，特别是国家财税体制由"统收统支"到"分税制"的改革，经济利益上升到第一层面，地方政府的利益得到认可，成为经济剩余索取权的独立利益主体。作为独立的利益主体，必然产生经济利益最大化的行为动机，并借助各种手段让动机变为现实。

因此，地方政府在耕地非农化配置中追求收益最大化。各级地方政府在改革开放后成为经济发展的主要推动力量，由于难以继续从种植农业中提取剩余利润，在改革初期，各级地方政府便在国有和集体资产基础上，通过兴办由本级政府控制的企业推动农村工业化；20世纪90年代，随着各类企业亏损面不断扩大，控制农地非农化供给逐渐成为地方政府完成资本原始积累、加快地方经济增长和追求财政收入增加最重要的手段。对于高度重视短期政治业绩的地方政府，扩大农地非农化供给规模，符合其政治业绩最大化的需求。征地费用和土地出让价格之间的差别为增加地方可支配财政收入提供了条件。农地非农化相关的投资主要是固定资产投资，它属于外延型、扩张性经济增长，有利于促进经济总量扩张；在政府能够自由支配的资本总量有限的前提下，对农地非农化干预强度越高，就越可能借助土地和资本之间的替代和互补关系，降低交通等基础服务设施的建设成本，使有限的地方财政提供的交通等公共产品服务能力最大化，压低土地价格吸引更多的资本流向本地扩大地区产品生产能力，促进地方政府经济增长业绩最大化。为了追求更高的业绩，地方政府可能会进一步扩大农地非农化供给。同级的地方政府均享有一定的农地非农化供给权利，尽管相互竞争可能导致土地供给对经济增长的实际贡献降低，造成土地资源浪费，但总体上加速了农地非农化供给符合地方政府经济增长业绩最大化的要求；特别是城镇建设用地的使用制度改革以来，农地非农化的收益成为许多地方政府财政收入的重要来源，如城市扩张带来的房地产业和建筑业的税收、土地出让金等。利益驱动最终导致耕地农业用途的管控在一定程度上受到了削弱。将地方政府定义为中级耕地保护主体，正确看待不同区域的地方政府在耕地保护中的利益得失及其对区域内外的贡献，建立经济激励—约束的长效机制，才能够有效地保护耕地。

以耕地为载体构建利益均衡机制激励地方政府保护耕地。在耕地管理的实践过程中经常存在"耕地赤字"①，地区的耕地管理困难、"耕地盈余"地区的耕地也不好管问题，其核心驱动力就是利益驱动，即土地非农化的直接收益远高于农业用途的收益，驱动着地方政府不断地向土地伸手，为耕地保护与管理带来了困难。本书认为，破解"耕地赤字"地区和"耕地盈余"地区耕地的管理问题，突破口是利益因素，即需要在不同行政辖区之间建立耕地保护利益均衡机制，其着力点是研究"耕地盈余""耕地赤字"两种状态背后隐藏的本质问题，以及该问题应该怎样解决。如果把各行政辖区看成一个个封闭系统，耕地压力指数则揭示了行政辖区内部的食物供给压力。在现实中，各行政辖区是相互建立了各种有机联系的一个个开放系统，满足城乡居民消费需求量结构的食物，以进出口方式在不同行政辖区间进行自由流动，这种自由流动平衡了区域间的食物供给压力，也就是说，"耕地赤字"地区可以基于食物的贸易流动，化解用于生产食物的"耕地赤字"可能引发的矛盾。虽然耕地本身具有非流动性特征，但通过进出口实现行政辖区间的食物流动，为"耕地赤字"地区居民带来食物满足感和安全感，使耕地的食物生产功能、食物安全保障功能和生态安全保障功能等经济社会安全功能在市场规律的作用下自然而然地流动起来，即食物进口的行政辖区，表面上进口的是食物，深层次是向"耕地盈余"地区进口耕地及耕地载负的经济社会安全功能。然而，在区域性食物进口行为的实施过程中，食物进口区域的进口商家只支付了按照市场供需变化衡量的食物费用，并没有按照生产这些食物所需的耕地付费，更没有支付附加在耕地上的粮食安全和生态安全等经济社会安全功能费用，食物进口区域的城乡居民在购买食物时，也只承认支付市场价格决定的食物本身的费用，进而在表面公平的贸易活动过程中，"耕地盈余"地区就损失了耕地价值；相反，"耕地赤字"地区因为没有支付耕地的无形价值，而赚取了耕地价值。在世界经济一体化逐渐加强的背景下，商家、企业和老百姓等微观主体不理解食物进口伴随的耕地以及经济社会安全功能是可以理解的，生存与竞争的需要促使他们不可能站在国家高度或区域的全局性高度来思考带有公益性的食物安全和生态安全问题，但分别作为宏观与中观管理主体的国家政府和地方政

---

① 耕地实际数量少于耕地警戒值为"耕地赤字"，相反为"耕地盈余"。"耕地赤字"代表耕地有压力。

府是应该思考这些问题的，同时需要制定合理措施促使生产食物的"耕地赤字"地区的行为主体向国库缴纳粮食安全金和生态安全金，然后由国家政府向耕地盈余的食物出口区域，按照出口贡献量的大小，支付粮食安全金和生态安全金。建立以国家政府调控的粮食—生态安全金"缴纳—支付"制度，改变"抓农业和抓粮食生产"既出钱费力，还出不了政绩，难以带来财政收入的错误认识。既可以抑制"耕地赤字"地区的耕地继续减少行为，更重要的是有利于增强"耕地盈余"地区地方政府的耕地保护行为。当然，在制定政策时，要分析不同行政辖区产生"耕地赤字"的原因，完全或部分因为改善国家生态环境，按照国家规划进行生态退耕，以及为满足东部发达地区产业发展需要而进行的农业结构调整等造成用于食物生产的"耕地赤字"地区，如西藏、陕西和青海等，这部分费用应由国家承担，而其他"耕地赤字"地区则按照标准每年向国库缴纳一定数量的粮食—生态安全金。

地方政府行政管理耕地的重点是严格执法。地方土地管理部门要严格执法，依法保护耕地，才能保住食物生产供给的源头。耕地安全是食物安全的基础，我国未来面临的粮食压力大，耕地保护是关键。鉴于耕地资源国情，采取严厉的耕地保护政策是符合我国实际的，采取强有力的土地管理、土地宏观调控措施，增强全民耕地保护意识，依法管理耕地是必要的。一是要依据《中华人民共和国土地管理法》，严肃国土空间规划下的耕地保护制度，科学编制规划、严格执行规划。二是应不论耕地违法行为主体的身份，只论耕地违法的基本事实，按照《中华人民共和国土地管理法》的相关规定，给予相应的查处。三是对耕地违法行为主体的查处一定要及时，包括立案、立案的违法事件查处、结案要及时。四是坚决杜绝政府性耕地违法，对政府性耕地违法的行为主体要严查严办。

三、基层组织与个体

（一）村（组）集体

村（组）集体根据现有农地产权制度属于名义上的农地所有权人，是耕地承包行为的发包方，是耕地用途配置的操作主体，是耕地农业用途、质量保护的直接监管主体，大部分村（组）集体基本能够代表社区农民公共利益，在耕地保护监管中具有不可替代的作用。出于组织生存的需求，村集体自身也具有利益要求。村（组）集体在改革初期一般通过建立集体企业的自发性农地非农化转变耕地用途；随着改革的深入，私营企业的兴起需要大量新增工业用地，加上受交易费用与政府管理能力的约束、地方政府对村（组）集体土地利用行为的监管能力有限，许多村（组）集体一方面采用类似国有土地出让的形式供给私营企业或个体企业用地；另一方面采取年租或短期租赁的方式供给土地以获取农地非农化收益。村（组）集体组织不通过土地利用规划调整耕地用途，而是通过租赁等市场手段直接与非农用地使用者进行土地使用权交易，加上通过租赁等形式获得土地使用权兴办的企业向地方政府的纳税行为要增加地方财政收益，村组的耕地转用违法行为具有很大的隐蔽性。村（组）集体在内外条件的共同作用下，成为普遍、活跃的农地非农化供给主体，按照收益最大化原则进行农地非农化供给决策，随着用地企业性质不同，农地非农化供给方式和供给价格呈现多样化特征。在一些经济发达地区，集体建设用地的数量占到了工业用地总量的50%~60%，广东南海和江苏南部地区，基本上都是以集体的名义进行的。将村（组）集体组织纳入耕地保护初级 I 主体，建立村（组）集体保护耕地的激励—约束机制，约束其通过租赁等违法行为将耕地使用权向非农企业出租行为，激励其监督农户将承包耕地用于农业用途的行为，实现村组耕地保护的微观目标，才能使国家耕地保护的宏观目标管理"接地气"。

（二）乡村居民

乡村居民包括经营和没有经营耕地的农户。为农村居民点的利用者和宅基地的所有者，乡村居民的居民点利用、宅基地扩展或退出行为，对农村居民点空间扩展与收缩产生直接影响，且最终要反映到耕地保护方面。乡村居民是耕地保护的初级 II 主体，激励其耕地质量保护行为、宅基地退出行为，约束其弃耕行为和宅基地占用行为，是确保村组耕地保护微观目标落地的重要手段。

（三）城镇居民

城镇居民尽管不直接与耕地保护发生管理，但要通过居住用地与耕地保护建立联系。城镇居民点建设占用了耕地，居住用地是城镇建设用地的重要组成部分，控制城镇居住用地数量能够有助于减少耕地占用、控制耕地减少速度，促进耕地保护目标的实现。所以，城镇居民是耕地保护的初级 III 主体，建立激励约束机制，约束城镇居民对居住用地的过度需求行为，是降低城镇居民点扩展速度实现耕地保护的重要手段。

（四）耕地经营者

耕地经营者包括承包耕地的农户以及通过耕地流转取得耕地经营权、来自城镇或乡村的各类人员和从事种植农业的农业企业，其中农户占了绝大比例。这些直接经营耕地的人或机构，是耕地保护的基层主体、耕地经济效益的直接受益者、耕地社会效益和生态效益的提供者，是耕地保护的初级 IV 主体。田间道路、灌溉设施等是基本农田建设与管理的重要组成部分，初级 IV 主体的参与性地进行田间设施维护，有利于保障各种设施可持续利用，他们通过耕地地力管理影响耕地质量，Heerink 等（2001）发现，耕地经营者在土地利用方式和化肥、有机肥施用、秸秆还田等技术的选择影响着土壤肥力状况。Badeley（2003）提出，耕地经营者的土壤培肥、农田基础设施维护、耕作制度选择、污染防护等行为与耕地生产能力密切相关。毕继业等（2010）认为，以农业收入为主的兼业经营者，粗放利用耕地、粗耕粗作，力求从耕地中攫取更多收益，可能会不顾环境成本过量地施用化肥、农药、地膜，也可能种植耗竭地力的作物且不施用农家肥。所以，作为耕地保护的初级 Ⅳ 主体，耕地经营者对耕地质量保护至关重要。20 世纪 80 年代及以前，大量农业劳动力除了在家种地外没有别的出路，土地精耕细作不但能够吃饱饭，而且粮食卖钱可以改善家庭经济状况，种地之路就是富裕之路，农户愿意出工出力建设、维护影响粮食产量的水利设施，愿意护坡、护坎，愿意对耕作层土壤进行培肥、增厚土层以提高肥力，愿意开挖、平整土地以提高耕地质量；家庭承包制改革之前 30 年兴修的水利工程，国家总投资共 763 亿元，而社队自筹及劳动积累估计达 580 亿元（郭瑞萍，2009；郑风田，2011）。土地平整、水利设施建设与维护，土壤肥力提高，耕地粮食综合生产能力提高，粮食产量增加，家家户户有余粮，解决了农户自己的粮食问题，广大农村稳定；农户有余粮并用余粮进入市场换钱，城里人就有粮，城市人群就稳定；国家有储备粮，城乡居民的粮食供给就有保障，国家的粮食安全就有保障。分析表明，20 世纪 80 年代以前，耕地能够给农户带来粮食和财富，所以农户种地和保护耕地的积极性很高，农户不但是耕地保护的主体，而且是推动耕地保护的主体，是与地方性耕地减少、破坏行为斗争的主体；农户知道如果耕地质量得不到改善，不仅要增加购买化肥等农资的费用，而且要影响单位面积的粮食产量、减少收入，自己的困境就难以改变，于是就主动、自觉地利用闲暇时间平整土地，护坡、护坎，培肥和增厚土层，所以，耕地保护属于农户自发的行为，不需要国家的推动，更不需要地方政府的推动。

20 世纪 80 年代中后期，农户发现通过增加劳动投入来增加耕地单位面积上的产量已经较为困难了，必须增施化学肥料才能显著提高产量，加上粮食价格较低，增加的投入和增加的收入相比，增加的净收益有限，于是出现了边际收益小的问题；同期，随着改革开放程度的深入，城市经济快速发展对劳动力的需求旺盛，特别是建筑行业为农户劳动力外出务工带来了增加家庭收入的机会，为此，出现了大量的兼业农户，由于农村劳动力进城务工的收入很不稳定、风险很大，形成的兼业农户类型表现为"农业+务工"型，家庭收入结构以农业为主，农户还不敢怠慢承包耕地的保护和家庭农业经营，为此，农户推动耕地保护的局面没有大的改变。

20 世纪 90 年代以后，进一步的改革开放和城市经济快速发展，进城务工的农民形成了"一带十、十带百""一家带一户、一户带一片"的局面，外出务工人员增多，外出务工的参与家庭增多，举家外出务工的家庭增多，兼业农业数量和类型也增多，家庭经济收益结构出现了大量的"务工收益＋农业收益"的兼业农户和"务工农户"。"务工收益＋农业收益"的兼业农户，家庭经济不再依靠承包耕地而主要依靠务工收益，其承包耕地依靠家庭的留守老人或留守妇女经营，不再在耕地上投入大量的劳动，出现了种地只为解决自己的口粮而粮食不进入市场卖钱的农户。"务工农户"以无偿或微利（耕地适当换点口粮）方式将承包地流转给他人代为经营，自己变成买粮的农户。耕地从农户"家庭收益唯一载体"中淡出的变化在不知不觉中改变着农户对耕地投入与保护的态度，影响着耕地保护主体的地位变化，"务工收益＋农业收益"的兼业农户，尽管还在经营耕地，但属于典型的依靠社会投入外部性或者靠天吃饭的农户，他们已经不会在承包经营的耕地上投入过多的资金和劳动，"务工农户"尽管按照《中华人民共和国土地管理法》还是耕地承包的主体，但因为工作需要已经实现了耕地流转，他们直接退出了耕地经营与保护行列，而替代经营与保护这些流转耕地的农户，因为不是耕地的承包主体，担心投入成本在流转期无法收回，"重用轻养""掠夺式"利用流转耕地是其必然选择，使这些流转耕地置于"公地悲剧"境地；"纯农户"和"务工收益＋农业收益"兼业农户，因为增加投入的边际收益递减甚至为零等，耕地保护性的投入积极性不如 20 世纪 80 年代。分析表明，耕地经营与保护除了带给农户粮食外，经济增收的边际效果很差，80 年代推动农户耕地保护性投入的经济因素，在 90 年代以后成为制约农户耕地保护的杠杆，农户尽管仍然是耕地质量保护的直接主体，但耕地经营与保护的积极性受到影响、耕地质量保护与管理的效率不高，90 年代以前，劳动力无限供给而形成不计代价的"劳动替代资本"投入内在机制难以重新恢复，农户难以自觉地成为耕地保护的推动主体。每个农户在耕地生产力的经济杠杆驱动下的理性选择汇合成一个整体，就是大家都不投入，这个结果就是经济学中的"合并谬误"理论。对于国家来说，合并谬误就意味着非理性选择，因为农户都不经营与保护耕地，粮食生产都停留在满足小家庭需要或寄希望于市场，则国家的口粮安全就成大问题了。为此，出于国家的粮食安全需要，中央政府成为耕地保护的推动主体，兴修基本农田水利、使耕地旱涝保收，遇到天灾就不用太担心；耕地质量提升，储粮于地，国家的粮食安全才可持续。尽管中央政府强力推动，但受管理的局限性影响，耕地管理实行委托—代理制，地方政府代理中央政府执行管理权。受"投入—产出"经济学的影响，耕地经营与保护投入缺乏效率，进而影响了耕地保护效果。

20 世纪 90 年代以前，尽管在农业土地上赚钱不多，农户还是愿意投入；90年代以后投入愿意发生了改变，即使单位耕地面积的效益高，农户因经营耕地面积少，从耕地经营中获取的年总收益少而不愿投入与种地。陕西省岐山县雍川镇的农户要一亩地一年产出的纯收入达 2000 元才愿意种地，收入达 3000~4000 元才有种地积极性①。农户的愿望影响耕地经营与保护，收入愿望难以实现的农户对耕地、对基本农田水利设施的荒废不管是常态。大量的农户对耕地经营与保护麻木，必然会只种自己需要的粮食，国家的粮食安全迟早受到影响。要调动农户耕地经营的积极性，须让耕地经营与保护行为变成农户赚钱的工具，因为农户只有不断地增收，让自己达到非农行业的最低及以上收益水平，才能保持农业经营与保护耕地的热情和激情；调动了农户的热情，就能够实现让农户向城市供粮和保护耕地的国家意图，确保耕地战略安全和粮食安全的"双安全"目标。

四、认识耕地保护主体在非农化利益流动链上的关系

正确认识耕地转用中的利益传递客体，以及围绕利益传递客体周围的获利行为主体，并通过利益链揭示不同行为主体在耕地转用中的获益过程，确定补偿、受偿主体等问题，是建立耕地保护经济补偿机制的基本前提。耕地用途转用中的利益链和行为主体获利过程可以归纳为四个去向、两个利益流动链和两个利益流动环（见图 6-1）。

四个去向包括地方政府土地征收行为使耕地演变为非农储备用地、村组集体非法租赁耕地给企业进行非农经营、地方政府基层组织通过审批程序转为耕地为农村居民点用地、家庭承包耕地数量不足 1 个全劳动力的最低要求导致农户劳动力在经营与保护耕地中产生机会成本损失而弃耕。

两个利益流动链：①以居住用地为客体的利益流动链，耕地转变为农村居民点用地的受益主体包括村组集体经济组织和农户；通过地方政府的非农土地储备环节转变为城镇居民点的住宅用地，受益主体包括地方政府和城镇居民。所以，激励—约束居住用地的行为主体的利益，有利于控制居住用地数量，就能够减少耕地减少速度、促进耕地保护。②以企业用地为客体的利益流动链，包括村组集体非法向企业租赁耕地并转变用途，地方政府依法储备土地并在向企业出让中获利；尽管企业用是用地主体，但任何企业的土地需求满足，都是以地方政府土地储备—出让的获利行为或者以村组集体非法租赁土地的获利行为为前提的，所

①　聚焦水流：水利设施荒废导致陕西大量耕地撂荒［EB/OL］.［2011 - 08 - 01］. http：// www. sina. com. cn.

以，约束地方政府和村组集体的耕地转用行为，激励二者的耕地保护行为，有利于促进耕地保护。在农业用途的耕地转用为非农用地过程中，地方政府掌握着两种耕地需求调控手段，一是通过区域性非农用地指标配置和区域性土地利用规划、土地征收，影响农用耕地的转用；二是通过城镇居民点住宅用地发展权的调控，影响住宅用地的利用，减少城镇居民点对耕地转用的需求，控制耕地转用，实现耕地保护。

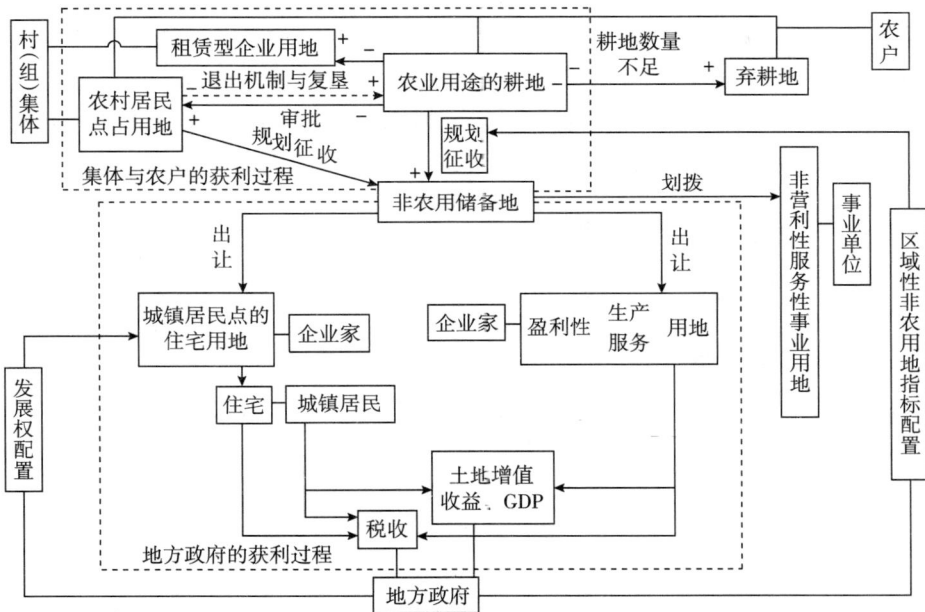

图 6-1　耕地用途转用中的利益链和行为主体获利过程

两个利益流动环：①耕地转用环，耕地数量在转用中减少，村组集体和农户在耕地减少中获利。村组集体和农户的直接获利渠道是政府的土地规划—征收形式的合法转用行为，以及村组集体向企业的非法租赁行为；间接渠道是先在基层审批范围内将耕地转为农村居民点用地，在通过政府的征收获取利益；农户的弃耕行为是为了获取自己可支配劳动力的机会成本收益。②地方政府在耕地转用后的获利环，揭示了地方政府将耕地转为建设用地支撑地方经济发展的本质。第一，地方政府将第一个利益环中储备的非农用地出让给两类企业，在出让中直接获取土地增值收益；第二，地方政府获取 GDP 总量扩张收益、社会就业扩张收益，通过税收增加财政收入。在不同的利益环中，通过不同的利益传道载体，形成不同的获利主体。

第二节 保护耕地数量疏解耕地
压力的补偿机制

耕地压力指数表明，"满足吃饭"的人均耕地数量没有压力，"满足食物总需求"的人均耕地数量压力总体可控，"满足种植农业经济发展"所需的人均耕地数量压力基本可控（见表5-13）。这个结论的存在前提是，根据2021年8月27日国务院第三次全国国土调查领导小组办公室、自然资源部、国家统计局发布《第三次全国国土调查主要数据公报》，按2019年实有耕地资源和人口计算的人均耕地数量不再减少，质量不再降低。如何才能保障人均耕地数量不再减少？

一、耕地数量保护的目标系统

目标系统和载体系统的关系如图6-2所示。

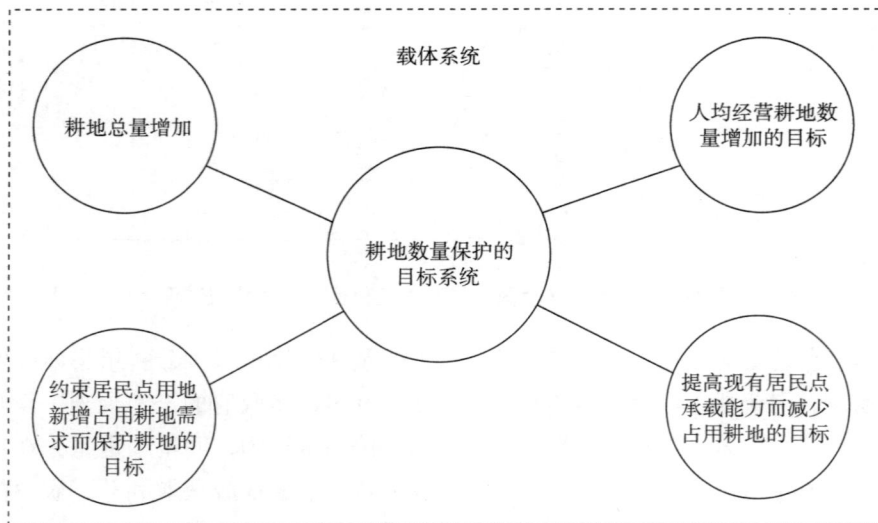

图6-2 区域性耕地数量保护的目标系统

区域耕地数量保护目标系统，就是按照区域的层级管理架构和关系，将区域耕地数量保护总目标逐级分解并下达到次区域后，形成的耕地数量保护目标体系。我国区域性耕地数量保护目标系统是采取自上而下分解、逐层级下达形成的。通过自下而上地分层编制土地利用规划，控制耕地用途转变，确保规划期内的耕地数量不减少或有增加。耕地数量又可以分为耕地总量和人均数量。

行为主体对耕地用途转用控制或土地整理复垦等定向干预引起区域耕地总量有所增加或者没有减少、农户人口转移使区域农业劳动力人均经营耕地数量有所增加、城乡居民点用地实施有条件的增减挂钩引起城镇和交通等非农建设用地新增和农村居民点利用效率提升、城镇新增用地构成中没有占用耕地或占用少、包括农村居民点在内的已经非农化的建设用地得到集约利用等，都属于研究区域的耕地数量得到有效保护的重要表现。概括起来，衡量区域耕地数量保护是否取得成效，可以从区域耕地总量是否增加、人均经营耕地数量是否增加、居民点新增用地需求是否得到控制、居民点用地承载能力是否得到提升等方面进行考察，与区域耕地数量保护目标系统相关联的四个方面，组成了区域耕地数量保护目标的载体系统。

二、耕地数量保护经济补偿的国内研究与实践

保护耕地数量除了严格执行耕地管理政策，还需要探索增加耕地的经济激励措施。

（一）以"耕地盈余量/赤字量"为载体的经济补偿研究

这类成果认为耕地盈余区多保护的耕地服务于耕地赤字区，耕地赤字区应该给盈余区进行补偿；"耕地盈余/赤字量"的计算应依据各区域人口、消费水平、粮食播种面积单产、复种指数以及粮食作物播种面积占农作物播种面积比重、粮食自给率等因素测算各区域基于食物安全的标准耕地需求量。已有研究成果的主要观点集中体现在：一是主张用区域的标准耕地存量减去维护本区域食物安全需求的标准耕地数量的方法计算耕地盈余量/赤字量（张效军等，2011），周小平等（2010）对区域耕地保护经济补偿的研究、王苗苗等（2011）对湖南省的实证研究、雍新琴等（2012）对江苏省耕地保护经济补偿的实证研究、于洋等（2013）对吉林省的实证研究、母晓蕾等（2014）对河南省的实证研究都采用的这种方法。二是主张用区际布局优化确定的耕地保护数量（先换算成标准耕地数量）减去维护本区域食物安全需求的标准耕地数量，其差值若大于0代表耕地盈余、若小于0代表赤字，耕地赤字区按照赤字的面积根据一定的标准对耕地盈余区进行经济补偿（柯新利等，2015）。三是主张按照设定的粮食自给率和区域内的粮食供应量计算区域粮食盈亏量，基于单位耕地面积的粮食产量将维护区域粮食安全的粮食盈亏量折算成耕地面积，若大于0属于受偿区、若小于0属于补偿区（吴泽斌和刘卫东，2009）；高艳梅（2013）对广州市和茂名市的实证研究、宋戈等（2014）对东北粮食主产区耕地保护经济补偿研究中的补偿面积测算都采用的这种方法。

（二）基于占补平衡的耕地易地补充经济补偿实践

为确保浙江省域内基本农田总量不减少的"基本农田易地有偿代保"制度，浙江省实施在本县（市、区）范围内的基本农田划区定界中确实无法落实保护任务的，可与其他县级以上人民政府协商订立"有偿代保和保护基本农田协议"，并向省政府申请跨县或跨市落实基本农田保护任务；但在实践中受耕地资源有限、单位耕地面积的代保金过低、代保无期限等的影响，委托方越来越多，委托量也越来越大，而愿意承担者却越来越少（谭峻，2004）。江苏省实行苏南和苏北的资金、资源优势互补，在全省范围内建立资源调控机制，实施耕地易地补充、易地开发，即利用苏南的资金在苏北地区开发整理土地，用苏北的新增耕地调剂苏南的占补指标，加快了苏北地区土地后备资源的开发利用，促进了苏北农村经济的发展和农民增收（邹建锋，2003）。广东省为了解决珠江三角洲耕地储备资源贫乏的矛盾，通过"耕地易地补充机制"建设促进了省内耕地占用指标调剂，典型案例是广东省土地整理中心2003年与清远市城区、英德、连州、清新和连南等县（市）签署补充耕地易地开发项目合同，涉及土地面积约667公顷，将清远未利用土地开发整理为耕地，在2003年8月前完成排灌硬底化、耕作机械化、田块规模化及周边环境园林化（邹建锋，2003）。

东部沿海发达地区通过各种形式的基本农田"易地代保"，在理论、技术和方法等方面存在诸多问题，《国务院办公厅关于深入开展土地市场治理整顿严格土地管理的紧急通知》（国办发明电〔2004〕20号）已经禁止跨市、县的基本农田易地代保，对已发生的问题进行了纠正。

（三）耕地保护基金制度的经济补偿实践

四川省成都市率先建立耕地保护基金制度并开展区域性实践探索。在分析耕地保护政策和管理制度、法律制度等对耕地保护成效后认为，人均经营的耕地数量少、传统的大田农业经济效益不高，农户依靠经营农地增收少、收入总量少，农户从事种植农业积极性受到抑制，耕地抛荒或者种"懒庄稼"等现象严重，甚至有些城市郊区的农户和村集体经济组织出于经济利益需要，有组织地将耕地出租用于非农建设，即使对违法组织和个人进行行政处理和打击，也难以从根本上激励农户的耕地保护行为，耕地保护措施难以落实。为了进一步激励农户的耕地保护积极性，于2008年创新性地出台了"耕地保护基金制度"，与农户签订《耕地保护合同》后，政府利用耕地保护补贴为农户缴纳养老保险的耕地保护基金制度，增加农户收入和保障农民长远生计，调动农户自觉保护耕地的积极性、主动性，强化农户保护耕地的责任意识和减少土地违法行为（罗凌霄，2012；卢冲等，2013）。成都耕地保护基金制度，在武汉等地得到迁移和改进（贾祥飞等，2013；黄汐月等，2021）。

三、耕地数量保护经济补偿机制的框架与策略

针对耕地数量保护目标，通过分析确定实现数量保护目标的实施载体，分析影响实施载体的行为主体，结合影响子目标的行为主体，在理论上可以通过耕地保护的正负经济补偿手段，多维度地建立耕地保护经济补偿体系。耕地数量保护经济补偿的架构如图6-3所示。

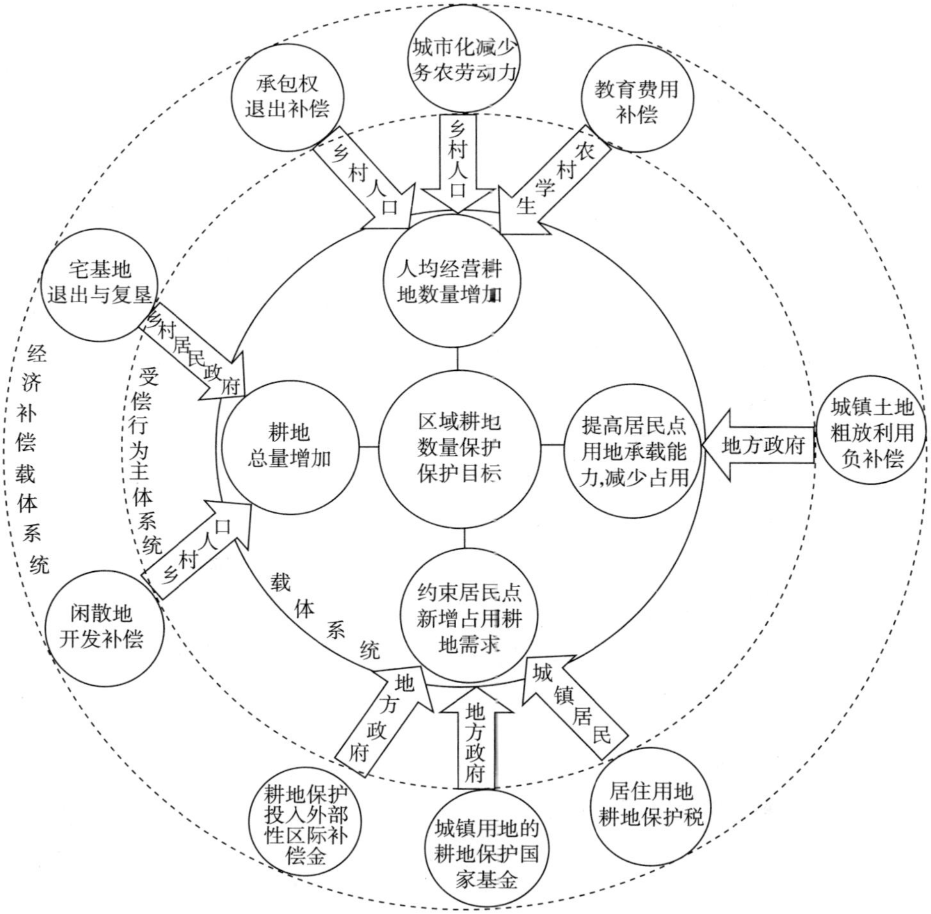

图6-3　耕地数量保护目标—实施载体—受偿主体—补偿载体

（一）正补偿鼓励行为主体增加区域耕地总量的行为

由于人口总量的增加，人均耕地数量不减少的存在前提是增加耕地总量。在区域范围一定的情况下，增加耕地总量有两条出路：一是已经居民点化的土地退出—复垦；二是开发区域宜农地，提高耕地系数。基于此，激励行为主体增加区域耕地总量的经济补偿机制包括两个方面：

1. 补偿退出农村宅基地行为主体

退出的宅基地除了复垦外，还可以用作生态建设用地。农户宅基地退出是地方政府组织复垦增加耕地数量、保护耕地的前提。构建宅基地退出补偿机制，有助于激励农户退出宅基地。农户作为宅基地所有人，是经济补偿的受体；地方政府作为退出宅基地的受让人，是经济补偿的主体。

鉴于政府规划的保障性住房、高层建筑集中区住房，其容积率大，户均占用土地面积相对较少、减少了住宅用地面积的特性，对于退出宅基地并落户城镇的农户，可以以保障性住房购买为补偿载体实施经济补偿，激励农户城市化行为。对于拟继续居住在农村的农户，宅基地退出可以根据当地标准，以退出宅基地面积为载体，对农户进行现金补偿。

2. 补偿开发闲散地增加耕地面积的行为主体

开发利用宜农闲散地是增加耕地面积的又一重要渠道，构建耕地开发的经济补偿机制。在闲散地开发利用中，农户要耗费劳动力资源；构建宜农荒地和闲散地开发补偿机制，以开发利用的新增面积为载体计算劳动力投入量，以投入的劳动力为补偿客体，对农户进行经济补偿；地方政府是新增耕地的经济补偿主体。

（二）正补偿鼓励行为主体增加人均经营耕地数量的行为

增加农户劳动力人均经营耕地数量有利于增加收益，激励农户劳动力保护耕地的热情。区域耕地总量增加困难的省区，增加农户劳动力人均经营耕地数量只有一条出路，那就是减少经营耕地者的数量。减少区域耕地经营者的数量有两条出路：一是激励进城务工的农户劳动力或实现城市化的人群退出或流转承包耕地经营权；二是通过城市化减少农户劳动力数量，实现耕地经营者的数量减少。基于此，增加农户劳动力人均经营耕地数量的补偿机制包括两个方面：

1. 补偿农户对退出耕地经营权做贡献的行为

耕地承包权是土地法赋予农户的权力，农户按照程序获得的承包权不容侵犯。建立承包地经营权退出机制，将外出或进城务工农户退出的耕地经营权集中承包给种植经营大户，通过扩大农业劳动力的经营面积提高其收益，使农户劳动力收益达到社会的平均收益，激励农户耕地保护积极性。

2. 补偿城市化农户对耕地经营者数量减少做贡献的行为

耕地经营者数量减少了，即使耕地总量不增加情况下，农户劳动力经营耕地的规模也扩大了。人均经营耕地规模扩大了，收益增加了，农户保护耕地的积极性也就提高了。减少耕地经营者数量的最好办法就是推进人口城市化。

构建农户子女教育补偿机制，让农村知识青年通过提升受教育水平向城镇转移，利于减少农村劳动力。以教育为载体，农村知识青年为教育补偿对象以推进城市化，减少农村未来劳动人口数量，增加农业人口的经营耕地规模，确保农村就业劳动力的耕地经营面积达到适度规模以上。

（三）负补偿约束行为主体对居民点建设用地需求新增和粗放利用的行为

1. 负补偿约束居民点建设用地的需求新增行为

居民建设要占用耕地，约束行为主体对居民点建设用地需求新增和粗放利用的行为，从源头上控制居民点扩张，能够有效地抑制耕地总量减少，进而抑制人均耕地减少。控制居民点扩张的用地需求有两条出路：一是以保障粮食安全为载体，对"耕地盈余""耕地赤字"地区进行正负补偿，让"耕地赤字"地区缴纳粮食安全金，让耕地盈余省区从国家对粮食安全金统筹配置行为中获利；二是按照居民点中的经营性用地和居住用地向行为主体征收耕地保护税，抑制经营性和居住用地需求。

以粮食进口量为载体缴纳粮食安全金机制。耕地保护的投入—产出的收益不足以激励耕地面积多的区域保护超过本行政辖区需求的耕地，耕地面积少的区域在进口粮食中获益。以区域之间流动的粮食为载（客）体、流动的数量为依据，流入区域的地方政府为补偿主体，建立粮食安全金负补偿机制，为约束其耕地继续减少行为。

以城镇经营性用地为载体缴纳耕地保护税机制。经营性用地是城镇用地的重要方面，图6-1揭示了地方政府将耕地转为城镇用地从多方面获得收益的过程，要控制耕地转为城镇建设用地的数量和速度，以城镇经营性用地面积为载（客）体，地方政府为补偿主体，耕地保护税为手段，建立耕地保护税的负补偿机制，通过控制地方政府的过度需求抑制城镇对耕地占用，达到耕地保护的目的。

以城镇居住用地超标面积为载体缴纳耕地保护税机制。住宅用地是城镇用地的重要方面，抑制住宅用地过度需求利于抑制城镇过快增长。住宅用地的最终去向是城市居民。以超过标准的住宅用地面积为载体，以城镇居民为主体，以耕地保护税为手段，建立耕地保护税的负补偿机制，约束城乡居民对住宅的过度需求，抑制城镇住宅用地需求对耕地占用，达到保护耕地的目的。

2. 负补偿约束粗放利用居民点的行为

提高居民点用地承载能力减少占用保护耕地，本质是通过深度开发已经居民点化的土地，增强人口承载能力，在确保人口城市化的同时，城镇空间不再扩张或降低扩张速度，进而实现保护城镇周边耕地的目的。以居民点用地集约利用程度为载体的负补偿约束机制是通过构建居民点用地粗放利用的惩戒机制，约束地方政府粗放利用居民点用地的有效途径。以国家关于居民点建设用地的人均规划标准为依据评价各类城镇用地情况，计算出各地区城镇居民点超标用地数量，以超标土地数量为载体，管辖地方政府为补偿主体，向国家缴纳粗放利用负补偿金，从而约束城镇空间"摊大饼"式外延发展，影响耕地保护的行为。

第三节　耕地质量和生态保护提升地力
疏解耕地压力的补偿机制

提升耕地地力，直接表现是提升单位播种面积的产量，这是一个直接关系耕地质量和生态保护的话题，所以，保护耕地质量和生态是疏解耕地压力的关键举措。

一、耕地质量和生态保护目标系统

耕地农业用途维持、耕地质量和生态保护维持与管理和耕地质量综合建设构成了富有联系、具有递进关系的区域性耕地质量和生态保护目标系统（见图6-4）。区域耕地质量保护目标系统规划、组织实施、过程监管和保护成果验收的行为主体是地方政府。

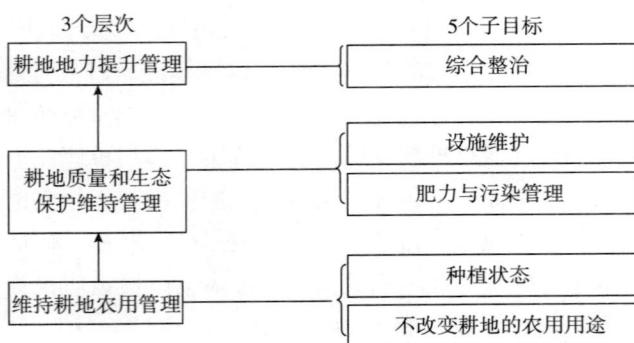

图6-4　耕地质量和生态保护目标系统

维持耕地农用管理层次，就是保持持续的种植业利用状态，这是土地管理法对区域耕地质量管理的最基本要求。维持耕地农用的考核指标，包含不改变耕地的农用用途和保持耕地处于持续种植状态两个质量评估子目标；即使农业用途并未改变，但因为农户劳动力务工而长期处于抛荒状态，也与维持农用的要求不一致。

耕地质量和生态保护维持管理层次，涉及肥力与污染管理、设施维护两个方面。鉴于农作物在生长过程中要不断地向土壤吸取营养，即使没有其他的不良土地利用行为影响，耕地肥力随着植物生长不断地从土壤中吸取养分、植物果实及秸秆一茬一茬收获也会呈现自然下降的客观实际，耕地肥力管理的关键在于"补充"，如以提升耕地的有机质含量的沃土工程等手段，确保耕地肥力在现有的基础上"稳中有升"。田间基础设施维护的关键在于以持续修复为手段确保已建成的田间工程不损坏、可持续利用。显然，耕地质量维护，关键是需要一定的劳动力和资金投入，激励劳动力投入的关键在于要有一定的经济补偿，为此，地方政府需要制定耕地质量和农田生态维护标准和发展规划，按照阶段确定耕地质量和农田生态维护数量目标并组织实施。

耕地地力提升管理层次，就是围绕山水田林路综合治理，采取"工程+生态"措施，对耕地地力和耕地环境进行建设。针对耕地地力的建设方向，进一步将综合治理分解为五个质量子目标：①以改造耕地作业条件为突破口的农田水利和田间基础设施工程；②以降低坡度为突破口的土地平整工程；③以增加耕作层厚度和改善土壤结构的客土工程或深耕工程；④以小块并大块为载体，扩大地块面积的耕地地块归整工程；⑤以保护和提升耕地地力为目标、有机质还田和地块周边生态治理为突破口的耕地生态工程。耕地地力提升管理的主攻方向是提高农田综合生产能力，其突出特点是需要的投入资金量较大，建设重点应该选择区位条件和自然条件好、集中连片的耕地，特别是要结合区域经济发展规划，避开未来一定时期内居民点扩张、道路建设可能占用的区域，地方政府在耕地地力建设与维护方面须充分发挥引领作用。

二、围绕耕地质量和生态保护目标构建生态经济补偿机制框架

坚持数量、质量和生态"三位一体"的耕地保护目标。只考虑耕地数量保护，会导致行为主体用新开发的劣质耕地替代相同面积的优质耕地，进而造成耕地数量出现隐形流失。所以，从耕地数量保护、耕地质量和生态保护的重要程度来说，以质量和生态保护为基础的耕地总量稳定在规划水平之上才能实现真正意义上的耕地保护。

假设区域的耕地总量不变，区域人口与人均耕地的变化模式（见图6-5）表明，即使各类行为主体的耕地保护措施得当，区域耕地面积的总量没有减少或者略有增加，但随着区域人口数量的不断增加，人均占有的耕地面积减少具有不可抗拒的必然性。要保障区域人口的食物安全，食物供应质量不降低、供应数量能够满足市场的需求，必须提高单位耕地面积的食物产出水平。人均耕地面积减少的必然性决定了我们必须以保护耕地质量、提高耕地的单产水平为重点，在耕地数量或人均数量减少的趋势下，通过耕地质量和生态保护，推进数量、质量和生态"三位一体"的耕地保护战略，才能确保食物安全的长期性、稳定性。

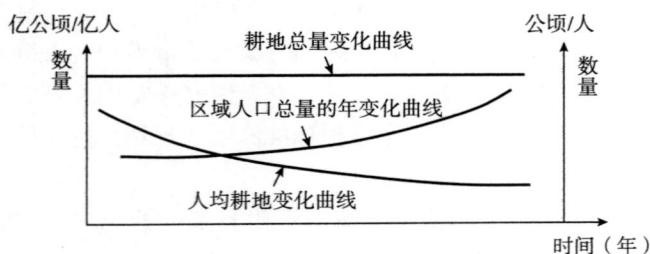

图 6-5　区域人口与人均耕地的变化模式

围绕耕地质量和生态保护的目标（见图 6-4），构建耕地质量和生态保护经济补偿机制的架构体系（见图 6-6）。

三、耕地数量、质量和生态"三位一体"保护管理的经济补偿机制

（一）以耕地农业用途维持为目标的经济补偿机制

这是地方政府补偿耕地经营者的耕地整理保护机制。耕地维持农业，具有包括空气与水净化、开敞空间、景观、野生动物栖息、保存乡村生活方式等外部性作用（Gardner，1977）。耕地的环境效益、发展效益和社会效益等非市场效益属于耕地的外部效益（Hellerstein, et al.，2002；Hediger and Lehmann，2007），外部效益是耕地总价值的主体（蔡运龙和霍雅勤，2006；霍雅勤和蔡运龙，2003），但其外溢特性导致外部效益被其他社会成员分享，耕地经营与管理者获得的经济效益低下，不利于耕地的保护（邵建英和陈美球，2006）。

维持耕地农用的外部性内部化的补偿机制有多种观点。一是市场杠杆方式，如杨珍惠（2009）提出农用地指标有偿转用，其收益作为耕地保护基金并在全国范围内统筹用于耕地保护。二是税收与津贴方式，如田伟（1986，1987）提出利用税收杠杆保护耕地；黄贤金等（2003）认为税收、津贴和可拍卖许可证制度等

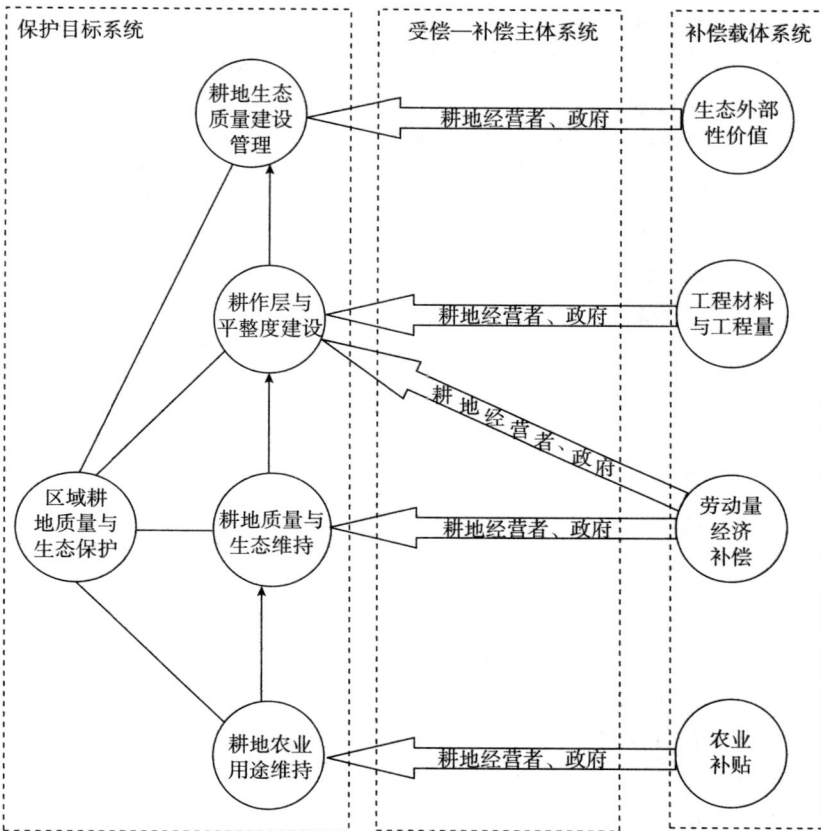

图 6-6　耕地质量和生态保护目标—行为主体—补偿载体

激励计划相对于法律、法规和行政计划管理耕地更有优势；朱新华、曲福田（2008）提出 GDP 增长提成、机会成本税及市场调节相结合方法，在机制运作方面要在产销区市场途径及政府调控作用下，合理界定税费的收、交主体与额度，制定可行的征收办法；苑全治等（2010）提出政府通过征税或补贴矫正当事人的私人成本或利益，在我国耕地保护指标从上到下分解的框架下，地方具有独立经济人特征，按照庇古方式，耕地保护经济补偿可以采用横向转移支付方式。三是多手段结合的一体化方式，如牛海鹏（2011）认为采取区内、区位相结合的补偿方式，其中区内补偿可以采用农业保险、社会保障、实物技术货币相结合的"一体化"，区外可以基于上级政府调控下的区际政府协商和财政转移支付方式。四是奖励与惩罚方式，如钱忠好（2002）认为采取奖励或惩罚手段调控经济当事人特别是地方政府和非农企业占用耕地的成本收益预算线，利于激励耕地保护和约束用途转变。保护耕地的农业用途就是丧失其发展权，可以用耕地发展权价值计算补偿标准（雍新琴等，2012；宋戈等，2014）。

鉴于农地利用可逆行差的特点，维持耕地农业用途是耕地质量保护的基本行为准则。基于维持农用耕地的外部性价值及农业经济的弱质性，以耕地为载体、经营耕地的农户为对象，构建农业补贴机制，对农户维持耕地农业用途的行为进行农业补贴。农业补贴机制推行多年，但进一步优化补贴机制，发挥更大效益是必要的。成都市的耕地保护基金属于具有代表性的维持耕地农用补偿机制（贾祥飞等，2013；黄汐月等，2021）。

（二）以耕地质量和生态维持管理为目标的经济补偿机制

对耕地质量维护管理进行经济补偿的研究和实践始于国外，如日本在明治维新时期就以土地改良为载体进入了农业补贴时代（速水佑次郎，1993）；20 世纪 80 年代以来，韩国通过对企业非生产性用地和拥有过多住宅用地课重税的方法来控制非正常土地需求以保护农地（潘明才，2001）。

耕地质量维护与管理，实质是要求农户保持耕地现有质量不低于承包时的质量水平。肥力在耕地利用过程中要自然流失，维护耕地质量不降低需要补充土壤养分，补充养分需要投入农户劳动力。农户劳动力是农户可支配的有限性资源，选择务农、保护耕地，在耕地数量并不充足、劳动力经营的耕地没有达到门槛规模的条件下，务农劳动力相对于外出务工的机会成本损失较大，需要对保护耕地质量的劳动力进行补偿。

耕地质量保护成果具有实体性、可评价性特征。地方政府可以通过第三方的监管、测量等措施，对农户保护耕地额度质量状况进行评价，以质量评价报告为载体，构建农户劳动量补贴机制，补偿耕地质量保护达标的耕地经营者。

（三）以耕作层和平整度建设为目标的经济补偿机制

这是地方政府补偿耕地经营者的补偿机制。耕地质量和生态管理的高级目标是通过质量和生态建设，提升地力，提高综合产能，形成优质耕地。为了改善耕地生态环境、治理水土流失，国家在生态脆弱地区以"生态退耕"的耕地面积为载体，建立了生态补偿机制对农户进行生态补偿，但生态补偿的关键价值在于耕地依存的大环境建设，对耕地地块的质量与生态改善作用有限。此外，国家农业补贴的实质是农业产品或生产资料的价格补贴，两项补贴在一定程度上增加了农户收益，但难以促进农户收益持续增加。所以，想通过农业补贴、生态补贴等手段，激励农户加大耕地质量保护的劳动力投入比较困难。

耕地质量和生态建设需要投入劳动力、道路和田间设施建设的相关材料等。以耕地质量和生态建设为载体、地方政府为建设资金投入的主体，以农户劳动力投入量为补偿依据，国家购买耕地质量和生态产品为导向，以社会劳动的平均收益为参照系，建立农户"以工换酬"的耕地质量和生态保护经济补偿机制，对农户劳动力投入耕地质量和生态保护行为进行经济补偿（冉清红和岳云华，2018）。

耕地质量和生态建设工程材料补偿机制。耕地质量和生态建设属于土木工程项目，农户除了耗费劳动力外，还需要一定数量的土木建筑材料。建立耕地的土木工程材料的直补机制，减少农户在购买材料中的现金支出，有利于间接增加农户经营与保护耕地质量和生态的收益。

（四）以耕地生态质量建设管理为目标的经济补偿机制

农田生态系统生态服务价值及估算原理（Costanza et al.，1997）自创立以来得到了广泛运用。国内学者研究表明，按照当量计算农田生态系统单位面积生态服务价值，食物生产为 1、原料生产为 0.39、气体调节价值为 0.72、气候调节价值为 0.97、水文调节价值为 0.77、废物处理价值为 1.39、土壤保持价值为 1.47、生物多样性维持价值为 1.02、美学景观价值为 0.17，合计价值当量为 7.9（谢高地等，2005）。耕地经营者收获食物生产成果和原料生产成果，价值当量共计1.39，仅占价值总当量的 17.6%，82.6%的价值当量都无偿贡献给了社会，种植农业的低附加值属性成为农业劳动者主动逃离并进入非农产业、耕地保护效果有限的直接原因。为了激励耕地经营者的积极性，国外早就开始研究与实践生态外部性价值补偿，国内学者也进行了大量研究（冉清红和岳云华，2018）。

习近平总书记高瞻远瞩地看到了环境的生态价值，指出"绿水青山就是金山银山"。以耕地为中心的农田生态系统是"绿水青山"的重要组成部分。贯彻落实"三山"理论的关键在于构建"以耕地生态质量与建设管理为目标的经济补偿机制"，重点是测量耕地经营与生态保护的外部性价值，建立人均耕地赤字区向盈余区的补偿制度，盈余区地方政府在得到耕地保护的受偿资金后要及时按照生态外部性贡献大小补偿耕地经营者和保护者，让种植农作物、种粮、种菜等的耕地经营者分享耕地数量、质量和生态保护的经济补偿成果，形成"种好地、种好田"有盼头的耕地经营与保护理念。

第四节　本章小结

依据耕地压力指数模型，疏解耕地压力有两个基本方向：一是保护耕地数量特别是保护实际人均耕地数量，不减小乃至增大式（1-6）的分母以减小耕地压力指数，实现耕地压力疏解目标的方法；二是通过保护耕地质量以提升耕地单产水平，在保障需求的情况下降低区域最小人均耕地面积和区域人均耕地警戒值，不增大乃至减小式（1-6）的分子，以减小耕地压力指数，实现耕地压力疏解目标的方法。耕地数量和质量保护涉及各类行为主体的利益。

首先厘清了耕地保护行为主体的类型，包括国家政府、地方政府、基层组织与个人三大类，其中基层组织与个人包括村组集体、乡村居民、城镇居民和耕地经营者四小类。每个类别或层级的行为主体在耕地保护中都存在"正向""负向"行为，对耕地数量和质量变化都有加持作用。在厘清行为主体及其作用的基础上，将耕地用途转变中的利益链和行为主体获利过程归纳为四个去向、两个利益流动链和两个利益流动环，为建立经济补偿机制准备了条件。

建立保护耕地数量疏解耕地压力的补偿机制，回答了保障人均耕地数量不再减少的具体举措或对策。从耕地总量增加、约束居民点用地新增占用耕地需求、人均经营耕地数量增加、提高现有居民点承载能力减少占用四个维度，建立区域性耕地数量保护的目标系统。从耕地数量保护目标、实施载体、行为主体、补偿机制四个维度，针对目标系统中的四个耕地数量保护目标构建了经济补偿机制框架。基于耕地数量保护经济补偿机制框架提出了补偿策略：一是补偿行为主体增加区域耕地总量的行为，包括宅基地退出的补偿机制，闲散地开发增加耕地面积的补偿机制；二是补偿行为主体增加人均经营耕地数量的行为，包括激励农户耕地承包权退出的经济补偿机制，补偿减少耕地经营者数量的人口城市化行为；三是负补偿约束行为主体对居民点建设用地需求新增的行为，包括建立粮食安全金激励—约束经济补偿机制，城镇经营性用地耕地保护税负补偿机制，城镇居住用地超标面积的耕地保护税负补偿机制；四是负补偿约束行为主体粗放利用居民点用地的行为。

建立耕地质量和生态保护提升地力疏解耕地压力的补偿机制，提出了保护耕地提升地力、提高单产以降低最小人均耕地面积或区域人均耕地警戒值的举措或对策。从维持耕地农用管理（子目标2个：不改变耕地农用地用途和种植状态）、耕地质量和生态保护维持管理（子目标2个：肥力与污染管理、设施维护）、耕地地力提升管理（子目标1个：综合治理）三层次的视角构建区域耕地质量保护目标系统。围绕三层次目标，依托农业补贴、劳动量经济补偿、工程材料补贴等载体系统建构耕地数量、耕地质量和耕地生态"三位一体"的保护经济补偿机制的架构体系。基于架构体系构建了耕地质量和生态保护的经济补偿机制：一是以维持耕地农业用途为目标，补贴耕地经营者；二是以耕地质量和生态维护与管理为目标，补贴维护者和管理者；三是以耕地质量和农田生态建设与监管为目标，通过"以工换酬"补贴建设参与者，工程材料补贴补偿耕地建设与管理方等；四是以耕地质量和生态建设与管理为目标，以生态外部性价值为手段，"耕地赤字"地区补偿"耕地盈余"地区，地方政府补偿耕地经营者。

参考文献

［1］ Badeley C. The Farmers Conservation ［J］. American Journal of Alternativ Agriculture, 2003, 18 (4): 206-212.

［2］ Black, Watson D J. Photo-Synthesis and the Theory of Obtaining High Crop Yields ［J］. Field Crop Absts, 1960 (13): 169-175.

［3］ Bonner J. The Upper Limit of Crop Yield ［J］. Science, 1962 (137): 11-15.

［4］ Costanza R, Arge R, Groot R, et al. The Vale of World's Ecosystem Services and Natural Capital ［J］. Nature, 1997, 36 (8): 253-260.

［5］ Fan S G, ramer and E. Wailes. Demand in Rural China: Evidence from Rural Household Survey ［J］. Agricultural Economics, 1994 (11): 61-69.

［6］ Food Study Group. The Long and Medium Run Food Development Strategy in China ［M］. Beijing: Various Volume, Agricultural Publision House, 1991.

［7］ Fuller F, Hayes D, Smith D. Reconciling Chinese Meat Production and Consumption Data ［J］. Economic Development and Cultural Change, 2000, 49 (1): 23-43.

［8］ Gardner B D. The Economics of Agricultural Land Preservation ［J］. American Journal of Agricultural Economics, 1977, 59 (5): 1027-1036.

［9］ Han X, Chen Y. Food Consumption of Outgoing Rural Migrantworkers in Urban Area of China ［J］. China Agricultural Economic Review, 2016, 8 (2): 230-249.

［10］ Hediger W, Lehmann B. Multifunctional Agriculture and the Preservation of Environmental Benefits ［J］. Swiss Journal of Economics and Statistics, 2007, 143 (4): 449-470.

［11］ Heerink N, Kuyvenhoven A, Maarten S. Economic Policy Reforms and Sustainable Land Use in Developing Countries: Issues and Approach ［J］. Physical, 2001 (1): 1-20.

［12］ Hellerstein D, Nickerson C, Cooper J, et al. Farmland Protection: The

Role of Public Preferences for Rural Amenities [R]. Agricultural Economic Report, 2002.

[13] Jiang L, Karen C S, Bai J. Urban Economic Development, Changes in Food Consumption Patterns and Land Requirements for Food Production in China [J]. China Agricultural Economic Review, 2015, 7 (2): 240-261.

[14] Laster R Brown. Who Will Feed China [J]. World Watch, 1994, September/October (9): 10-19.

[15] Lucas J F J. Accuracy Assessment of Satellite Derived Land Cover Data: A Review [J]. Photogrammetry Engineering and Remote Sensing, 1994, 60 (4): 410-432.

[16] Odum H T. Environmental Accounting: Energy and Environmental Decision Making [M]. New York: John Wilely, 1996.

[17] Qu W. A Comparison Framework of Seven China Agriculture Models [R]. China in the Global Economy Agriculture in China and OECD Countries: Past Policies and Future Challenges (OECD Proceedings), 1999: 250.

[18] Satoru S. Sustainable Meat Consumption in China [J]. Journal of Integrative Agriculture, 2015, 14 (6): 1023-1032.

[19] Tian W M, Chudleigh J. China's Feed Grain Market: Development and Prospects [J]. Agribusiness, 1999, 15 (3): 393-409.

[20] Wang J M, Zhou Z Y, Cox R J. Animal Product Consumption Trends in China [J]. Australasian Agribusiness Review, 2005 (13): 1-17.

[21] Wang J M, Zhou Z Y, Yang Y. How much Animal Product do the Chinese Consume? Empirical Evidence from Household Surveys [J]. Australasian Agribusiness Review, 2004 (12): 1-12.

[22] Wu Y. Demand for Feedgrain in China: Implications for Foodgrain Consumption and Trade [R]. No 02-14, Working Papers, The University of Western Australia, Department of Economics, 2002.

[23] Yu X, Abler D. The Demand for Food Quality in Rural China [J]. American Journal of Agricultural Economics, 2009, 91 (1): 57-69.

[24] Yu X. Meat Consumption in China and its Impact on International Food Security: Status-quo, trends, and Policies [J]. Journal of Integrative Agriculture, 2015, 14 (6): 989-994.

[25] Zhou Z Y, Tian W M, Malcolm B. Supply and Demand Estimates for Feed

Grains in China ［J］. Agricultural Economic，2008，39（1）：111-122.

　　［26］Zhou Z，Liu X，Tian W，et al. Research Methodological Issues in Projecting China's Feed Grains Demand and Supply ［J］. China Agricultural Economic Review，2003（1）：54-74.

　　［27］柏林川，武兰芳，宋小青. 1995—2010 年山东省粮食单产变化空间分异及均衡增产潜力 ［J］. 地理科学进展，2013，32（8）：1257-1265.

　　［28］保障粮食安全　把中国人的饭碗牢牢端在自己手中——国新办举行《中国的粮食安全》白皮书发布会 ［J］. 中国食品，2019（21）：18-27.

　　［29］毕继业，朱道林，王秀芬. 耕地保护中农户行为国内研究综述 ［J］. 中国土地科学，2010，24（11）：78-80.

　　［30］波尔·克鲁普顿，布廉·菲利浦，邓·瓜纳塞克拉，等. 中国畜产品需求增长对饲料粮的影响 ［J］. 中国农村经济，1994（3）：27-32.

　　［31］蔡鹭茵. 切实保护和提高粮食综合生产能力 ［J］. 农业经济，2004（7）：36-37.

　　［32］蔡运龙，傅泽强，戴尔阜. 区域最小人均耕地面积与耕地资源调控 ［J］. 地理学报，2002（2）：127-134.

　　［33］蔡运龙，霍雅勤. 中国耕地价值重建方法与案例研究 ［J］. 地理学报，2006，61（10）：1084-1092.

　　［34］曹甲伟. 小康阶段我国安全人均粮食占有量研究 ［D］. 北京：中国农业科学院，2003.

　　［35］曹志宏. 基于谷物当量的中国居民食物消费变化及其对农业生产需求分析 ［J］. 资源科学，2013，35（11）：2181-2187.

　　［36］陈百明，周小萍. 全国及区域性人均耕地阈值的探讨 ［J］. 自然资源学报，2002（5）：622-628.

　　［37］陈百明，周小萍. 中国近期耕地资源与粮食综合生产能力的变化态势 ［J］. 资源科学，2004，26（5）：38-45.

　　［38］陈百明，周小萍. 中国粮食自给率与耕地资源安全底线的探讨 ［J］. 经济地理，2005，25（2）：145-148.

　　［39］陈百明. 未来中国的农业资源综合生产能力与食物保障 ［J］. 地理研究，2002，21（3）：294-304.

　　［40］陈百明. 中国农业资源综合生产能力与人口承载能力 ［M］. 北京：气象出版社，2001.

　　［41］陈丽，郝晋珉，艾东，等. 黄淮海平原粮食均衡增产潜力及空间分

异［J］．农业工程学报，2015，31（2）：288-297.

［42］陈玲玲，林振山，郭杰，等．基于 EMD 的中国粮食安全保障研究［J］．中国农业科学，2009，42（1）：180-188.

［43］陈琼，王济民．我国肉类消费现状与未来发展趋势［J］．中国食物与营养，2013，19（6）：43-47.

［44］陈锡康．机遇与挑战——中国走向 21 世纪的经济发展目标和基本发展战略研究［M］．北京：科学出版社，1995.

［45］陈香玉．提高中国粮食自给率的形势分析及政策建议［J］．安徽农业科学，2014，42（35）：12695-12697.

［46］陈印军，易小燕，陈金强，等．藏粮于地战略与路径选择［J］．中国农业资源与区划，2016，37（12）：8-14.

［47］陈印军，易小燕，方琳娜，等．中国耕地资源及其粮食生产能力分析［J］．中国农业资源与区划，2012，33（6）：4-10.

［48］陈印军，易小燕，方琳娜，等．中国耕地资源与粮食增产潜力分析［J］．中国农业科学，2016，49（6）：1117-1131.

［49］陈源源，孙艺．未来30年我匡粮食增产潜力与保障能力研究［J］．四川农业大学学报，2022，40（3）：312-318.

［50］陈志刚，黄贤金．经济发达地区土地资源可持续研究——以江苏省江阴市为例［J］．资源科学，2001（5）：33-38.

［51］成升魁，高利伟，徐增让，等．对中国餐饮食物浪费及其资源环境效应的思考［J］．中国软科学，2012（7）：106-114.

［52］程国强，陈良彪．中国粮食需求的长期趋势［J］．中国农村观察，1998（3）：3-8.

［53］程国强．疫情冲击的粮食安全忧思与应对［J］．中国发展观察，2020（Z5）：26-28.

［54］程鸿．西南农业的展望［J］．地理环境研究，1989（2）：27-33.

［55］程郁，周琳，程广燕．预计2069年中国人均粮食需求将达峰值［N］．中国经济时报，2016-12-02（005）．

［56］崔奇峰，普冀喆，王国刚，等．疫情冲击下国际粮食出口限制与我国粮食安全［J］．中州学刊，2020（4）：20-26.

［57］邓大才．粮食经济安全与粮食自给率［J］．岭南学刊，2003（1）：55-58.

［58］邓大才．论粮食自给率的构成与安全数量确定［J］．粮食问题研究，

2005（3）：12-13.

　　[59] 邓聚龙.灰色系统基本方法 [M].武汉：华中科技大学出版社，2005.

　　[60] 邓祥征，梁立，廖晓勇，等.国际粮食贸易影响下东北黑土地生产压力变化与保护策略 [J].自然资源学报，2022（9）：2209-2217.

　　[61] 邓小平.邓小平文选（第二卷）[M].北京：人民出版社，1993.

　　[62] 丁丽娜，肖海峰.我国城乡居民羊肉消费现状及前景分析——基于山东、内蒙等16个省市城乡居民羊肉消费调研数据 [J].价格理论与实践，2013（9）：90-91.

　　[63] 丁声俊.从国际粮食市场简析世界粮食问题 [J].世界农业，1980（9）：20-27.

　　[64] 董钻.人口·营养·粮食·土地 [J].新农业，1987（22）：3-4.

　　[65] 杜发明.从巫溪县施家村现状看山区农村 [J].国土经济，1996（3）：62-64.

　　[66] 杜忠潮.陕西省人均耕地警戒线与耕地安全研究 [J].宝鸡文理学院学报（自然科学版），2003（3）：217-220+237.

　　[67] 段增强，宋静，黄秀兰，等.耕地粮食生产能力估算模型研究进展 [J].东北农业大学学报，2012，43（8）：139-144.

　　[68] 樊闽，程锋.中国粮食生产能力发展状况分析 [J].中国土地科学，2006（4）：46-51.

　　[69] 方斌，牛善栋，黄木易.吃饱和吃好语境对我国耕地保护的启示 [J].长江流域资源与环境，2021，30（10）：2533-2544.

　　[70] 方言.藏粮于地、藏粮于技夯实国家粮食安全基础 [J].中国粮食经济，2020（6）：48-52.

　　[71] 封志明.中国未来人口发展的粮食安全与耕地保障 [J].人口研究，2007，31（2）：15-29.

　　[72] 冯晓淼，于江海，梁彦庆.河北省人口—耕地—粮食系统动态分析预测 [J].河北师范大学学报，2005（1）：101-105.

　　[73] 冯昭奎.日本食物自给率变动及其对中国农业的启示 [J].日本研究，2008（4）：1-8.

　　[74] 高婵，张蚌蚌，赵敏娟，等.中国耕地粮食生产能力及产量差测算 [J].中国农业大学学报，2020，25（1）：10-18.

　　[75] 高尚武，盛炜彤，王秉忱.强化土地管理　严格保护耕地——浙江省

耕地保护调查［J］. 中国土地，1996（8）：4-5.

［76］高艳梅，汤惠君，陈玲. 省域耕地保护价值补偿研究：以广东省广州市和茂名市为例［J］. 安徽农业科学，2013，41（11）：5083-5088.

［77］高之栋. 对我国农业现代化道路的思考［J］. 理论导刊，1988（9）：9-11+4.

［78］葛向东，彭补拙，濮励杰，等. 耕地总量动态平衡的监测和预警研究［J］. 自然资源学报，2002（1）：35-41.

［79］葛自强，孙政国. 江苏省粮食生产现状及增产潜力分析［J］. 江苏农业科学，2011，39（3）：596-598.

［80］龚子同，陈鸿昭，张甘霖，等. 保护耕地：问题、症结和途径——谈我国1.2亿公顷耕地的警戒线［J］. 生态环境，2007（5）：1570-1573.

［81］顾益康. 对我国粮食问题的重新思考［J］. 农业经济丛刊，1986（4）：35-39.

［82］关文荣，李维哲. 拓宽保护耕地的思路——农用地综合生产能力调查与评价的任务与思路［J］. 中国土地，2006（3）：17-18.

［83］郭力娜，张凤荣，张磊. 土地评价与耕地粮食生产能力的国内外研究综述［J］. 世界农业，2011（10）：19-22+43.

［84］郭瑞萍. 农村基础设施养护机制研究［J］. 西北大学学报（哲学社会科学版），2009，39（4）：91-94.

［85］郭修平. 我国粮食自给率波动分析与粮食安全的保障［J］. 中国农机化学报，2016，37（5）：258-263.

［86］郭珍. 中国粮食作物化肥施用与单产增长的相互演进态势及其地区差异分析［J］. 湖南科技大学学报（社会科学版），2020，23（4）：80-85.

［87］韩昕儒，陈永福，钱小平. 中国目前饲料粮需求量究竟有多少［J］. 农业技术经济，2014（8）：60-68.

［88］韩星焕. 日本食物自给率的变化及其启示［J］. 世界农业，1999（12）：45-46.

［89］郝瑞彬. 2003—2014年中国粮食单产变化驱动力灰色关联分析［J］. 资源开发与市场，2016，32（11）：1308-1313.

［90］何飞雪. 保护土地资源 抑制耕地流失——安顺地区耕地资源流失调查［J］. 农村经济与技术，1997（6）：36-38.

［91］何文斯，吴文斌，余强毅，等. 1980—2010年中国耕地复种可提升潜力空间格局变化［J］. 中国农业资源与区划，2016，37（11）：7-14.

［92］湖北省人民政府办公厅关于公布人均耕地警戒值的通知［J］．湖北政报，2001（Z1）：75.

［93］华璀．广西玉林市土地资源可持续利用研究［J］．经济地理，1999（4）：85-89.

［94］黄秉维．自然地理综合工作六十年——黄秉维文集［M］．北京：科学出版社，1993.

［95］黄汉权，蓝海涛．中国粮食综合生产能力研究［M］．北京：中国计划出版社，2007.

［96］黄季焜，ScottRozelle，MarkRosegrant．二十一世纪的中国粮食问题［J］．中国农村观察，1996（1）：27-29+64.

［97］黄季焜，杨军，仇焕广．新时期国家粮食安全战略和政策的思考［J］．农业经济问题，2012（3）：4-8.

［98］黄汐月，岳云华，冉清红．成都耕保基金与耕地保护耦合关系及作用机制研究——以温江区为例［J］．四川农业科技，2021（1）：75-79.

［99］黄曦．近20年福建省耕地承压分析与区划［J］．中国农业资源与区划，2021，42（5）：108-113.

［100］黄贤金，王静，濮励杰，等．区域土地用途管制的不同方式［J］．南京大学学报（自然科学版），2003，39（3）：411-422.

［101］黄臻，李平，尚昕．我国粮食生产影响因素分析［J］．安徽农业科学，2011，39（21）：13158-13160.

［102］霍雅勤，蔡运龙．耕地资源价值的评价与重建——以甘肃省会宁县为例［J］．干旱区资源与环境，2003，17（5）：81-85.

［103］季华初．中国农业跨世纪的梦（上）——到本世纪末新增1000亿斤粮食生产能力从何而来［J］．中国国情国力，1995（3）：14-16.

［104］季华初．中国农业跨世纪的梦（下）——到本世纪末新增1000亿斤粮食生产能力从何而来［J］．中国国情国力，1995（4）：24-27.

［105］贾贵浩．提高主产区粮食生产能力面临的问题与对策［J］．宏观经济研究，2011（3）：82-87.

［106］贾伟，秦富．我国粮食需求预测［J］．中国食物与营养，2013，19（11）：40-44.

［107］贾祥飞，冉清红，刘雪莉，等．基于问卷调查的成都耕地保护基金问题研究［J］．绵阳师范学院学报，2013，32（5）：83-90.

［108］江泽民．在河南考察农业和农村工作时的讲话［N］．人民日报，

1996-07-15.

［109］姜爱林．关于粮食综合生产能力研究的几个问题［J］．粮食科技与经济，2004（2）：10-12.

［110］金鑫，李维刚．黑龙江省耕地压力指数分析及趋势预测［J］．东北农业大学学报，2021，52（3）：76-86.

［111］柯炳生．我国粮食自给率与粮食贸易问题［J］．农业展望，2007（4）：3-6.

［112］柯新利，杨柏寒，丁璐，等．基于目标责任区际优化的耕地保护补偿［J］．中国人口·资源与环境，2015，25（1）：142-151.

［113］匡远配，李文，刘志雄．对粮食安全政策中的"95%"的探讨［J］．粮食储藏，2005（3）：53-56.

［114］蓝盛芳，陈飞鹏，刘新茂．农业生态经济系统的能值分析［J］．生态科学，1995（2）：172.

［115］蓝盛芳，钦佩．生态系统的能值分析［J］．应用生态学报，2001（2）：129-131.

［116］雷玉桃，王雅鹏．论稳定粮食生产能力与粮食安全问题［J］．粮食科技与经济，2001（4）：17-19.

［117］李成贵．中国粮食消费：数据及有关问题的思考［J］．中国农村经济，2000（9）：15-18.

［118］李翠珍．京冀平原区农户耕地利用及对粮食生产能力的影响［D］．北京：中国农业大学，2009.

［119］李道亮，傅泽田．农业结构调整时期我国粮食生产能力储备的若干对策［J］．农业经济问题，2001（4）：10-12.

［120］李庚，葛明义，张学振，等．河南省黄淮海平原地区土地开发利用研究［J］．河南大学学报（自然科学版），1990（1）：25-36.

［121］李光泗，徐翔，孙文华．"入世"后我国粮食自给率及播种面积调整研究［J］．农业经济，2003（4）：12-13.

［122］李国祥．2020年中国粮食生产能力及其国家粮食安全保障程度分析［J］．中国农村经济，2014（5）：4-12.

［123］李昊儒，毛丽丽，梅旭荣，等．近30年来我国粮食产量波动影响因素分析［J］．中国农业资源与区划，2018，39（10）：1-10+16.

［124］李晖，席小慧．湖南省耕地特征与耕地需求的地域差异研究［J］．国土与自然资源研究，2004（3）：45-46.

［125］李晶，任志远，周自翔．区域粮食安全性分析与预测——以陕西省关中地区为例［J］．资源科学，2005（4）：89-94．

［126］李丽珍，张旭昆．确保中国粮食安全的路径探讨［J］．粮食加工，2005，30（5）：7-10．

［127］李宁，郑新奇．济南市人均耕地警戒线探讨［J］．山东师范大学学报（自然科学版），2004（1）：59-62．

［128］李思恒．中国粮食前景：世纪之交的热门课题——对布朗论文《谁来养活中国?》的评析［J］．粮食科技与经济，1995（6）：5-7．

［129］李团胜，张艳，闫颖，等．基于农用地分等成果的陕西周至县耕地粮食生产能力测算［J］．农业工程学报，2012，28（15）：193-198．

［130］李显戈．基于国际视角的粮食自给率变动研究［J］．世界农业，2015（3）：59-64．

［131］李相玺，尹忠东，何长高．土地生产潜力研究综述［J］．水土保持学报，2001，15（5）：33-36．

［132］李晓青，谢炳庚，戴爱德，等．湖南省耕地压力现状分析及趋势预测［J］.经济地理，2003（4）：513-515．

［133］李遥，梁颖，赵晶，等．耕地粮食生产能力隐性损失测算方法研究［J］.中国农业大学学报，2011，16（1）：132-139．

［134］李中伟，张艳琳．严格用途管制端牢中国饭碗［J］．资源导刊，2022（6）：18．

［135］李忠辉，胡培成，黄晚华．江西省中稻动态气候生产潜力研究［J］．安徽农业科学，2010，38（12）：6388-6390．

［136］厉为民．21世纪初的我国农业：挑战与机遇［J］．未来与发展，1999（5）：27-30．

［137］廖金凤．广东省耕地资源问题及其对策［J］．热带地理，1998（2）：113-117．

［138］林成策．山东省人口对环境经济压力的地区差异及分析［J］．山东环境，1995（2）：7-10．

［139］林毅夫，陈锡文，梅方权，等．中国粮食供需前景［J］．中国农村经济，1995（8）：3-9．

［140］林毅夫．中国农业科研优先序我国主要粮食作物育种科研的需求和供给分析［M］．北京：中国农业出版社，1996．

［141］刘景辉，王树安，王志敏．中国粮食单产增长规律及预测［J］．耕

作与栽培，2010（5）：1-4.

［142］刘坤，董亮亮．济宁市人均耕地警戒值测算［J］．曲阜师范大学学报（自然科学版），2007（2）：118-122.

［143］刘洛，徐新良，刘纪远，等．1990—2010年中国耕地变化对粮食生产潜力的影响［J］．地理学报，2014（12）：1767-1778.

［144］刘宪武．中国人要把饭碗端在自己手里，而且要装自己的粮食［J］．黑龙江画报，2018（10）：1-2.

［145］刘晓梅．我国粮食安全战略与粮食进口规模［J］．宏观经济研究，2004（9）：16-18+41.

［146］刘兴土，阎百兴．东北黑土区水土流失与粮食安全［J］．中国水土保持，2009（1）：17-19

［147］刘学文，钟秋波．四川省粮食生产现状和增产潜力分析［J］．农村经济，2010（12）：63-66.

［148］刘艳中，李江风，张祚，等．县域耕地保有量目标约束机制及预测研究——以广西灌阳县为例［J］．地理与地理信息科学，2006（5）：55-59.

［149］卢布，陈印军，吴凯，等．我国中长期粮食单产潜力的分析预测［J］．中国农业资源与区划，2005，26（2）：1-5.

［150］卢布，吴凯，陈印军，等．2020年我国区域粮食生产潜力及实现途径［J］．中国软科学，2009（S1）：188-192.

［151］卢冲，李虹轩，刘佳，等．耕保基金制度对农户耕地保护意愿的影响［J］．江苏农业科学，2013，41（7）：409-412.

［152］卢锋．美国1980—1981年的粮食禁运——"粮食武器"有效性的一次失败检验［J］．战略与管理，1998（1）：53-57.

［153］卢锋．我国若干农产品产消量数据不一致及产量统计失真问题［J］．中国农村经济，1998（10）：47-53.

［154］卢良恕，许世卫．2000年中国食物需求与对策［J］．中国食物与营养，1996（2）：20-23.

［155］卢良恕．2000年中国食物的需求与对策［J］．中国农学通报，1990（1）：1-5.

［156］陆红生，韩桐魁．土地用途管制的难点和对策研究［J］．中国土地科学，1999（4）：18-20+30.

［157］吕辉红，谢炳庚，彭世良．长沙市土地可持续利用探讨［J］．国土与自然资源研究，2001（4）：36-39.

［158］吕丽华，董志强，王学清，等．冬小麦晚播、夏玉米晚收增产潜力分析［J］．华北农学报，2019，34（S1）：36-42.

［159］吕新业．我国粮食安全现状及未来发展战略［J］．农业经济问题，2003（11）：43-47.

［160］罗凌霄．成都市耕保基金制度的做法、成效及对策建议［J］．天府新论，2012（2）：76-78.

［161］罗其友，米健，高明杰．中国粮食中长期消费需求预测研究［J］．中国农业资源与区划，2014，35（5）：1-7.

［162］罗翔，张路，朱媛媛．基于耕地压力指数的中国粮食安全［J］．中国农村经济，2016（2）：83-96.

［163］马爱锄，杨改河，黑亮．加入WTO与中国粮食生产对策［J］．西北农林科技大学学报（社会科学版），2002（4）：10-14.

［164］马强．中国粮食综合生产能力与粮食安全问题研究［J］．农业经济，2006（8）：3-5.

［165］马松林．新时代藏粮于地战略促进乡村振兴的措施研究［J］．山西农经，2019（1）：113-115.

［166］马晓河．我国的粮食自给政策和食品安全［J］．经济改革与发展，1998（10）：7-12.

［167］马永欢，牛文元．基于粮食安全的中国粮食需求预测与耕地资源配置研究［J］．中国软科学，2009（3）：11-16.

［168］毛泽东选集（第五卷）［M］．北京：人民出版社，1997.

［169］梅方权．2020年中国粮食的发展目标分析［J］．中国食物与营养，2009（2）：4-8.

［170］梅方权．21世纪前期中国粮食的发展目标和战略选择［J］．粮食科技与经济，1999（4）：4-8.

［171］梅方权．21世纪前期中国粮食发展分析［J］．中国软科学，1995（11）：98-101.

［172］梅方权．21世纪前期中国粮食发展分析报告［J］．中国食物与营养，1996（2）：27-29.

［173］梅方权．中国农业现代化的发展阶段和战略选择［J］．调研世界，1999（11）：3-5.

［174］孟繁盈，许月卿，张立金．中国城乡居民食物消费演变及政策启示［J］．资源学，2010，32（7）：1333-1341.

［175］莫晓红，陈卫兵．湖南邵阳市土地资源可持续利用研究［J］．湖南农业大学学报（社会科学版），2004（6）：37-39+47.

［176］牛海鹏．耕地保护经济补偿运行机制及补偿效应分析［J］．地域研究与开发，2011，30（2）：137-142.

［177］农民日报·中国农网评论员．以"两个必须"坚定意志严守耕地"双红线"［N］．农民日报，2022-01-06（001）．

［178］农业部关于印发《到2020年化肥使用量零增长行动方案》和《到2020年农药使用量零增长行动方案》的通知［J］．中华人民共和国农业部公报，2015（3）：19-27.

［179］农业部软科学委员会，农业部政策体改法规司．中外百名专家探讨中国粮食及农业发展的观点和建议——"中国粮食及农业：前景与政策"国际研讨会综述［J］．中国农村经济，1996（12）：13-16.

［180］潘竟虎，胡羚．甘肃省分县人均耕地警戒值空间差异分析［J］．西北人口，2011，32（4）：89-92.

［181］潘明才．耕地保护制度和相关政策［J］．资源·产业，2001（7）：6-9.

［182］庞增安．简论我国粮食综合生产能力［J］．社会科学家，2004（2）：107-110.

［183］彭珂珊．中国耕地问题与保护对策［J］．江西师范大学学报（自然科学版），1993（3）：237-246.

［184］彭唐．耕地，不能再减少了——南部县开发保护耕地资源速写［J］．山区开发，1996（1）：26-27.

［185］戚世钧，牛彦绍．中国粮食生产潜力及未来粮食生产研究［J］．郑州粮食学院学报，2000，21（1）：13-17.

［186］钱忠好．耕地保护的行动逻辑及其经济分析［J］．扬州大学学报（人文社会科学版），2002，6（1）：32-37.

［187］强妮，杜忠潮．区域耕地资源动态变化及其影响因素分析——以陕西省为例［J］．宝鸡文理学院学报（自然科学版），2008（2）：153-158.

［188］乔召旗，林郁．土地、技术进步与粮食安全研究［J］．云南财经大学学报，2010（2）：18-22.

［189］秦品端．试论人口对环境的压力［J］．人口与经济，1991（2）：40-46.

［190］冉清红，岳云华，谢德体，等．中国分省耕地警戒值区域差异及指示

功能研究［J］. 资源科学，2010（9）：1718-1725.

［191］冉清红，岳云华，谢德体，等. 中国耕地警戒值的测算与讨论［J］. 资源科学，2007（3）：158-164.

［192］冉清红，岳云华. 中国西部地区耕地保护的经济补偿机制研究［M］. 北京：科学出版社，2017.

［193］冉清红，岳云华. 中国西部地区耕地保护经济困境及对策研究［M］. 北京：科学出版社，2018.

［194］冉清红. 中国耕地警戒值研究［D］. 重庆：西南大学，2009.

［195］饶应祥，陆红生，徐勋光，等. 如何测算人均耕地警戒值［J］. 农业技术经济，1999（3）：32-34.

［196］任重. 国家将建立"粮食自给工程资金"［J］. 新农村，1996（5）：2.

［197］"十三五"粮食安全确定发展思路藏粮于地　藏粮于技凸显新路径［J］. 粮食与饲料工业，2015（12）：75.

［198］萨本望. 我国安全观的变化及新的"普遍安全观"的主要特征［J］. 世界经济与政治论坛，2000（1）：50-52.

［199］山东省土地管理局. 积极推进土地整理努力稳定耕地面积［J］. 中国土地，1997（Z1）：25-26+37.

［200］尚强民. 关于粮食自给率的讨论——兼析粮食供求形势新变化［J］. 中国粮食经济，2013（10）：15-18.

［201］尚清，杨辉. 粮食出口限制措施的应用及其规制的发展［J］. 国际贸易问题，2016（12）：95-106.

［202］尚政. 国家计划粮食自给率稳定在95%以上［N］. 江苏经济报，2008-07-04（A03）.

［203］邵建英，陈美球，耕地保护的外部性分析［J］. 广东土地科学，2006，5（3）：44-46.

［204］邵文杰. 我国将重点培育主产区粮食生产能力［N］. 光明日报，2003-11-19.

［205］沈方，郝瑞彬，尹力军，等. 我国粮食主产区粮食生产变动贡献因素分解［J］. 江苏农业科学，2018，46（22）：328-333.

［206］施振斌，冉娜. 新常态下江苏省耕地保护与土地综合整治研究［J］. 安徽农业科学，2017，45（3）：230-231+236.

［207］石淑芹，陈佑启，姚艳敏，等. 东北地区耕地变化对粮食生产能力的

影响评价 [J]. 地理学报, 2008, 63 (5): 574-686.

[208] 新华网. 实施藏粮于地、藏粮于技战略凸显粮食安全新路径 [EB/OL]. http://news.xinhuanet.com/politics/2015-11/03/2015-11-3.

[209] 史培军, 杨明川, 陈世敏. 中国粮食自给率水平与安全性研究 [J]. 北京师范大学学报 (社会科学版), 1999 (6): 74-80.

[210] 宋戈, 柳清, 王越. 基于耕地发展权价值的东北粮食主产区耕地保护补偿机制研究 [J]. 中国土地科学, 2014, 28 (6): 58-64.

[211] 速水佑次郎. 日本农业保护政策探析 [M]. 北京: 中国物价出版社, 1993.

[212] 孙勤, 刘万达. 红色警戒线——公主岭市基本农田保护纪实 [J]. 中国土地, 1995 (9): 6-7.

[213] 谭峻, 戴银萍, 高伟. 浙江省基本农田易地有偿代保制度个案分析 [J]. 管理世界, 2004 (3): 105-111.

[214] 汤标中. 对我国粮食需求与供给的分析 [J]. 南方经济, 1993 (5): 54-57.

[215] 唐华俊, 哲敏. 基于中国居民平衡膳食模式的人均粮食需求量研究 [J]. 中国农业科学, 2012, 45 (11): 2315-2327.

[216] 唐华俊. 新形势下中国粮食自给战略 [J]. 农业经济问题, 2014, 35 (2): 4-10+110.

[217] 唐建, Jose Vila. 粮食生产技术效率及影响因素研究——来自1990—2013年中国31个省份面板数据 [J]. 农业技术经济, 2016 (9): 72-83.

[218] 唐轲, 王建英, 陈志钢. 农户耕地经营规模对粮食单产和生产成本的影响——基于跨时期和地区的实证研究 [J]. 管理世界, 2017 (5): 79-91.

[219] 唐晓宁. 谈粮食需求和当前食物消费结构的选择 [J]. 消费经济, 1988 (3): 41-43+66.

[220] 田伟. 开征土地征用补偿调节税之管见 [J]. 农业经济问题, 1987 (5): 39-40.

[221] 田伟. 乱占滥用耕地的对策 [J]. 中国农村经济, 1986 (12): 23-25.

[222] 王大伟, 刘彦随, 卢艳霞. 农业结构调整对全国粮食安全的影响分析 [J]. 中国人口·资源与环境, 2005, 15 (2): 65-68.

[223] 王更新. 我国粮食自给率问题研究 [J]. 安徽农业科学, 2007 (16): 4982-4984.

[224] 王焕. 影响我国粮食自给率波动的供求因素及对策研究 [D]. 湘

潭：湖南科技大学，2015.

[225] 王建源. 山东省耕地压力现状分析 [J]. 当代生态农业，2005（1）：27-29.

[226] 王金凤，周德全. 基于最小人均耕地面积和耕地压力指数的普安县粮食安全研究 [J]. 西部资源，2011（5）：46-48.

[227] 王立祥. 近65年我国粮食生产能力提升及发展预期 [J]. 西北农林科技大学学报（社会科学版），2015，15（4）：1-13+15.

[228] 王菱，陈沈斌，侯光良. 利用彭曼公式计算潜在蒸发的高度订正方法 [J]. 气象学报，1988（3）：381-383.

[229] 王苗苗，罗灵岭，彭志刚. 湖南省耕地保护补偿分区实证研究 [J]. 内蒙古农业科技. 2011（5）：31-33.

[230] 王明吉，解天管. 浅谈我国农业土地预警 [C] //管理科学与系统科学进展——全国青年管理科学与系统科学论文集（第4卷），1997：665-669.

[231] 王前忠. 美对苏粮食禁运给苏粮肉食品供应造成的影响 [J]. 世界农业，1981（5）：11-12+6

[232] 王瑞芳. 河南省最小人均耕地面积与耕地资源调控探讨 [J]. 陕西农业科学，2016，62（1）：96-98.

[233] 王涛，吕昌河. 基于合理膳食结构的人均食物需求量估算 [J]. 农业工程学报，2012，28（5）：273-277.

[234] 王万茂. 人均耕地0.8亩警戒线透视 [J]. 中国土地，2001（10）：33-34.

[235] 王先进. 当前我国土地资源的严峻形势及对策建议 [J]. 中国土地，1994（8）：4-6.

[236] 王新银. 武汉市努力扭转群众"吃菜难"的被动局面 [J]. 经济管理，1981（9）：49-52.

[237] 王渝陵. 影响粮食综合生产能力的相关要素 [J]. 渝州大学学报（社会科学版），1999（4）：22-25.

[238] 王月霞. 河北省人均耕地警戒值测算 [J]. 地理学与国土研究，2001（1）：87-90.

[239] 王祖力，肖海峰. 化肥施用对粮食产量增长的作用分析 [J]. 农业经济问题，2008（8）：65-68.

[240] 魏方，纪飞峰. 我国粮食生产与消费中长期情景预测及政策建议 [J]. 中国科技论坛，2010（2）：137-143.

［241］魏后凯．把饭碗牢牢端在自己手中［N］．经济日报，2019-09-03．

［242］温家宝主持召开国务院常务会议研究部署增加农民收入　保护和提高粮食生产能力［J］．中国农村科技，2003（11）：1．

［243］翁永曦．关于我国农业问题的若干看法［J］．农业经济丛刊，1980（3）：1-15．

［244］毋晓蕾，汪应宏，陈常优．耕地保护经济补偿标准测度研究——以河南省为例［J］．经济经纬，2014，31（6）：19-23．

［245］吴金旺，陈智．我国粮食安全状况及保障体系［J］．统计与决策，2005（4）：101-102．

［246］吴乐．中国粮食需求中长期趋势研究［D］．武汉：华中农业大学，2011．

［247］吴绍洪，李荣生．中国耕地与未来30年食物需求、保障及对策［J］．地理科学进展，2002（2）：121-129．

［248］吴宇哲，许智钇．休养生息制度背景下的耕地保护转型研究［J］．资源科学，2019，41（1）：9-22．

［249］吴泽斌，刘卫东．基于粮食安全的耕地保护区域经济补偿标准测算［J］．自然资源学报，2009，24（12）：2076-2086．

［250］吴泽斌，刘卫东．中国地方政府耕地保护事业的绩效审计探讨［J］．中国土地科学，2009，23（6）：26-30．

［251］武甲兴．中国粮食自给率影响因素的实证分析［J］．农村经济与科技，2010，21（11）：50-52+95．

［252］谢高地，肖玉，甄霖，等．我国粮食生产的生态服务价值研究［J］．中国生态农业报，2005，13（3）：10-13．

［253］辛良杰，王佳月，王立新．基于居民膳食结构演变的中国粮食需求量研究［J］．资源科学，2015，37（7）：1347-1356．

［254］辛良杰．中国大陆可能的膳食消费水平与粮食需求量——基于中国台湾的历程判断［J］．中国工程科学，2018，20（5）：135-141．

［255］辛翔飞，刘锐，王济民．破除自给率越高粮食越安全的迷误［J］．农业经济问题，2020（10）：19-30．

［256］熊启泉．中国粮食的真实进口规模与自给率［J］．华南农业大学学报（社会科学版），2022，21（3）：85-101．

［257］熊仕娟，黄兴成．提升基础地力，实现"藏粮于地"战略［J］．现代园艺，2017（15）：46-47．

[258] 徐洪明．贵州省人口对耕地、粮食的压力分析 [J]．中国人口·资源与环境，1993（4）：73-75.

[259] 徐翔．我国人均食物热值构成特点、发展趋势及其对粮食需求的影响 [J]．农业经济问题，1997（8）：27-30.

[260] 徐志刚，钟甫宁，傅龙波．中国农产品的国内资源成本及比较优势 [J]．农业技术经济，2000（4）：1-6.

[261] 许世卫．我国粮食安全目标及风险分析 [J]．农业经济问题，2009，30（5）：12-16+110.

[262] 禤首华，周兴．贵港市耕地压力时空差异及影响因素研究 [J]．安徽农业科学，2019，47（8）：69-72.

[263] 杨灿智．提高四川耕地集约化水平的实证研究 [J]．四川大学学报（哲学社会科学版），1992（2）：14-19.

[264] 杨萌萌．中原经济区城镇化对耕地压力的影响 [J]．合作经济与科技，2021（13）：9-11.

[265] 杨明智，裴源生，李旭东．中国粮食自给率研究——粮食、谷物和口粮自给率分析 [J]．自然资源学报，2019，34（4）：881-889.

[266] 杨卫明，李炳军．基于灰色组合模型的我国粮食生产影响因素差异分析 [J]．广东农业科学，2018，45（9）：151-156+173.

[267] 杨秀平，刘合光，张昭．低食物自给率下日本朝野的不安全感与应对措施 [J]．中国软科学，2009（8）：46-50.

[268] 杨秀玉，刘平方，韩笑．日本食物自给率的变化及形成原因分析 [J]．世界农业，2014（8）：161-165.

[269] 杨珍惠．成都市建立耕地保护补偿机制的做法与思考 [J]．资源与人居环境，2009（19）：22-25.

[270] 杨重光．国家宏观经济政策与耕地保护基本国策的协调 [C]．中英土地管理学术高级论坛论文集，北京：1996

[271] 尹风雨，龚波．中国粮食自给率现状及其测算方法改进研究 [J]．湖南科技大学学报（社会科学版），2017（2）：122-127.

[272] 雍新琴，梅艳，舒帮荣，等．江苏省耕地保护县（市）财政补偿实证研究 [J]．中国土地科学，2012，26（10）：15-22+33.

[273] 于保平．中国粮食问题：过去、现在与将来（提纲）[J]．科学决策，1996（3）：23-24.

[274] 于晓华，钟甫宁，Bruemmer Bernhard．如何保障中国粮食安全 [J]．

农业技术经济，2012（2）：4-8.

［275］于洋，董宝池，张今华．吉林省耕地保护补偿分区的实证研究［J］．湖北农业科学，2013，52（17）：4253-4255.

［276］俞敬忠．中国粮食安全保障之我见［J］．中国软科学，1996（8）：76-80.

［277］袁学国，王济民，韩青．中国畜产品生产统计数据被高估了吗？——来自中国六省的畜产品消费调查［J］．中国农村经济，2001（1）：48-54.

［278］苑全治，郝晋珉，张玲俐，等．基于外部性理论的区域耕地保护补偿机制研究［J］．自然资源学报，2010，25（4）：529-538.

［279］曾激波，欧金福．警钟为二十一世纪长鸣——我国耕地锐减现象透视［J］．乡镇论坛，1991（12）：18.

［280］曾衍德．加强耕地质量建设　实现"藏粮于地"［J］．中国农技推广，2015，31（9）：3-5+11.

［281］曾玉平，毛寒松．2000年中国粮食生产能力的基本判断［J］．调研世界，1997（3）：28-30.

［282］张春林．"政令梗阻"面面观［J］．理论与实践，1998（Z1）：42-43.

［283］张凤荣，王俊先．提高粮食生产能力的思考［J］．中国农业信息，2004（8）：4-5.

［284］张凤荣，张晋科，张迪，等.1996—2004年中国耕地的粮食生产能力变化研究［J］．中国土地科学，2006（2）：8-14.

［285］张福锁．科学认识化肥的作用［J］．中国农技推广，2017，33（1）：16-19.

［286］张慧霞．山西土地资源形势不容乐观［J］．山西师范大学学报（自然科学版），1992（2）：61-65.

［287］张建中，黄光庆．广东省耕地压力变化与耕地保护［J］．农机化研究，2008（5）：51-54.

［288］张锦宗，朱瑜馨，赵飞，等．我国粮食生产格局演变及增产贡献研究［J］．中国农业资源与区划，2017，38（7）：10-16+35.

［289］张晋科，张凤荣，张迪，等.2004年中国耕地的粮食生产能力研究［J］．资源科学，2006（3）：44-51.

［290］张晋科．中国耕地的粮食生产能力研究［D］．北京：中国农业大学，2007.

［291］张琳，张凤荣，姜广辉，等．我国中低产田改造的粮食增产潜力与食

物安全保障［J］．农业现代化研究，2005，26（1）：22-25.

　　［292］张启良．我国粮食自给率到底有多高?［J］．统计与咨询，2014（2）：18-19.

　　［293］张素兰，夏勋，余文庆．四川耕地资源的问题与对策［J］．资源开发与市场，1995（3）：140-142.

　　［294］张伟．河南省粮食增长态势、潜力与战略对策［J］．中国农业资源与区划，2011，32（2）：22-26.

　　［295］张效军，欧名豪，李景刚，等．对构建耕地保护区域补偿机制的设想［J］．农业现代化研究，2006，27（2）：144-152.

　　［296］张燕生，程琳．我国粮食供求形势散论［J］．郑州粮食学院学报，1987（4）：62-68.

　　［297］张耀辉，蓝盛芳，陈飞鹏．海南省农业能值分析［J］．农村生态环境，1999，15（1）：5-9.

　　［298］张元红．中国食物自给状况与变化趋势分析［J］．中国农村经济，2016（4）：44-54.

　　［299］张云华．关于粮食安全几个基本问题的辨析［J］．农业经济问题，2018（5）：27-33.

　　［300］张正河．习近平关于粮食安全的重要论述解析［J］．人民论坛，2019（32）：12-15.

　　［301］赵名茶．作物可利用的光——对光合潜力公式的检验和探讨［M］．北京：科学出版社，1985.

　　［302］赵绪福，王现军．中国的农业自给与农业保护［J］．湖北民族学院学报（社会科学版），1995（4）：83-85.

　　［303］赵哲远，吴妍．农村城镇化中的耕地利用与保护［J］．经济问题，1997（9）：40-42+46.

　　［304］赵子军．影响我国粮食安全的主要因素分析［J］．经济纵横，2008（12）：28-30.

　　［305］郑风田．农田水利的"欠账"［J］．新理财（政府理财），2011，132（4）：78.

　　［306］郑亚楠，张凤荣，谢臻，等．中国粮食产能变化与耕地保护策略研究——基于作物区试产量视角［J］．中国农业资源与区划，2019，40（4）：47-53.

　　［307］中共十六大辅导读本［M］．北京：人民出版社，2002.

　　［308］中国农科院．人均粮食400公斤必不可少［J］．中国农业科学，

1986（5）：1-7.

［309］中国网．发改委：未来中国人仍能养活自己粮食安全基础牢固［EB/OL］．http：//news.china.com.cn/txt/2013-02/03/content_27871892，htm.

［310］中央广播电视总台．关于中国饭碗，习近平这样说［J］．黑龙江粮食，2018（10）：13-14.

［311］周霖，廖铁军，黄云．重庆市粮食单产及均衡增产潜力空间分异［J］．湖南农业科学，2017（1）：98-104.

［312］周圣葵．发展中国家粮食问题初探［J］．世界经济，1982（7）：43-49.

［313］周小平，宋丽洁，柴铎，等．区域耕地保护补偿分区实证研究［J］．经济地理，2010，30（9）：1546-1551.

［314］周忠海．耕地资源流失问题及对策［J］．农村经济与技术，1997（8）：21-22.

［315］朱晶，钟甫宁．从粮食生产波动的国际比较看我国利用市场稳定国内供应的可行性［J］．国际贸易问题，2000（4）：1-6.

［316］朱笠．粮食自给率的指标改进及预测研究［D］．湘潭：湖南科技大学，2019.

［317］朱满德，李辛一，徐雪高．化肥施用强度对中国粮食单产的影响分析——基于省级面板数据的分位数回归［J］．农业现代化研究，2017，38（4）：649-657.

［318］朱希刚．中国粮食供需平衡分析［J］．农业经济问题，2004（12）：12-19.

［319］朱新华，曲福田．不同粮食分区间的耕地保护外部性补偿机制研究［J］．中国人口·资源与环境，2008，18（5）：148-153.

［320］朱泽．中国粮食安全状况研究［J］．中国农村经济，1997（5）：26-33.

［321］竺可桢．论我国气候的几个特点及其与粮食作物生产的关系［J］．地理学报，1964，30（1）：1-13.

［322］庄绍东．福建省耕地资源的现状、问题与对策［J］．福建论坛（经济社会版），1996（2）：33-36.

［323］邹建锋．城市化进程中的耕地保护：一盘难下的棋［N］．中国经济时报，2003-06-03.

后　记

　　笔者从20世纪90年代初在绵阳市国土资源局进行青年教师下基层锻炼起就和耕地保护管理研究结下了不解之缘。多年来，坚持教学与科研实践相结合，关注地方土地管理，学以致用，把区域耕地保护与管理作为科学研究的重要方向之一。

　　回顾教学与科学研究的成长历程，可以概括为基层锻炼、承接横向项目、学术研究和致力人才培养四个阶段。在基层锻炼时期，我国耕地保护与土地管理工作刚好处于起步阶段，数据匮乏、设备落后，计算机属于稀缺资源，"转绘仪+小笔尖"为编制土地规划图的基本工具，通过"制图综合"手工编绘地方土地利用总体规划制图，然后借助"晒蓝"手段和手工着色编制成果图。基层锻炼内容从制图到规划文本编制、从外业调查到内业处理数据，长期的实践与学术关注促进了在土地管理领域的快速成长。1996～2006年为笔者与同事一起组成团队承接绵阳市土地类项目时期，其间结合区域实践偶尔做过一些研究课题子项目。2006年以攻读博士学位为契机，笔者走上了以耕地保护为主的学术研究之路，通过连续关注、认真阅读和深入研究耕地保护管理文献，参与导师的土地项目，科学研究水平得到大幅度提升，先后在《资源科学》《水土保持研究》等刊物上陆续发表了较高水平的论文。通过不断学习，成果不断积淀，项目申报书的撰写能力得到了极大提升，2010年成功申报国家社会科学基金西部项目"西部地区耕地保护的经济补充机制研究——基于耕地保护管理行为主体的视角"（项目编号：10XJY021）。在项目实施的过程中，组织师生开展了大量的田野调研，获得了大量数据，为深入研究耕地保护管理奠定了坚实的基础，先后在《水土保持研究》《西南师范大学学报（自然科学版）》《地理与地理信息科学》《生态经济》《农业经济问题》等刊物上发表多篇土地利用与管理方面的论文，为2014年成功申报四川省省属高校创新团队建设项目"区域人文资源开发利用研究"（项目编号：14TD0039）、四川省农村发展研究中心重点项目"成都都市圈农村宅基地退出和补偿机制研究"（项目编号：CR1402）等项目奠定了基础。基于教学、科研双重任务要求的客观实际，2015年以来，笔者致力于在研的国家社会科学基金项目和省级项目的题材不断挖掘、成果总结和深化研究，国家社会科学基金西部项目于 2016 年通过结项，四川省省属高校科研创新团队计划建设项目于 2020 年通过结项，其间先后在科学出版社出版专著《中国西部地区耕地保护的经济补偿机制研究》《中国西部地区耕地保护经济困境及对策研究》，在哈尔滨工业大学出版社出版专著《中国西部地区第四纪戎土作用与耕地地力研究》。顺应党中央、国务院关于"大众创业、万众创新"的号召，在贯彻落实创新人才培养任务的过程中，2018 年以来，笔者把更多的精力投入指导学生申报和实施国家级、省级大学生创新创业训练计划项目方面，指导学生发表土地管理方面的学术论文近 20 篇，形成"师带生学"的协同研学局面。

在本书快要与读者见面的时候，国家吹响了耕地保护的新号角。除要求继续实施最严格的耕地保护制度外，地方政府实施了退园还耕、退林还耕以纠正各地在多年前开始"公园型"城市建设过程中把城市周边、主要景观大道两侧的耕地转为园地和观赏林地的行为。这从侧面反映了国家政府通过保护耕地把饭碗牢牢地端在自己手中的决心，说明了保护好耕地，确保其用途不改变才是硬道理；说明了在当今乃至今后相当长的复杂国际背景下，党和政府对国家粮食安全问题的高度重视和力求"护地保供"端牢中国饭碗的新思考、新作为、新举措；说明了作为大国、强国，须首先确保是农业大国、农业强国，"耕地红线""藏粮于地"是应该长期关注的主题和关键词，愿与关注该话题的读者讨论。最后，感谢一直关心、支持我们的导师谢德体教授、魏朝富教授、孙传敏教授！感谢成都师范学院教务处、科技处为我们提供项目申报和课题经费配套支持！